재물운·건강운·사업운·학업운·가정·직장에서 운을 부르는 지침서

# 생활 풍수와 택일법

신지식인 **김기범** 지음

이 책에서 공개하는 『생활 풍수와 택일법』은 자연환경 음양오행 주역 8괘를 근거로 하여 새로운 생활 풍수 활용법을 제시하였으며, 부록에 김기범 교수가 직접 취재하여 『국제신문』에 보도된 부산 가덕도 신공항 및 광안대교 등과 현장 답사 사례 등을 수록하였다.

Global
www.gbbook.com

## 머 리 말

『생활 풍수와 택일법』은 자연환경 음양오행 주역 8괘를 근거로 하여 현대 생활환경에 접목시켜서 운(運)을 상승시키는 방법론이다.

우리나라에서도 최고의 학문을 연구하는 대학과 대학원에서 풍수 관련 학과들이 개설되어 있으며, 저 김기범 교수가 재직 중인 『부산과학기술대학교 장례행정복지과』 2024년도에 '풍수 인테리어' 과목 및 '생활 풍수' 과목 개설과정에 도움을 주신 학과장 행정학박사 이남우 교수님 감사합니다.

또한 『부산과학기술대학교 부동산복지경영과』에 '풍수 인테리어' 과목과 『부동산복지경영과』 학사학위 전공심화과정(4년제 학사학위)에 '부동산 풍수' 과목을 개설하여 저 김기범 교수에게 강의를 맡겨주신 학과장 법학박사 김준성 교수님 고맙습니다.

저자 저 김기범 교수가 기업회원국으로 IFSA.에서 승인받은 Korea real Estate Feng Shui Federation is a Corporate Member of the International Feng Shui Association. 세계 33개국 회원국 및 가맹단체로 중국(홍콩), 미국, 독일, 일본, 영국, 프랑스, 스위스. 루마니아, 이탈리아, 인도네시아, 싱가포르, 말레이시아, 오스트레일리아, 폴란드, 노르웨이, 대한민국 등에서 이미 풍수 원리를 접목하여 건축물 신축이나 생활환경에 널리 활용하고 있다.

김기범 교수가 대한민국 회장으로 있는 IFSA. International Feng Shui Association, 회장은 Darren Ng(다렌 응)이며, 회원국으로는 세계 33개국 풍수 및 음양오행 관련 전문가들로 구성되어 있다. IFSC. International Feng Shui Convention. 을 매년 나라별로 순회하면서 개최하고 있으며, 2024년도에는 11월 23일~24일 홍콩에서 개최한다.

『생활 풍수와 택일법』 저자 저 김기범(부산과학기술대학교 장례행정복지과)교수는 2018년 12월 1일~2일 IFSC. International Feng Shui Convention. 일본 오카야마 컨벤션센터에서 세계 33개국 풍수전문가 500여명을 대상으로 대한민국 최초로 '풍수 인테리어 기법'이란 논문을 발표하여 IFSC. International Feng Shui Convention. Darren Ng 회장으로 부터 저 김기범 교수는 논문 발표 인정서를 받았다.

또한 김기범 교수는 2019년 11월 7일~8일 싱가포르에서 개최한 IFSC. 16th International Feng Shui Convention. 에 대한민국 대표단(18명)이 참가 하였으며, 2020년 11월 7일~8일 말레이시아 쿠알라룸푸르에서 개최하기로 계획한 IFSA. International Feng Shui Association. 총회는 코로나19 여파로 비대면 줌(Zoom) 총회로 대치하여 대한민국에서는 저 김기범 교수가 부산과학기술대학교 백양관에서 2020년 11월 6일 16:00~18:00(한국시간) IFSA. International Feng Shui Association. 에 줌(Zoom) 총회에 참가하였으며, 동시통역으로 부산과학기술대학교 디자인과 K-패션&쥬얼리산업전공 미술학박사 김학진 교수가 하였다.

IFSC. 17th International Feng Shui Convention. 를 2021년 11월 6일~8일까지 말레이시아 쿠알라룸푸르에서 개최 예정이였으나 코로나19 여파로 줌(Zoom) 총회로 대치하여 대한민국에서는 저 김기범 교수가 2021년 11월 5일 18:00~20:00 부산과학기술대학교 청우관에서 동시통역으로 부산과학기술대학교 호텔관광경영과 경영학박사 이상진 교수의 동시통역으로 총회에 참가를 하였다.

또한 IFSA. International Feng Shui Association. IFSC. 18th International Feng Shui Convention. 는 2022년 11월 4일~6일 싱가포르 요크 호텔에서 개최되어 대한민국에서는 저 김기범 교수가 참석을 하였다. 아울러 IFSA. International Feng Shui Association. IFSC. 19th International Feng Shui Convention. 는 2023년 11월 9일~12일 말레이시아 원월드 호텔에서 개최되어 대한민국에서는 저 김기범 교수가 참가하여 세계 풍수 전문가들에게 한국 풍수를 홍보하였다.

그동안 본 저자 김기범 교수의 저서 ①『풍수지리와 전통문화』②『웰빙의 풍수 인테리어 기법』③『실생활 풍수지리와 전통문화』④『인테리어 풍수기법』⑤『생활속의 풍수』⑥『생활 풍수와 인테리어』⑦『인테리어 비법과 생활 풍수』⑧『생활 풍수와 인테리어 기법』⑨『인테리어 기법과 생활 속의 풍수』⑩『인테리어 기법과 비보 생태학 풍수』⑪『풍수 인테리어 관혼상제』⑫『실전 생활 풍수와 풍수 인테리어』 등 12권을 집필하였다.

본 저자 김기범 교수의 저서가 독자 및 대학 교재로 채택되어 많은 학생들에게 좋은 강의에 제공될 수 있도록 채택하여 주신 부산과학기술대학교, 동의대학교, 신라대학교, 대구한의대학교, 서라벌대학교, 경북대학교, 등과 여러 대학의 교수님들께 감사를 표합니다.

　동의대학교『실생활 풍수지리와 가정의례』,『실생활 풍수지리와 관혼상제』,『현대 건축환경과 풍수 인테리어 기법』,『현대 건축환경과 인테리어 기법』과목을 동의대학교에서 최대 수강인원과 최고 인기 강좌가 될 수 있도록 수강한 학생들에게 감사의 마음을 전합니다.

　또한 동의대학교 대학원 부동산학과 석사과정에『부동산 풍수론』과목 및 대학원 풍수지리환경관리학과 석사과정에『양택 풍수』『음택 풍수』과목을 전공과목으로 채택하여 주신 대학원장님과 학과장님 고맙습니다.

　국제신문 2010년 10월 1일부터 2023년 12월 31일(13년 2개월)까지 저 부산과학기술대학교 장례행정복지과 풍수·명리 전공 저 김기범 교수가『오늘의 운세』를 집필하여 보도되겠끔 담당하여 주신 기자님과 부국장 겸 문화라이프 조봉권 부장님 고맙습니다.

　국제신문 2012년 3월 9일 시민기자 추천과 '김기범의 운을 부르는 인테리어' 1회~16회까지 편집에 도움을 주신 정상도 논설주관님과, 국제신문 장세훈 디지털부문장님 고맙습니다. 국제신문 2013년 1월 1일부터 지역신문발전위원회 프리랜스 취재기자 추천과 '風水 부산' 1회~19회까지 편집에 도움을 주셨고, 고인이 되신 변영상 국장님 고맙습니다.
　지금까지 많이 부족한 저자의 곁에서 어느 누구보다도 격려와 지지를 아끼지 않고 저의 버팀목으로 너무나도 많은 고생을 한 아내 박소영님께 이 책을 바칩니다.

　끝으로 이 책을 출판하여 주신 도서출판 글로벌 출판사 신현훈 사장님과 모든 임직원분들께 고마움을 표합니다.

2024년 2월 부산과학기술대학교에서
저자 김기범 배상

# I 양택 풍수

## 제1장 양택(陽宅) 풍수
    1. 가상법(家相法) ········································································ 11
    2. 가상과 대지(垈地) ································································· 11
    3. 오행 산형과 주택 ································································· 12
    4. 양택(陽宅)의 삼요결(三要訣) ············································· 16
    5. 주역 팔괘 이론 ····································································· 20
    6. 좋은 아파트의 기본 조건 ··················································· 23
    7. 주택 및 아파트 구성 이론 ················································· 30
       (1) 대문 풍수 ······································································ 30
       (2) 현관 풍수 ······································································ 33
       (3) 안방 풍수 ······································································ 45
       (4) 침실 풍수 ······································································ 58
       (5) 거실 풍수 ······································································ 74
       (6) 화장실 풍수 ·································································· 90
       (7) 욕실 풍수 ···································································· 101
       (8) 주방 풍수 ···································································· 113
       (9) 공부방 풍수 ······························································ 127
       (10) 정원(庭園) 풍수 ······················································ 131

## 제2장 사무실 및 점포 풍수
    1. 좋은 사무실의 조건 ··························································· 135
    2. 좋은 점포의 조건 ······························································· 139
    3. 생활 풍수 인테리어 원리 ················································· 142
    4. 생활 풍수 인테리어 기법 ················································· 143
    5. 오행의 색상과 생활 풍수 ················································· 144
    6. 생활 풍수 인테리어 활용 기법 ······································· 148

## 제3장 수맥과 풍수
1. 수맥이란? ····················································· 149
2. 수맥의 파장과 인체 ········································ 149
3. 수맥 탐지용 도구 ··········································· 149
4. 수맥 탐지용 봉과 추의 사용법 ······················· 150

## 제4장 명당 지기(地氣) 탐지기
1. 탐지기의 효과 ················································ 153
2. 탐지기의 용도 ················································ 153

Ⅱ 음택 풍수

## 제1장 풍수지리란 무엇인가?
1. 풍수지리의 본질 ············································· 157
2. 풍수지리의 개념 ············································· 158
3. 풍수지리의 역사 ············································· 159
4. 풍수지리학의 이론적 배경 ······························ 161
5. 산을 사물에 비유한 물형론 ··························· 164
6. 혈의 연구 ······················································· 175
7. 음택의 기본도 ················································ 176
8. 혈의 성립조건 ················································ 176
9. 주의해야 할 좌청룡 우백호와 혈의 위치 ······· 177

## 제2장 나경 보는 방법
1. 나경의 개요 ··················································· 179

## III 음양오행

### 제1장 음양(陰陽)과 오행(五行)
1. 음양(陰陽) ········································································· 187
2. 오행(五行) ········································································· 188
3. 천간(天干)과 지지(地支) ···················································· 190

### 제2장 십간(十干)과 십이지(十二支)
1. 십간(十干) ········································································· 191
2. 십이지(十二支) ·································································· 191
3. 숫자의 음양 ······································································ 192
4. 천간합(天干合) ·································································· 192
5. 형충파해(刑冲波害)와 원진(元嗔) ······································· 193

### 제3장 좋은 날 택일(擇日)
1. 일상적으로 좋은 날과 나쁜 날 ········································ 195
2. 이삿날 택일 ······································································ 200
3. 혼인날 택일 ······································································ 204
4. 집 짓는 날 택일 ······························································· 208
5. 기타 생활에 필요한 택일 ················································· 212

### 제4장 초상과 생활 풍수
1. 장례 날짜 잡기 ································································· 213
2. 입관(入官)하기 좋은 시간 ················································· 214
3. 하관(下官)하기 좋은 시간 ················································· 215
4. 하관할 때 피해야 할 사람 : 호충살(呼沖殺) ····················· 217

## 제5장 이장과 생활 풍수

  1. 이장 날짜 선택 ······················································· 219
  2. 동총운(動塚運) ······················································· 220
  3. 오산연운법(五山年運法) ············································ 220
  4. 합장(合葬)·이장(移葬) 십이신총산법(十二神塚山法) ········· 221
  5. 십이생개장흉월(十二生改藏凶月) ································· 222
  6. 개총기일(開塚忌日) ·················································· 222
  7. 개총흉시(開塚凶時) ·················································· 222
  8. 천우불수총길일(天偶不守塚吉日) ································ 222
  9. 천상천하대공망일 ···················································· 223
 10. 투수일(偸修日) ······················································· 223
 11. 청명과 한식 ··························································· 223
 12. 이장 혹은 사초 하는 데 좋은 날짜 ····························· 223
 13. 묘혈의 좌향에 따라 파묘 하는 데 나쁜 날짜 ················ 223
 14. 이장에 즈음하여 파묘 하는 데 나쁜 시간 ···················· 224

# IV 부록

## 부록 1 사주(四柱) 정하는 방법 ··············································· 227

## 부록 2 나에게 맞는 주택구조 ················································ 230

## 부록 3 김기범 교수 현장답사 취재 보도 사례 ························· 243
  ① 가덕도와 하야리아 ················································· 243
  ② 광안리와 광안대교 ················································· 250

③ 부산법조타운 ·············································································· 255
④ 풍수로 본 부산의 '정중앙' ···························································· 260
⑤ 학생들 마음 뺏는 풍수·역술가 김기범 ········································ 267
⑥ 부산 남구 메트로시티 W(더블유) 아파트 풍수 ··························· 273
⑦ 운을 부르고 살기 좋은 아파트 온천동 '디아트 50' ···················· 276
⑧ 김해 부원역세권지구 ICITY 복합단지의 풍수 ··························· 281
⑨ 살기 좋은 아파트 구서 롯데캐슬 골드 ········································ 283
⑩ 현장 풍수 이장 사례 ····································································· 290

## 부록 4 김기범 교수 언론에 보도된 자료 ·········································· 292

① 부울경뉴스 인터뷰 보도 ······························································· 292

## 부록 5 민간자격 풍수상담사 안내 ····················································· 311

① 풍수상담사 등록(비공인) 민간자격 시험 공고 ··························· 311
② 부동산풍수상담사 등록(비공인) 민간자격 시험 공고 ················ 313
③ KRFF 한국부동산풍수지리총연합회 우수상담사 선정 ··············· 315

# 제 I 편

## 양택 풍수

제1장 양택(陽宅) 풍수
제2장 사무실 및 점포 풍수
제3장 수맥(水脈)과 풍수
제4장 명당 지기(地氣) 탐지기

# 제 1 장

# 양택(陽宅) 풍수

## 1. 가상법(家相法)

풍수지리(風水地理)에서는 산 사람은 '양(陽)', 죽은 사람을 '음(陰)'이라 하고, 이에 따라 양택(陽宅)과 음택(陰宅)으로 구분하였다. 양택(陽宅)은 주거(住居) 풍수의 개인 양기(陽氣)를 말하므로 주택을 건축할 때 좌향(坐向)과 방위(方位)가 무엇보다 중요하게 논의된다.

양택(陽宅)의 길흉을 보는 방법은 8괘(8卦))의 방위를 기본으로 하는 방법과 택향(宅向)을 기본으로 하는 좌향법(坐向法), 명궁법(命宮法), 양택(陽宅)의 3요결 등의 많은 가상법(家相法)이 있다.

### 양택 3요결이란?

중국의 전통적인 고전 가상으로서 조구봉(趙九峰)이 저술한 가상학이다. 3요결이란 대문, 안방, 부엌을 가상의 기본요소로 하고 서로 상생(相生)이면 길(吉)하고 서로 상극(相剋)이면 흉(凶)하다고 보는 이론이다.

그러나 요즘은 아파트 문화가 많이 생겨서 앞 발코니, 안방, 주방을 보아야 한다. 또한 가족이 공동으로 생활하는 거실도 매우 중요하다.

## 2. 가상과 대지(垈地)

양택(陽宅)은 대지(垈地)와 건물로 구성된다. 양택(陽宅)도 음택(陰宅)과 같이 지기(地氣)를 많이 받고 있으나 지상의 일광·공기·바람·물 등의 영향을 더 많이 받는다.

음택과 마찬가지로 주변의 사격(砂格)과 보국(保局)이 잘되어야 장풍(藏風)과 득수(得水)가 되어 명당 터가 되는 것이다.

### 보국(保局)이란?

집의 담장처럼 청룡(靑龍), 백호(白虎), 주작(朱雀), 현무(玄武)의 사응(四應)을 말한다. 현무(玄武)는 마을 뒤에 있는 주산(主山)이 될 수도 있고, 집 뒤의 바람을 막아주는 언덕이 될 수도 있다. 주작(朱雀)은 앞산이 주산을 배웅하듯이 서로 마주 보는 산이고 청룡(靑龍)은 좌측(左側), 백호(白虎)는 우측(右側)에서 뻗어 내린 산으로 양팔과 같은 산이다. 이를 사신사(四神砂)라고도 한다.

## 3. 오행 산형과 주택

주택(住宅)은 특별한 경우를 제외하고는 산 아래에 짓는다. 산은 사람마다 느낌이 다르지만 공통점이 있다.

예를 들어 부산의 금정산을 등반한 사람이라면 저마다 그 느낌이 조금씩 다르겠지만 공통적인 느낌은 이 산은 수형산(水形山)의 형상이므로 그 이름에서 풍기듯이 잔잔한 파도가 치는 물결 모양을 하고 있다는 느낌을 갖게 된다.

주택에서 산형(山形)은 매우 중요하다. 그러나 오늘날 도시가 가진 특성 때문에 우리는 그 중요성을 잊고 산다. 따라서 주역과 음양오행(陰陽五行)에 입각하여 산형이 집터에 미치는 영향을 관찰한 뒤, 이론에 맞게 주택을 신축해야 좋은 삶터로서 기능을 다할 수 있게 된다.

### 산형(山形)이란?

오행(五行)산형을 말하는 데, 풍수지리학에서는 산형(山形)을 용(龍)이라 한다. 따라서 오행 산형(山形)이란 먼 곳으로부터 시작한 원용(元龍)에서 출발한 용(龍)의 세력(勢力) 용(龍)의 힘, 즉 다른 말로 용의 기(氣)가 먼 거리에서 행용(行龍)하는 과정에 변화무상의 형상이 나타나는 형태를 말하는 것으로서 그 변화에 따라 목·화·토·금·수, 즉 오행산(五行山)으로 분류한 것이다.

## (1) 수형산

수형산(水形山)은 용세(龍勢)의 흐름이 알맞게 시원한 바닷가의 파도처럼 높지도 얕지도 않으면서 물이 흐르듯이 부드럽게 끊어지지 않고 구불구불하게 생긴 산세를 말한다. 수형산(水形山)의 산 끝에는 결혈(結穴)이 많다.

수(水)는 북쪽이며 겨울로서 항상 태양을 따라 움직이므로 수재와 귀인이 난다고 하지만 재물 쪽이 더 길하다.

수형산(水形山) 아래에는 목형(木型) 건물 즉 고층 아파트와 같은 입방형(立方形) 건물을 짓는 것이 바람직하다.

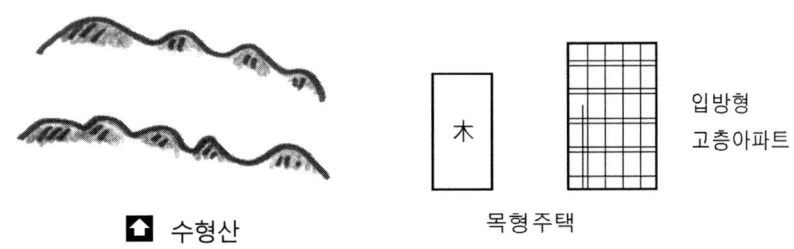

## (2) 목형산

목형산(木形山)은 용세(龍勢)가 수형산처럼 흐르다가 나무처럼 위로 높게 일어선 산을 말한다.

산이 위로 높이 일어선 모양이 붓처럼 뾰족한 문필봉이나 금형산(金形山)과 다르지만, 다음의 그림을 보고 산형을 구분하는 안목을 키워야 풍수지리를 이해하는 데 도움이 된다.

목(나무)은 동쪽이며 봄이기 때문에 만물의 탄생을 의미한다. 목형산은 고귀한 인품을 가진 자를 탄생시키는 곳이지만 재물에는 약하다.

목형산(木形山) 아래에는 화형 건물, 즉 삼각형 형태(피라미드 형상)가 길하다.

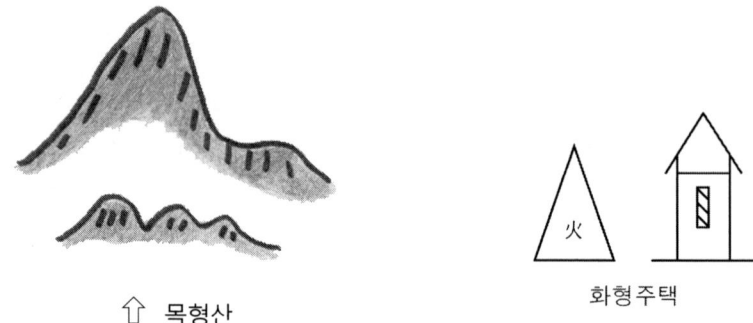

⇧ 목형산          화형주택

## (3) 화형산

화형산(火形山)은 산이 높고 암석이 많으며 산꼭대기가 화살촉처럼 뾰족하게 일어선 산을 말한다.

화형산(火形山) 아래에는 오행(五行)에 일치하는 건물을 지으면 강력한 개혁 성향을 가진 인물이 나오는 곳이지만, 건물이 오행에 일치하지 못하면 크게 이롭지 못하다.

화형산(火形山) 아래에는 토형(土型) 건물, 즉 정사각형의 네모반듯한 건물이 좋다.

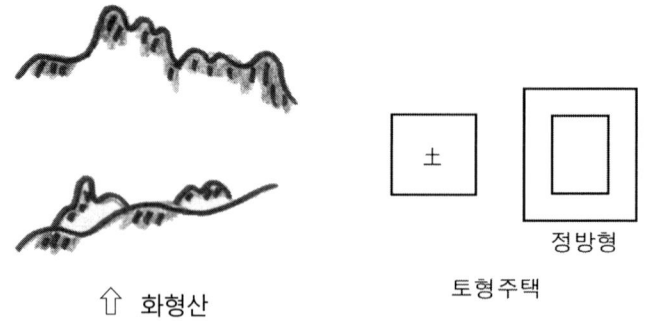

⇧ 화형산          토형주택  정방형

## (4) 토형산

토형산(土形山)은 벽돌을 세워놓은 것처럼 봉우리가 솟아오른 산을 말한다. 토(흙)는 오행의 중앙에 해당하므로 고급 관리가 배출되는 좋은 의미의 산이다.

토형산(土形山) 아래에는 금형(金形), 즉 전통 가옥처럼 장방형 건물이 바람직하다.

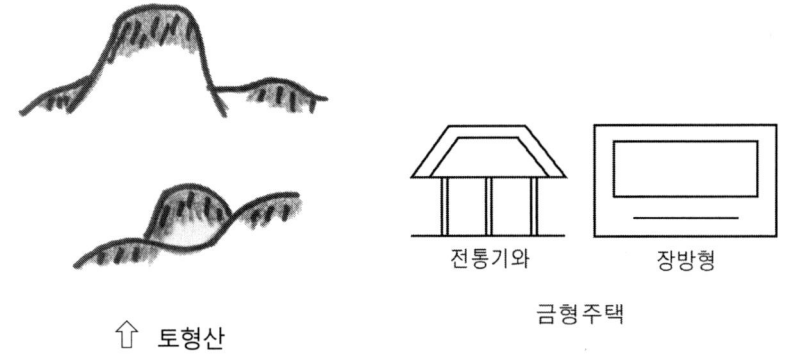

## (5) 금형산

금형산(金形山)이란 종이나 모자를 놓은 것 같이 그 모양이 크고 둥글게 일어선 산을 말한다.

금(쇠)은 서쪽으로서 계절로는 가을에 속하고, 색으로는 백색으로서 밝고 귀하며 굴절하거나 흔들림이 없고 맑으며, 五行과 일치하지 못하면 사회에 공헌하지 못하고 다른 사람에게 피해를 입히는 인물이 태어나는 경우도 있다.

금형산(金形山) 아래에는 수형, 즉 초가집처럼 물결 형이나 원형(圓形) 건물이 길하다.

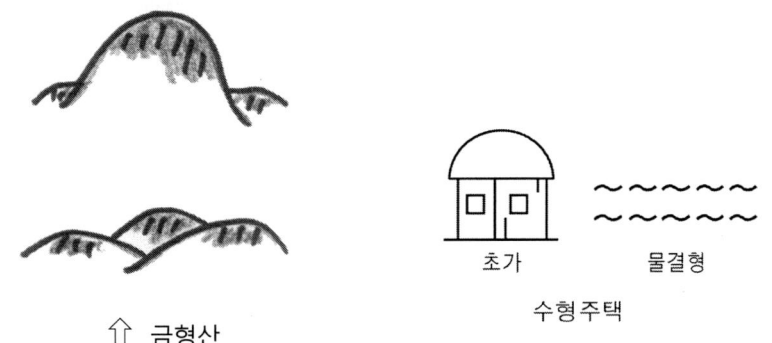

## 4. 양택(陽宅)의 삼요결(三要訣)

### (1) 집터 고르기의 세 가지 요소

집터 고르기에서는 대문(출입문)·안방·부엌(주방)을 가장 중시한다.

소형 주택에서 안방이란 응접실이자 식탁이 놓이는 자리이고, 가족이 늘 모여 있는 곳이다.

또한 주방은 가족에게 활력의 근원이 되는 음식물을 만드는 공간으로서 주부가 항상 머무는 곳이라는 점이 중요하다.

여기에 대문은 외기(外氣)가 처음으로 집안으로 들어오는 관문이다. 따라서 좋은 기(氣 : 에너지)를 받아들이고 나쁜 기(氣)를 차단하며, 집안에 모인 좋은 기(氣)의 외부 유출을 막아주는 역할을 담당한다.

건물의 위치나 길흉을 따지는 가상(家相) 문헌(文獻)인 『황제택경』(皇帝宅經)에서는 다음과 같은 오실(五實)과 오허(五虛)로서 좋은 집을 설명하고 있다.

경북 안동의 고택(보물 450호)

## 1) 오실(五實)

① 소택다인(小宅多人) = 집은 작은데 사람이 많이 살 경우
② 대택소문(大宅小問) = 집은 큰데 대문이 작은 경우
③ 장원완전(牆垣完全) = 담이 튼튼한 경우
④ 소택다륙축(小宅多六畜) = 집에 비해서 가축이 많을 경우
⑤ 남향동문(南向東門) = 남향집에 동문인 경우

담이 없거나 튼튼하지 못한 경우

## 2) 오허(五虛)

① 대택소인(大宅少人) = 집은 큰데 사람이 적을 경우
② 소택대문(小宅大門) = 집은 작은데 대문이 클 경우
③ 장원불완(牆垣不完) = 담이 튼튼하지 못할 경우
④ 수목무성(樹木茂盛) = 큰 나무가 무성할 경우
⑤ 택지다옥소(宅地多屋小) = 집터는 넓은데 집이 작을 경우

## (2) 동·서사택론(東·西四宅論)

### 1) 주택

주택 중심에서 나경의 24방위를 8괘 방위인 8방위(동, 동남, 남, 남서, 서, 서북, 북, 북동)로 나누어 대문, 안방, 부엌이 동·서사택으로 구분한다. (단, 아파트에서는 앞 발코니, 안방, 주방을 3요소로 본다).
▶ 동 사택이란? : 동, 동남, 남, 북의 4방위를 말한다.
▶ 서 사택이란? : 서, 서남, 서북, 동북의 4방위를 말한다.

➧ 사진 1. 전북 정읍시의 당시 신축 중인 건물로 건축주가 필자에게 건물 감정 요청을 의뢰한 건물로 필자(김기범 교수)는 현 건축물을 철거하고, 동·서사택의 원리와 건물의 좌향 및 구조를 건축주 선천 운과 부합하게 재건축하기 위해 철거 한 건물이다.

 **주택과 아파트 비교 보충 설명**

1. 주택에서는 대문, 안방, 부엌을 중요시하며, 이것을 주택의 3요소로 본다.
2. 아파트를 주택에 비교하면 아파트는 앞 발코니, 안방, 주방을 아파트 3요소로 비교할 수 있으나, 현대에 와서는 주택이나 아파트에서 난방 문제가 해결되어 사람이 거실에서 생활하는 경우가 많다. 또한 주택에서 화장실이 대부분 주택 밖에 있으나 재래식 화장실을 수세식으로 변화하면서 집 안으로 들어온 경우가 많이 있다. 요즈음 아파트에서는 화장실이 집 안에 있다.
3. 거실이 있는 주택에 화장실이 집 안에 있는 경우 대문, 안방, 부엌, 거실, 화장실을 5요소로 보며, 아파트에서는 앞 발코니, 안방, 주방, 거실, 화장실을 아파트의 5요소로 본다.

♣ 사진 1의 건물을 철거하고 신축한 건물로 필자(김기범 교수)의 조언으로 건축주 선천 운과 부합하게 재건축한 건물이다.

① 준비 : 나경을 택지의 중심지에 놓는다.
② 판단 기준
  ▸ 길한 집이란 대문(출입문)-안방-주방 3곳 중 모두 동사택이나 서사택에 속하는 경우를 가리킨다.
  ▸ 흉한 집이란 대문-안방-주방 3곳 중 어느 한 곳이나 두 곳이 동사택이나 서사택에 속하는 경우를 말한다.
③ 감정(1) : 대문과 안방이 동사택이고 주방이 서사택일 경우.
  ▸ 분석- 사업 운과 재물 운은 있으나 집안에 우환 등이 있을 수 있다.
  ▸ 해결 방법- 주택에 수맥이 흐르지 않을 때는 거실, 안방, 공부방, 화장실 등에 항상 생기를 발하는 생명력 있는 화분이나 식물 등을 배치해야 한다.

④ 감정(2) : 대문과 주방이 동사택이고 안방이 서사택일 경우.
  ▸ 분석- 가족 구성원의 건강은 좋으나 경제적 어려움이 있을 수 있다.
  ▸ 해결 방법- 가족의 건강이 좋으므로 열심히 노력하고 근검절약을 하여야 한다.

⑤ 감정(3) : 대문이 동사택에 있고 안방과 주방이 서사택일 경우.
  ▸ 분석- 집안에 우환이나 금전적인 고통을 같이 받을 수 있다.
  ▸ 해결 방법- 운을 부르는 풍수 인테리어를 활용하여 운을 상승시킨다.

## 5. 주역 팔괘 이론

주역팔괘(周易八卦)란 건(乾 : 서북쪽), 진(震 : 동쪽), 감(坎 : 북쪽), 간(艮 : 동북쪽), 곤(坤 : 서남쪽), 손(巽 : 동남쪽), 이(離 : 남쪽), 태(兌 : 서쪽)를 가리킨다. 이 팔괘의 배열 방법에 따라 선천팔괘(先天八卦)와 후천팔괘(後天八卦)로 나눌 수 있는데, 풍수지리는 둘 중 후천팔괘(後天八卦)를 이용하고 있다.

팔괘의 풍수지리학적 의미는 괘에 대하여 다음과 같이 가족의 의미를 붙여 사용한다.

① 건(☰)괘는 아버지 즉 부(父)를 의미한다.
② 진(☳)괘는 장남(長男)을 의미한다.
③ 감(☵)괘는 차남(次男)을 의미한다.
④ 간(☶)괘는 삼남(三男)을 의미한다.
⑤ 곤(☷)괘는 어머니 즉 모(母)를 의미한다.
⑥ 손(☴)괘는 장녀(長女)를 의미한다.
⑦ 이(☲)괘는 차녀(次女)를 의미한다.
⑧ 태(☱)괘는 삼녀(三女)를 의미한다.

### (1) 건방(乾方 : 서북쪽)

서북쪽을 살펴보면, 독신녀의 집이거나 여자가 중심인 경우에는 이곳을 살필 필요가 없다. 그러나 일반적으로 남자(男子)가 가장(家長)인 집에서는 이곳의 의미가 매우 중요하다.

건방(乾方), 즉 서북쪽으로서 대지의 서북쪽이 함몰되었으면 이곳을 돋우어 튼튼하게 만들어야 한다.

대문의 방향은 가능하면 서북쪽을 피한다.

　대지의 중심에서 서북쪽으로 대문을 만들면 풍수론(風水論)에서 논하기를 집의 주인인 가장(家長)은 힘을 잃고 일찍 죽거나 허약해질 수 있다.

　또한 이 방위에 화장실을 만들면 가장(家長)이 여성(女性) 문제로 체면을 잃거나 주색(酒色)에 빠지기 쉽다. 그렇다고 공터로 두거나 연못 등을 만드는 것도 흉하나 선천(先天) 운(運)에 따라 약간의 차이는 날 수 있다.

　이러한 점에 비추어 대지에서 가장 중요한 곳인 서북쪽에는 주택이 들어서야 하고, 주택에서도 안방이 되도록 설계하는 것이 좋다. 그래야만 가장(家長)이 체통을 지키고 집안에서 위신을 세우니 이는 곧 가장(家長)으로서 역할을 충분히 수행한다는 것이다.

　풍수지리를 연구하는 목적은 화목(和睦)을 이끌어 내는 데 있다. 그러자면 무엇보다 가정에서 가장(家長)의 말에 통솔력이 발휘되어야 한다.

　따라서 가장(家長)의 역할을 보다 강화시키는 방법으로서 서북쪽의 건물을 다소 볼록(凸)하게 만드는 것이 좋으며, 그러나 너무 지나치면 기(氣)가 과도하게 왕성하여 흉이 될 수 있으며, 무엇이든 정도가 지나치면 좋지 않다.

## (2) 곤방(坤方 : 서남쪽)

곤(坤) 방위는 여자(女子)의 방위로 서남쪽으로 난 대문을 가진 집은 안주인의 건강이 좋지 못한 경우도 있으며, 곤(坤) 방위가 잘 발달 된 집은 여성(女性)의 활동이 왕성해진다.

남자가 사회 활동, 즉 사회사업가나 정치가 등의 경우에 집이 이에 해당하는 경우가 많으며, 부인이 사업을 하거나 다른 방법으로 가정 경제를 이끌 때는 나쁘게 보지 않는다.

## (3) 진방(震方 : 동쪽)

진(震)방위는 장남(長男)의 방위이다. 물론 장녀(長女)가 있는 집은 동남쪽, 즉 장녀의 방위인 손(巽) 방위도 중시한다.
그러나 모든 방위를 만족시키는 건물을 지을 수는 없다. 그래서 가장 중요한 사람에게 맞추면 된다.

집안에 학생이 있으면 공부방이 가장 중요할 수 있다. 학생은 건(乾) 방위인 서북쪽에서 공부하도록 하면 좋은 결과를 기대할 수 있다. 또한 요즘은 남, 여 평등사회로 딸만 있는 가정에서는 장녀(長女)를 장남(長男)으로 본다.

진(震)방위는 장남의 방위이다.

## 6. 좋은 아파트의 기본 조건

▲ 저자 : 김기범 교수가 조언한 좋은 아파트는 양택 풍수 원리에 부합해야 좋은 아파트이다.
항공사진 : 광안대교 및 W(더블유)아파트 조감도와 해운대 아파트 단지

**' 좌우에 산이나 큰 건물 서 있고
건너편 전망 좋은 산 있으면 좋아 '**

우리나라 아파트 시장은 여전히 뜨겁다.
최근에도 5,000가구가 넘는 아파트가 분양시장에 나왔다.
요즘 좋은 아파트 단지의 요건은 가격 상승률이 첫 손으로 꼽힐지 모르겠다. 주거 여건이나 교육 여건도 빼놓을 수 없다.
이에 더해 풍수적으로 좋다면 금상첨화가 아닐까.

아파트를 중심으로 앞에서 봤을 때 뒤에 산(주산)을 중심축으로 양지바른 장소에 있어야 한다.
또 왼쪽(우백호(右白虎))과 오른쪽(좌청룡(左靑龍))에 산이나 큰 건물이 있고 아파트 건너편에 아늑하고 전망 좋은 산(안산(案山))이 위치한다면 좋은 아파트 단지라 할 수 있다.

아파트 동의 배치는 길이나 도로가 아파트 동을 마주 보고 있지 말아야 하며 아파트를 중심으로 길이 아파트를 휘감고 돌아야 한다.

즉, 동과 동 사이의 교차로나 다이아몬드 형식의 교차로가 좋다.

또한, 공원이나 분수대 등이 아파트를 둘러싸고 있는 형태도 괜찮다.

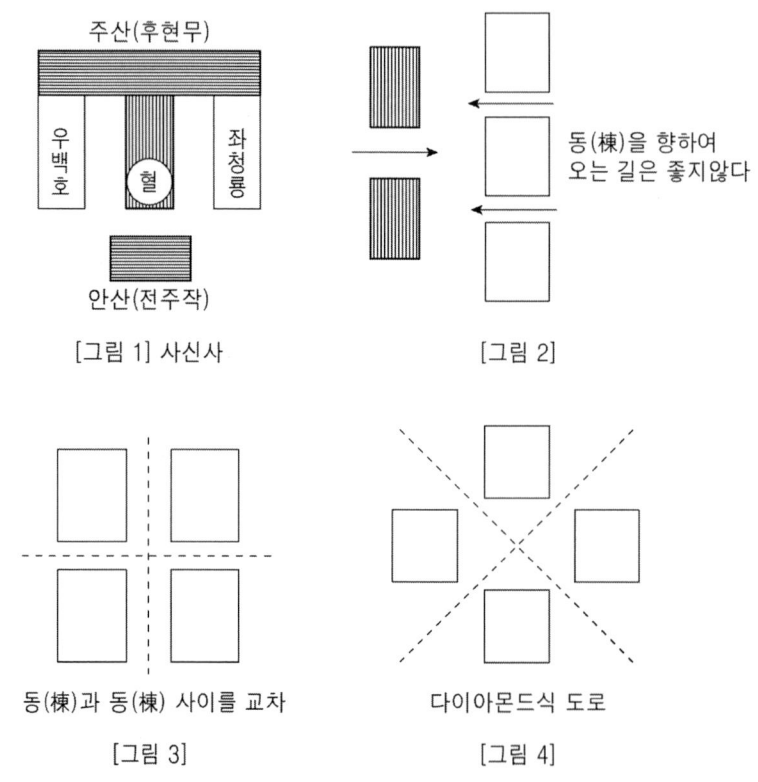

- **길이 아파트 단지를 휘감고 돌면 좋아, 내부구조가 동·서사택 원리에 맞으면 재물(財物) 운(運) 좋아**

- **안방 조명 원색보다 밝은색으로 인테리어하고, 야간에 거실에서 TV 볼 때 밝게 해야 운(運) 상승**

현관이나 앞 발코니가 아파트 중앙에서 어느 방향인가에 따라
▸ 동·서·남·동북 방향이면 재물 운이 좋고 가정이 화목하고 행운이 따르며
▸ 서남 방향이면 보통이나

▶ 동남·서북·북 방향이면 좋다고 볼 수 없다.

단, 북 방위라도 입수 맥이 남입(南入)이면 좋다고 판단한다.

▲ 저자 : 김기범 교수가 조언한 김해 부원역 푸르지오 아파트

아파트 내부 중심에서 보았을 때

▶ 동·동남·남·북 방향이나
▶ 서·남서·서북·북동 방향에 앞 발코니, 안방, 주방이 있으면 좋다.

앞 발코니, 안방, 주방 3곳 가운데 어느 한 부분이 다르다면 거실, 안방, 공부방, 화장실 등에 생기를 발하는 화분, 식물이나 인테리어 소품을 놓아 운(運)을 높일 수 있다.

띠별로 좋은 풍수 소품은

▶ 원숭이, 쥐, 용띠는 어항이나 소형 수족관 등 물과 관련된 것
▶ 돼지, 토끼, 양띠는 목재로 된 소품이나 분재
▶ 범, 말, 개띠는 양초나 조화
▶ 뱀, 닭, 소띠는 쇠로 만든 장식품 등이다.

안방은 아파트에서 그 집의 주인이 주로 생활하는 공간이기 때문에 가능하면 부모가 사용하도록 한다.

조명은 원색이 아닌 밝은 색으로 한다. 아들 방은 밝고 따뜻한 남향이 좋으나, 딸 방은 안정적이고 조용한 것이 좋다.

거실은 밤에 TV를 볼 때도 밝게 해야 운(運)이 상승한다.

거실의 테이블은 유리나 쇠 보다, 목재가 가정 운(運)에 도움을 준다.

테이블은 유리보다 목재를 권한다. 유리 테이블은 간혹 삶의 의욕을 떨어뜨리며, 목재 테이블은 운(運)을 불러온다.

검은색 가전제품은 흰색 레이스나 천으로 덮어주면 불운을 막아준다.

나무 프레임이 있는 액자나 시계 등은 가족의 화합을 돕고 가족 간의 대화를 좋게 만든다. 그렇다고 벽에 너무 많은 원목 액자나 물건들을 걸어두는 것은 좋지 않다.

요즈음 아파트의 거실에는 벽걸이 형태의 TV를 선호한다.

## 1) 앞 발코니 풍수

*' 앞 발코니, 소음·찬바람 순화 역할
  물건 쌓아두면 좋은 운(運) 차단 돼 '*

베란다와 앞 발코니는 자주 혼용되고 있지만, 엄연히 다른 부분이다.

주택이나 아파트에서 아래층 면적이 넓고 위층 면적이 좁을 때 위층 건물에 남게 되는 공간을 활용한 것이 베란다이다.

아파트에서 앞 발코니는 위층과 아래층의 크기가 같으며 아래에 거실이나 방이 없다.

앞 발코니는 건물의 내부와 외부를 연결하는 심리적 공간적 완충 역할을 하는 공간이다.

마당을 대신하며 정원이 없는 아파트에서 바깥 공기와 접하는 유일한 장소이다.

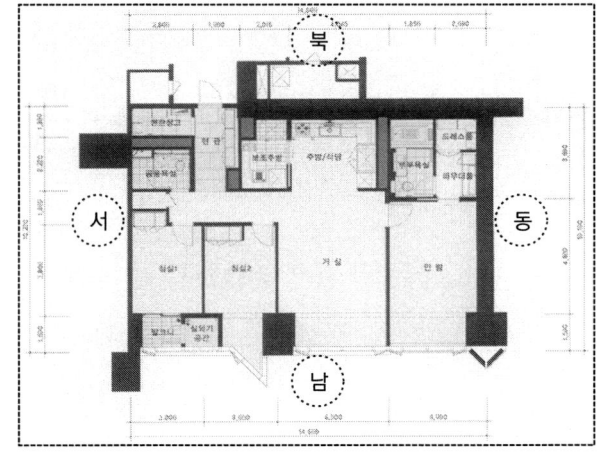

앞 발코니, 안방, 주방
동사택의 구조 경우

앞 발코니는 밖에서 나는 소음과 찬바람을 한 번 순화하는 역할을 한다.

그러므로 이런 공간을 발코니 확장으로 없애버린다면 밖에서 생기는 안 좋은 기운(氣運)이 집안으로 바로 들어와 나쁜 영향을 받을 수 있다.

하지만 요즈음 발코니 공간 확장이 대세이다.

앞 발코니를 확장해도 무난한 아파트 구조로는 아파트 실내 중앙에서 보았을 때 앞 발코니 주방 안방이 놓인 위치가 북쪽, 동쪽, 동남쪽, 남쪽에 속하거나 북동쪽, 남서쪽, 서쪽, 서북쪽일 경우이다.

아파트에서 중요한 세 가지 요소로 앞 발코니, 안방, 주방을 꼽는다.

앞 발코니가 이 같은 방향에 있으면 기(氣)의 흐름이 원활해 가정에 좋은 운기(運氣)가 들어오는 것으로 여겨진다.

부득이할 때는 풍수 기법을 활용해 확장하면 나쁜 기운(氣運)이 들어오는 것을 줄이는 효과가 있다.

녹색 계통 식물 건강에 도움 된다.

' 수족관 등 띠별로 소품 두면 좋아
햇빛 강하면 부부간 말싸움 빈발
녹색 계통 장식 건강·행복에 도움 '

앞 발코니 공간을 밝게 유지하는 것은 좋지만, 햇빛이 너무 강하게 들어오면 양기가 과해져 부부간 말다툼이 자주 일어날 수 있다.

커튼이나 블라인드로 햇빛의 양을 조절하면 부부간의 애정 운(運)을 높일 수 있다.

앞 발코니에 화단을 꾸민다면 관엽식물이나 꽃 등이 좋다.

또한 자칫 잘못 인테리어 공사를 해서 거실 높이보다 발코니의 높이가 높으면 나쁜 영향을 받는다.

이와 함께 물건을 쌓아두는 공간으로 사용하면 좋은 운이 들어오지 않는다.

바깥의 기운(氣運)이 들어올 수 있는 곳이 앞 발코니이며 창 앞에 물건을 쌓아두면 좋은 기운(氣運)이 들어오지 못하기 때문이다.

앞 발코니 창문을 열어 환기하면 건강 운(運)에 도움을 준다.

앞 발코니 장식으로 녹색이나 청색 핑크 파스텔 계통 색상을 활용하면 가족의 행복과 건강에 도움을 줄 수 있다.

매일 앞 발코니 창문을 열어 환기하면 건강(健康) 운(運), 사업(事業) 운(運), 재물(財物) 운(運) 등 좋은 기운(氣運)을 모두 상승시킨다.

앞 발코니는 항상 청결하게 유지해야 좋은 운(運)은 더욱 좋게 하고, 나쁜 운(運)은 정화할 수 있다.

앞 발코니를 확장한 경우

## 7. 주택 및 아파트 구성 이론

### (1) 대문 풍수

> ' 남향집은 대문이 동쪽 방향이 좋아
> 대문이 지나치게 크면 지출이 많아 '

대문(大門)은 집 안팎을 구분하는 경계이며 외부의 거친 기(氣)를 순화해 부드러운 기(氣)가 집 안으로 들어오도록 하는 중요한 관문이다.

대문이 바깥쪽으로 나온 경우이며, 문짝도 바깥쪽으로 위치한 경우

대문은 안방, 부엌(주방)과 함께 가택의 길흉을 판가름하는 중요한 부분이다.

주택에서 건물과 대문의 의미를 구분하면, 건물은 장기적으로 머물러 있어 마치 주인과 같고 대문은 외부로부터 들어오는 손님과 같은 관계로 볼 수 있다.

대문의 방위는 주택이 위치한 방위만큼 중요하다. 대문은 주택 중앙에서 봤을 때 대문, 부엌, 안방이 북쪽, 동쪽, 동남쪽, 남쪽이나 북동쪽, 남서쪽, 서쪽, 서북쪽에 있으면 좋다.

일반적으로 좋은 방향은 남향집에 동쪽 대문이다.

음양오행(陰陽五行)에서 동쪽은 목(木)이며 인(仁)을 상징한다.

동쪽 대문은 가족들의 어짊과 착함을 위해 태양의 양기(陽氣)를 제일 먼저 받게 한다는 의미가 있는 것이다.

남향집은 여름에 시원하고 겨울에 따뜻하므로 에너지 관리 측면에서 유리하다. 이와 함께 우리나라처럼 발효식품이 많은 가정은 남향이 좋다.

이 사진은 대문이 2개가 아니라 보조 출입문이 있다.

대문은 주택 건물과 비교하면 적당한 크기가 좋으며 너무 작으면 재물(財物)이 모이지 않는다. 또한, 대문이 주택에 비해 지나치게 크면 필요 없는 지출이 많으며, 비록 외관상 화려하다고 해도 내실이 없다.

대문에서 이어지는 담장에 방범용으로 유리 조각, 뾰족한 철재나 가시철망 등을 설치하는 것은 보기에도 흉하다.

이런 가정은 불안과 초조, 심리적 불안감을 느끼는 수가 있다. 대문 및 담장이 덩굴식물이나 작은 나무줄기, 식물 등으로 둘러싸인 것도 바람직하지 않다.

대문이 주택 바닥의 대지보다 낮으면 가장이나 장남이 이성 문제로 고민할 수 있다. 반대로, 대문이 주택 바닥의 대지보다 높으면 차남(次男)이나 가족 이외의 사람이 부모의 가업(家業)을 잇는 예가 생기기도 한다.

대문이 파손돼 수리할 때 조화를 이루지 못하면 집안에 질병이 생기기 쉽다.

비슷한 크기의 대문이 한집안에 2개가 있을 때는 이성(異性) 문제로 가정불화를 겪기도 한다.

대문 위나 담장 위에는 줄기 나무나 줄기 식물은 좋지 않다.

대문은 본 건물에서 다소 바깥쪽으로 볼록(凸)하게 튀어나오도록 내는 것이 좋다. 오목(凹)하게 들어와 있으면 행운이 따르지 않으며, 특히 그 방향이 서북쪽이면 남편에게 불운이, 서남쪽이면 아내에게 불운이 올 수 있다.

대문은 담장보다 높아야 한다. 대문 정면에 바로 현관이 있으면 이웃과 화목하게 지내는 데는 좋으나, 가정에 불화가 생기기 쉽고 남자는 이성 문제로 불화가 있을 수 있다. 대문과 현관은 약간 경사진 각도를 이루는 것이 바람직하다.

### ■ 띠별로 가능하면 피해야 할 대문 방향은?

쥐띠생-북쪽. 소띠생-서쪽. 범띠생-남쪽. 토끼띠생-동쪽. 용띠생-북쪽. 뱀띠생-서쪽. 말띠생-남쪽. 양띠생-북쪽. 원숭이띠생-북쪽. 닭띠생-서쪽. 개띠생-남쪽. 돼지띠생-동쪽.

## (2) 현관 풍수

❛ 그림 걸어두면 거친 기(氣) 완화
종·풍경소리는 성공 운(運) 키워 ❜

바다 그림의 풍경화를 걸어 놓은 경우

집의 얼굴인 현관은 외부의 기운(氣運)이 안으로 들어오고 나가는 관문이다. 현관을 생활 풍수 원리에 맞게 꾸미는 것은 집안 운(運)을 결정하는 중요한 요인이 된다.

주택이나 일반 건물에서는 대지보다 약간 높아야 하며, 조금 높으면 자중하고 위엄도 있지만 너무 높으면 자만과 교만으로 흐르기 쉽다

아파트에서는 어쩔 수 없이 주어진 환경에 따라야 하기에 생활 풍수 인테리어 기법을 활용해 운(運)을 상승시키는 것도 하나의 방법이다.

현관은 집안 전체의 기운(氣運)을 좌우하므로 재물과 행운을 원한다면 항상 청결해야 한다.

현관문에서 귀에 거슬리는 소리가 나거나 악취가 심하면 가정에 안 좋은 일이 생기

거나 부부 불화가 자주 일어날 수 있다.
 현관에 물건들이 지저분하고 어질러져 있으면 좋은 기운(氣運)이 모아지지 않으며, 반대로 깨끗하고 정리가 잘 된 현관은 좋은 운기(運氣)를 불러온다.

 우선 밝고, 실내 쪽으로 전개되는 곳이 트여야 기(氣)의 흐름에 좋다. 벽에 밝은 느낌의 정물화나 풍경화의 액자나 그림은 현관으로 들어온 거친 기(氣)를 걸러서 부드럽게 순환시키는 역할을 한다.
 또한 현관은 될 수 있으면 공간을 많이 살리는 것이 좋다. 골프 클럽이나 레저용품 등은 현관에 두지 말아야 한다.
 가장(家長)의 성공 운(運)을 키우는 방법으로 맑고 은은한 소리가 나는 종이나 풍경을 달아 소리를 나게 한다.

붙박이 형 신발장과 나무 화분을 놓아둔 경우

 신발장은 벽면에 꼭 맞는 붙박이형이 좋으며, 신발을 정리할 때 색상이 밝은 것은 위쪽에, 어두운 색상은 아래쪽에 둔다.
 특히, 여성의 경우 신발이 노출되어 있으면 운(運)이 떨어지므로 신발장 안에 넣고 신지 않는 신발은 별도 상자에 넣어 보관한다. 조명등은 항상 밝아야 한다.
 어두운 현관은 기(氣)의 흐름을 정체시켜 나쁜 기운(氣運)을 고이게 하고, 밝은 현관은 기운(氣運)이 밖에서 순조롭게 집 안으로 들어온다.

노란색 물건을 두면 금전 운(運)을 높이며, 애정 결혼 관련은 분홍색 물건, 원만한 대인관계를 원한다면 흰색(밝은색)으로 장식하는 것이 좋다.

현관에 들어섰을 때 현관문(門)과 안방 문(門)이 일직선이면, 가정불화나 금전적 고통을 겪을 수 있다.

현관에서 바라보이는 지점에 단란한 가족사진을 걸어두고 사진 아래 화분을 두면 생기(生氣)를 받아 가정이 화목해진다.

현관에 공간이 허용한다면 흰색계통의 화분에 녹색 관엽식물 화분을 놓아두면 좋은 기운(氣運)을 불러오는 효과도 있다.

또한 관엽식물은 잎이 둥근 것이 운(運) 작용에 도움을 준다.

그러나 사람의 후각(嗅覺)을 자극하는 꽃이나 식물은 오히려 마이너스적인 영향을 미칠 수 있으니 식물이나 나무를 신중하게 선택하여야 한다.

식물 화분은 모든 가정이나 건물에 다 좋으며, 특히 돼지띠 토끼띠 양띠 생에게는 좋은 풍수 소품에 해당된다.

가정의 현관에는 신발장 안쪽(내부) 및 신발에 냄새가 나므로 공기(空氣) 정화(淨化) 식물을 놓아두는 것도 하나의 방법이다.

현관에 공간이 없다면 꽃 그림이나, 식물 및 풍경화 그림을 걸어두는 것도 좋은 풍수 소품이다.

식구들 중에 귀가 시간(직업상 늦은 경우 제외)이 늦거나 외박이 잦으면, 현관에 꽃이 핀 식물 화분을 두고, 반짝이는 물건을 놓아두면 효과적이다.

**• 가정에 식물 화분은 운(運) 작용에 도움**
**현관에서 정면에 가족사진 걸어두면 좋아 •**

현관 생활 풍수인테리어 기법으로 색상은 밝은 계통 즉, 흰색(밝은 색, 오프 화이트, 아이보리)의 색상이 좋은 기(氣)를 상승 시킨다.

흰색은 색 중에서 가장 밝기 때문에 순수하고 깨끗하며, 숭고함 등의 느낌을 주며, 청결, 정직, 의미도 내포하면서 심리적으로도 안정감을 주는 역할도 한다.

현관을 생활 풍수 인테리어 원리에 맞게 꾸민다면, 좋은 운기(運氣)가 가족(家族)의 운(運)을 결정하는 중요한 요인이 된다.

매트는 현관을 통해 들어오는 나쁜 기운(氣運)을 막아주는 필터 역할을 한다.

바닥과 높이의 차이를 주기 위해서, 약간 두께감이 있는 현관 매트를 사용하는 게 좋다.

현관 입구에 비해 너무 크거나, 너무 작은 매트를 깔아 둔다면 오히려 역효과가 날 수 있다. 적당한 크기의 매트를 선택하는 것이 중요하다.

거울은 현관으로 들어오는 운기(運氣)를 더욱 증폭시켜주는 역할을 하는 생활 풍수 소품 중 가장 많이 쓰이는 종류이다.

거울을 많이 사용하는 만큼 올바른 사용 방법으로 활용하는 것이 매우 중요하다.

현관문을 열었을 때 왼쪽에 거울이 설치하였다면 재운(財運)이 상승하며, 오른쪽에 설치하였다면 출세 및 인간관계 운(運)이 상승한다.

일부 가정에서는 현관에 좌측과 우측에 마주 보도록 거울을 설치한 경우도 있다. 이런 경우 오히려 집안에 들어오는 좋은 기운(氣運)이 반사되어 나갈 수 있다.

생활 풍수 인테리어 원리로 현관에 설치하는 거울은 전신 거울보다는 작은 거울이 좋고, 모서리가 드러나는 것보다 프레임과 곡선이 있는 것이 좋다.

### ' 신발 정리는 밝은 색상은 위쪽에 정리
### 조명은 밝아야 기(氣)의 흐름 순조롭다 '

2000년대부터 많은 신축 아파트에서 신발장과 함께 거울이 이미 설치되어 있다. 거울의 위치를 바꿀 수가 매우 불편하다.

이런 경우 현관에 공간이 있다면 식물 화분을 놓아두면 좋으나, 공간이 없다면 풍경화 그림을 걸어두면 좋은 운기(運氣)가 작용한다.

현관에 들어왔을 때 정면으로 보이는 곳에 가족사진이나 주황색 또는 적색 계통의 꽃 그림 액자나 사진을 걸어두면 좋은 운기(運氣)가 작용한다.

현관에는 너무 많은 장식은 피하는 것이 좋다.

일부 가정의 현관에는 벽을 꽉 채운 많은 액자, 많은 장식 등으로 현관 분위기를 산만하게 인테리어를 하여 기(氣)를 흩트리는 요인이 되는 경우도 있다.

그림이나 사진은 한 두장으로 최소화하여 포인트를 주는 게 운(運) 작용에 도움을 된다.

또한, 현관은 언제나 깨끗하게 하여 좋은 기운(氣運)이 들어오게끔 한다. 신발은 모두 신발장에 수납하고 외출할 때나, 밖으로 나갈 때만 꺼내 신는 게 운(運) 작용에 도움을 준다.

현관에 풍경 소리는 집에 들어오거나 나갈 때 약간 높은 음(音)의 아름다운 풍경소리를 듣고 있으면 기분이 상쾌해지며, 나쁜 기운(氣運)을 중화시키는 구실을 하므로, 너무 굵고 저음의 소리이거나 깜짝 놀랄 만큼 높은 소리의 풍경은 피하는 게 좋다.

현관 입구와 안방이나 화장실 문이 일직선이면 화분이나 기타 소품 등을 놓아둔다.

생활 풍수 인테리어 기법으로 풍경 소리는 탁한 기운(氣運)을 소리로 전달하여 생기(生氣)를 만들어 가정에 운(運)을 높이는 데 도움을 준다.

현관 생활 풍수 인테리어 기법으로 중문(中門)은 현관문을 통해서 좋고, 나쁜 기운(氣運)이 집으로 들어온 뒤 다시 통과하는 문(門)으로 일반적으로는 직접 들어오는 찬 바람이나 더운 바람을 막고, 또한 밖에서 들어오는 먼지나 소음 등을 막아주는 역할을 하는 것이 중문(中門)이다.

생활 풍수 인테리어 기법으로는 나쁜 기운(氣運)을 한 번 더 막아주는 역할을 하는 것이 중문이다. 건축적인 의미에서 중문(中門)은 한 공간에서 다른 공간에 이르기 위한 경계로 본다.

즉, 생활 풍수 인테리어 원리로 문(門)이나 중문(中門)은 닫혀 있을 때는 벽(壁)으로 보는 것이며, 열리는 순간에는 문(門)이 되는 것이다. 즉, 안 좋은 기운(氣運)이 외부에서 들어오는 것을 막기 위해서는 중문을 설치하는 것이 바람직하다.

새로 중문(中門)을 설치한다면 가능한 밝은 계통이 좋으며, 여닫이 중문, 2연동 아니면 3연동 도어 중문(中門) 모두 다 생활 풍수 원리로는 모두 다 좋은 것이다.

현관(주택의 경우)은 본 건물에서 바깥쪽으로 볼록(凸)하게 튀어나오도록 내는 것이 좋으며, 오목(凹)하게 들어가게 하는 것은 좋지 않다.

현관이 건물의 정중앙에 위치하면 흉하다.

정중앙에 위치하면 지나치게 이기적인 경우도 있다. 현관의 방위는 건물 중앙에서 주역의 후천팔괘(後天八卦) 방위로서 길흉을 판단한다.

현관이 건물에서 바깥 쪽으로 볼록 튀어나온 경우

현관은 생활 풍수 인테리어 기법으로 기(氣)의 관문(關門)이 되는 공간(空間)이며, 사람으로 비유하면 얼굴에 해당되는 곳이다.

사람의 첫인상이 운명을 결정지을 수도 있는 것처럼 현관의 인테리어가 그 집안의 운기(運氣)를 좌우할 수도 있다.

외부로부터 기(氣)가 들어오는 시작점이 되기 때문에, 현관 생활 풍수 인테리어가 매우 중요하다.

" 노란색 물건 두면 금전 운(運) 상승효과
　현관문과 안방 문이 일직선이면 안 좋아 "

좋은 운기(運氣)가 많이 들어 올 수 있도록 하는 생활 풍수 인테리어 기법으로 현관에는 특히 움직이는 물건을 두지 않아야 한다.

즉, 자전거, 유모차, 쇼핑카트, 등을 놔두었다면 발코니 또는 다른 장소로 옮기는 것이 좋다. 현관은 집의 운기(運氣)와 기(氣)가 통하며 드나드는 공간으로, 골프가방, 레저 용구, 등 불필요한 물건들은 없애거나 다른 장소로 옮겨야 나쁜 기운(氣運)을 막아준다.

현관의 조명은 밝게 하여야 나쁜 기운(氣運)이 들어오는 것을 막을 수가 있다. 요즘은 LED 조명이 대중화되어 전기 요금도 절약하고 좋은 운기(運氣)를 불러올 수 있는 방법으로 밝은 조명으로 교체하여보는 것도 좋은 방법이다.

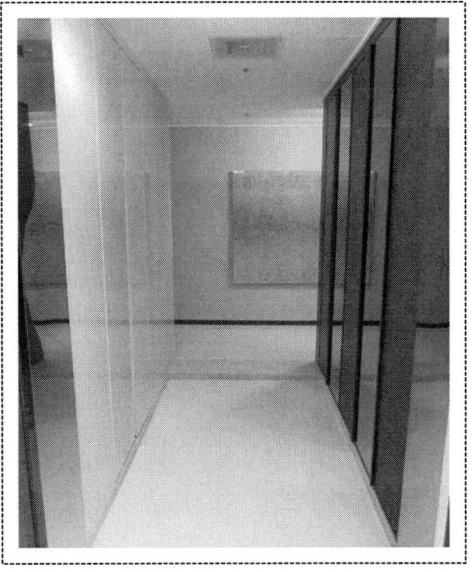

▲ 현관의 조명은 밝게 하여야 나쁜 기운(氣運)이 들어오는 것을 막을 수가 있다.

현관 생활 풍수 인테리어 기법으로 신발장에 신발 정리는 기본이다.

신발은 반드시 신발장 안에 수납하고 외출하였다가 돌아오면 꼭 신발장 안에 신발 앞부분이 앞쪽으로 보이도록 가지런하게 정돈하여야 좋은 운기(運氣)가 들어온다.

특히, 여자의 신발이 신발장 밖에 많이 노출되어 있으면, 애정(愛情) 운(運)이 떨어지거나 가족 간에 불화나, 금전적인 고통을 많이 받을 수도 있다.

신발장 안에 공간이 부족하여 전부 들어가지 않는다면 상자에 넣거나 천을 씌워 별도 장소에 보관하여야 한다.

가정에 우산꽂이는 비가 오지 않는 날은 보이지 않는 곳에 보관하고, 특히 비닐우산은 비가 오지 않는 날에는 보이지 않게 보관하여야 가정에 운(運)이 상승한다.

또한, 현관은 생활 풍수 인테리어 기법으로 볼 때 사업 운(運)과 재물(財物) 운(運)의 시작 공간이라 할 수 있으며, 좋은 기운(氣運)은 받고자 한다면 현관을 매일 깨끗이 쓸고 청소를 하면, 집안 운(運)이 상승하고 직업 관련 이유가 아니면서, 귀가 시간이 늦은 가족이 있다면 귀가 시간이 빨라진다.

현관 방향에 따른 생활 풍수 인테리어 기법으로, 동쪽의 현관은 목(木)의 기운(氣運)이 강한 방위로 생기(生氣)가 발생하는 생활 풍수 인테리어를 하고, 동남쪽 현관은 목(木)의 기운(氣運)이 부드럽게 작용하는 방위로 온화한 느낌을 주는 귀엽고 작은 소품이나 화분, 꽃 등으로 생활 풍수 인테리어를 한다.

남쪽 현관은 화(火) 기운(氣運)을 상징하며 양기(陽氣)가 가득 차 있는 방위이다. 밝고 화사한 느낌이 들 수 있도록 키가 작은 화분이나 관엽 식물을 놓는 것도 좋은 인테리어 방법이다.

### ' 현관 조명은 밝아야 좋은 운(運) 작용, 녹색은 안정과 건강을 관장하는 색 '

남서쪽 현관은 토(土)의 기운(氣運)을 가지고 있으며, 양기(陽氣)에서 음기(陰氣)가 싹트는 방위로 다른 방위의 현관보다는 좀 더 청결하게 하여야 좋은 기운(氣運)이 현관을 통해서 안으로 들어온다.

좋은 생활 풍수 인테리어 소품으로는 흙으로 만든 도자기나 장식품 등이 좋다.

서쪽 및 서북쪽의 현관은 금(金)의 기운(氣運)을 상징하는 방위로 금전 운(運)을 부르는 생활 풍수 인테리어 기법으로 호화스러운 모양의 소품을 배치하고 공간이 있다면 둥근 스탠드를 놓는 것도 좋다.

북쪽의 현관은 수(水)의 기운(氣運)이 강한 방위로 차가운 느낌을 줌으로써, 운(運)을 상승시키는 생활 풍수 인테리어 기법으로는 따뜻한 이미지의 스탠드, 등의 인테리어로 밝게 배치하여 차가운 느낌을 없게 한다.

동북쪽 현관은 토(土)의 기운(氣運)이 강하며, 새로운 기운(氣運)이 시작되는 방위로 청결함을 유지하고 크리스탈 종류의 생활 풍수 인테리어를 활용한다면 좋은 기운(氣運)이 상승한다.

생활 풍수 인테리어 기법은 좋고 값비싼 것을 요구하는 것이 아니라 적절한 장소에 필요한 소품이나 물건을 놓아 운(運)을 상승시키는 방법론을 제시하는 것이다.

현관 생활 풍수 인테리어 기법으로 녹색 계통의 인테리어 소품이나 물건을 너무 지나치지 않은 범위 내에서 활용하면 좋은 기운(氣運)이 상승한다.

> **우산꽂이는 비가 오지 않는 날은
> 보이지 않는 곳에 보관하여야 한다.**

녹색은 안정과 건강을 관장하는 색으로 사람의 마음을 편안하게 하고 혈압을 안정시켜 주는 효과가 있으며, 사람의 병을 치료하는 병원 표지판이 녹색이며, 병원 실내 인테리어가 밝은 색 계통이나, 녹색 계열로 인테리어를 많이 하는 원인도 이와 같은 것이다.

고속도로 표지판을 보면 녹색 바탕에 흰색 글씨로 표시하고 있다. 자동차가 고속도로에서는 고속으로 달리므로, 운전자의 마음의 안정을 주는 녹색 표지판을 활용하고 있다.

시내 도로 표지판은 협력의 기(氣)를 높이는 청색 바탕에 흰색 글씨 표지판이다.

현관 생활 풍수 인테리어 소품이나 물건으로 관엽식물, 녹색 숲 그림, 초록색 매트, 등이 좋으며, 또한 나무 향이 나는 아로마 향초 등도 건강 운(運)을 높이는 데 좋은 효과가 있다.

운(運)을 부르는 현관 생활 풍수 인테리어 기법에서 사업(事業) 운(運), 애정(愛情) 운(運), 금전(金錢) 운(運)을 부르는 방법 중 사업 운(運)을 높이고자 한다면, 도시의 배경으로 건물의 사진이나 그림을 부착하고, 타원형의 시계 및 공간이 있다면 필기구 메모지 등을 놓아두면 사업(事業) 운(運)에 도움을 주는 아이템이다.

애정(愛情) 운(運)을 높이고자 한다면 꽃이 핀 화분이나 꽃을 흰색계통의 꽃병에 꽂아두고 현관 앞 핑크 계통의 매트를 놓아두면 애정(愛情) 운(運)이 상승한다.

금전(金錢) 운(運)을 상승시키고자 한다면 물과 관련된 소품이나 물건 즉, 작은 어항이나 소형 분수대 같은 것을 놓아두면 금전(金錢) 운(運)이 상승한다.

물과 관련된 소품이나 물건은 특히, 원숭이띠생, 쥐띠생, 용띠생에게는 좋은 아이템이다.

생활 풍수 인테리어 기법은 좋고 값비싼 것을 요구하는 것이 아니라 너무 지나치지 않는 범위 내에서 적적한 장소에 비치하거나 놓아두어야 운(運)이 상승한다.

신발 정리는 신발 앞부분이 안쪽으로 향하게 정리하고, 어두는 색상은 아래쪽에 밝은 색상은 위쪽에 놓아두고 신지 않는 신발을 종이 상자나 천으로 된 신발 가방에 넣어 별도로 보관하는 것이 운(運) 상승에 도움이 된다.

우산꽂이는 반드시 필요한 것이지만 현관이 아닌 곳에 두거나 신발장 내부에 둔다. 단, 젖은 우산은 말려서 보관하고 비닐우산은 가능하면 별도 장소에 보관하는 것이 좋다. 젖은 우산을 놓아두면 음(陰)의 기운(氣運)과 습기 냄새 등이 발생하고 좋은 기운(氣運)이 모이지 않는다.

### ˚ 사업 운(運)을 높이고자 한다면, 도시의 배경으로 건물의 사진이나 그림 좋아 ˚

현관 및 신발장 안에는 항상 청결하게 하여야 하며, 방향제나 숯을 한지로 싸서 신발장 안에 놓아두면 나쁜 기운(氣運)을 막아 줄 뿐만 아니라, 신발에서 나는 냄새와 습기 제거에도 도움을 주어 좋은 기운(氣運)이 발생한다.

현관 생활 풍수 인테리어로 현관 벽에는 거실이나 실내와 어울리는 풍경화 그림이나 사진을 걸어두면 좋으며, 풍경화 그림 중에서도 돌이 너무 많은 산, 그림은 피하는 것이 바람직하다.
또한, 인물화 및 광고사진 등은 피하고 가족사진은 현관에서 바라보이는 곳에 걸어두어야 운(運)이 상승한다.

가정에 혼기를 놓친 사람이 좋은 인연을 만나고자 한다면, 분홍색 계열의 꽃 그림을 걸어두면 좋은 기운(氣運)이 상승하여 원하는 인연을 만나는 데 도움을 주는 아이템이다.

아파트나 주택, 사무실 및 점포의 현관은 입구에서 맞은편에 출입문이나 창문이 있으면 좋은 기운(氣運)이 빠져나가기 때문에 이런 경우에는 운(運)을 부르는 현관 풍수 인테리어 기법으로 커튼이나 블라인드를 설치하던지, 아니면 키가 작은 관엽 식물을 놓아두면 좋은 운기(運氣)가 빠져나가는 것을 막을 수가 있다.

운(運)을 부르는 현관 생활 풍수 인테리어 기법 중에서 색상과 기(氣)작용의 원리로 금전(金錢) 운(運)을 높이고자 한다면, 노란색이나 황색을 활용하여 인테리어를 하고, 건강과 마음의 안정을 위해서는 녹색 계통으로, 사업 번창을 위해서는 파란색이나 청색을 활용하면, 사업(事業) 대표(代表)자가 집중력을 강화시키는 효과가 있다.

검은색은 무난하면서 고급스런 분위기를 자아내는 색이며, 누구에게나 잘 어울리는 색으로 사람에게는 본심을 감출 수 있다는 의미가 내포되어 있다.

현관 생활 풍수 인테리어에 흑색을 적절히 배합된 경우에는 아주 고급스러운 분위기를 연출할 수 있다.

흰색은 오행으로는 금(金)이고, 순수함을 나타내므로 깨끗한 친구, 좋은 친구를 찾고 싶을 때 활용하는 색이다. 그러나 현관 인테리어 색상으로는 너무 깨끗함은 오히려 무의식중에 부담감을 갖도록 하는 인간의 심리 작용을 할 수 있으므로 밝은 것은 좋으나 현관 전체가 흰색으로 인테리어를 하는 것은 피하는 것이 좋다.

회색 및 갈색은 가능한 현관 생활 풍수인테리어 색상으로는 사용하지 않는 것이 좋다. 베이지색은 풍수지리학적 측면에서 보면 사업자가 사업에 대한 자신이 없을 때나, 사업(事業) 진행이 불확실할 때, 새로운 사업을 도전하고자 한다면 사무실이나 점포의 현관 인테리어 색상으로 단기간만 활용한다면 가능한 색상이다.

남색(연꽃 색)은 아주 고귀함이라는 힘을 가진 색상이므로 풍수 인테리어 원리에 맞게 활용하는 경우 좋은 운기(運氣)가 나올 수 있다.
 위에서 논한 색상 등을 활용해서 현관 인테리어를 할 경우 너무 지나치지 않는 범위 내에서 인테리어를 하여야 운(運)이 상승한다.

생활 풍수 인테리어는 사람이 생활하고 있는 주어진 생활환경 속에서 기(氣) 등의 이론을 광범위한 학문을 요약하여, 현대인들이 쉽고 과학적인 방법으로 우리 조상들의 삶의 지혜인 풍수지리 이론을 현대 풍수 인테리어에 접목시켜 삶의 터전을 좀 더

윤택하게 하고자 하는데 목적을 두고자 한다.

* 현관에 키가 작은 관엽 식물을 놓아두면 좋은
  운기(運氣)가 빠져나가는 것을 막을 수가 있다. '

* 가정에 금전 운(運)을 높이고자 한다면 노란색,
  황색을 활용하여 인테리어를 하면 운(運) 상승 '

풍수 인테리어 상의 상극(相剋)을 상생(相生)으로 화합시키고 기(氣)와 기(氣)가 상충(相沖)할 때는 충돌을 피하며, 빛, 소리, 생명력이 있는 물체나 가전제품 등으로 에너지를 승화시켜, 질병 없고 개인이 가지고 있는 에너지를 성공 에너지로 끌어내어 최상의 결과를 추구하는 데 있다.

현관에 공간이 있으면 식물 화분을 놓아두면
가정에 운(運) 작용에 좋다.

사람이 살아가는데 누구나 할 것 없이 일치할 수는 없으나, 타고난 운명이 제각자 다르듯 생활 풍수 인테리어 역시 다를 수밖에 없다.

사람은 본인 개인의 타고난 선천(先天) 운(運)은 다르나, 노력 여하에 따라 약간의 차이가 날 수 있으므로, 가정이나 직장에서 생활 풍수 인테리어 기법을 적절히 활용한다면 운(運)의 상승효과는 기대 이상의 효과를 나타낼 수 있다.

## (3) 안방 풍수

풍수지리는 양택(陽宅)과 음택(陰宅)으로 나누어진다. 양택(陽宅)이란 글자에서 보듯이 양기(陽氣)를 받는다.

주택에서는 대문, 안방, 부엌을 주택의 3요소. 아파트에서는 앞 발코니, 안방, 주방을 아파트 3요소라 한다.

안방의 색상은 밝은 계통이 좋다.

■ 기(氣)작용의 영향을 많이 받는 안방 풍수 인테리어 기법으로,

1) 안정성

① 안방의 중요함 : 안방은 건물에서 그 집의 가장 중요 인물인 주인의 생활 공간이기 때문에 중요시하지 않을 수 없다.
  어떤 주택은 건물도 크고 침실도 여러 개 있는 것도 있을 수 있다. 그러나 여기서는 주인이 침실로 사용하는 안방을 말한다.
② 안방의 방위 : 서북쪽에 두어야 하며, 안방은 안정성과 더불어 위엄도 갖추어야 한다. 안방은 집안의 어른이자 중심인 가장이 쓰는 방이다.
  그러므로 방위의 중심인 태극(太極)에 위치해야 한다. 태극(太極)이란 하늘

의 문(天門)으로서 서북쪽을 가리킨다.

따라서 안방은 그만큼 중요하기 때문에 그 집안에서 가장 중요한 일을 하는 사람이 사용해야 한다.

③ 전경(全景) : 앞이 트이되 너무 황망하게 트인 것보다 일정한 거리에 산이나 나무, 건물 등 시각적으로 아름답다고 할 수 있는 물체가 있는 것이 좋다.

지나치게 확 트여 황망하면, 마음의 집착을 얻지 못하고, 전경도 아름답지 못하고 추하면, 마음이 상하여 정신 질환이나 소화 불량에 걸릴 수도 있으며, 지나치게 이기적인 인물이 될 수도 있다.

④ 안방 앞의 나무 : 도시의 주택은 대개 앞이 지나치게 탁 트이는 위치는 거의 없으나, 요즈음 부산과 같은 임해배산 형 도시에서는 지나치게 앞이 트이는 고지대에 아파트가 들어서고 있는데, 아파트를 선택할 때 참고해야 한다.

즉 지나치게 앞이 확 트이는 고지대 아파트는 피하는 것이 좋다. 또한 건물과 건물이 마주치는 경우에 서로 남의 집을 보이지 않도록 하려고 큰 나무를 정원에 심는 경우가 종종 있는데, 이는 아주 좋지 못하다.

그 이유는 자신의 앞을 가리고 양기(陽氣)의 원천인 햇볕의 차단으로 양기를 원활하게 받지 못하기 때문인데, 이럴 때는 커튼을 활용해도 좋다.

⑤ 안방의 밝기 : 안방이 너무 밝으면 정신이 집중되지 않으므로 불안 또는 초조해지기 쉽고, 반대로 너무 어두우면 마음이 우울 할 경우도 있다.

⑥ 안방의 색상 : 원색이 아닌 밝은 색을 쓴다.

⑦ 안방의 고저 : 안방이 너무 높으면 공허하고, 너무 낮으면 답답하다.

⑧ 안방 옆에 화장실이나 욕실을 두면 습기에 주의해야 한다.

⑨ 안방 곁으로 별도의 침실을 만드는 것은 좋지 않다.

⑩ 안방의 크기 : 지나치게 좁으면 소신을 펴지 못하고, 지나치게 크면 결단력을 갖지 못하므로 공과 사를 구별하지 못해 좋지 않다.

* 장롱은 띠별로 위치 가려 배치
  식물 화분 놓아두면 운(運)이 상승 *

## 2) 중심성

① 안방이 건물의 중앙에 있어야 한다는 것이 아닌, 정신적 의미에서 강조하는 부분이기 때문이다.
예를 들어 어떤 집에서 거실(응접실)만 요란하고 안방은 단지 잠이나 자는 곳으로 하기 위해 한쪽 구석에 배치한 경우를 가끔 볼 수 있다.
이럴 때는 거실이 중심이 된다.

안방의 사용자는 가정의 중심인물이 사용해야 운(運)이 상승한다.

② 안방의 위치 : 인체 구조를 볼 때 가장 중요한 두뇌가 인체의 중앙에 있지는 않지만, 분명 중심이 되는 기관에는 틀림이 없다.
위와 같이 건물을 설계할 때 안방을 우선 적으로 정하고 이를 중심으로 다른 곳을 설계토록 하면 풍수지리 이론에 적합한 주택에서 최상의 행운을 누릴 수 있다.

③ 안방의 가구 : 안방이 중심이 되므로 당연히 안방에 중요한 장롱이나 금고, 귀중품이 들어있는 보석함을 두어야 한다.

④ 안방의 사용자 : 안방이 빈약하면 권위가 상실되고 무시당하기 쉬워 통솔력이 떨어진다. 따라서 안방에는 가정의 중심인물이 사용해야 한다.

## 3) 위엄성

① 내부구조를 의미하며, 실내 장식 즉, 인테리어가 포함된다.

거울은 지나치게 큰 것은 피하는 것이 좋다.

② 지나치게 거울이 많아 요란 복잡하고 음침해도 좋지 않다.

③ 안방은 주택의 크기에 따라 그 규모 또한 적절해야 한다. 너무 협소하거나 지나치게 넓어도 좋지 않다.

④ 손님맞이 등 만사가 안방에서 이루어지면 위엄이나 권위가 손상된다.

⑤ 안방 문을 열면 대문이 일직선으로 보이는 경우는 좋지 못하다.
만약 부득이하다면 공간이 허용하는 범위 내에서 화분이나 본인한테 좋은 소품이나 물건을 활용하여 전체나 일부를 가린다.

❛ 화장실 문과 장롱 일직선 안되게
　지나치게 거울이 많아도 안 좋아 ❜

⑥ 천장이 높으면 기상이 고매하고 자녀가 좋은 교육을 받으며 집안에 타인과 같이 생활해도 화목하고 조화롭다.

⑦ 천장이 낮으면 지하실과 같은 인상을 풍기므로 좋지 않다.

⑧ 운(運)을 부르는 안방 생활 풍수 인테리어 기법으로 현관에서 안방을 바라보았을 때, 안방 문이 일직선으로 보이는 것은 좋지 않다.

안방은 안채의 중심으로서 가장 폐쇄적인 주 공간이며, 주택의 안쪽에 위치한다. 또한, 주부의 실내 생활의 대부분이 이루어지는 공간으로 집안일 중 안살림을 모두 관리하는 생활의 중추가 되는 공간이다.

> **안방의 크기는 주택이나 아파트 다 같이 적당한 크기로,
> 아파트의 경우 천장을 높게 건축하기가 매우 어려우나
> 주택의 경우 천장이 높게 건축하면 운(運)이 상승한다.**

안방 인테리어로 벽지는 추운 느낌이 드는 벽지보다는 화사하고 안정된 느낌을 주는 벽지가 좋다.

이미 인테리어를 한 집이라면 액자나 소품을 이용해서 차가운 느낌을 없애고 포근한 느낌이 들거나, 생활 풍수 인테리어 원리와 기운(氣運)에 맞는 그림을 걸어 주는 것이 좋다.

> **안방의 베개는 검은색이나 단색을 피하고 밝은 색으로,
> 안방이 지저분하고 정리 정돈이 않되면 재물이 늘어나지 않는다.**

안방의 방향에 따라 동쪽 안방은 녹색 계통, 남쪽 안방은 연한 적갈색 계통, 서쪽 안방은 노란색 계통, 북쪽 안방은 흰색이나 베이지색 계통으로 포인트를 주는 것도 운(運) 작용에 도움이 된다.

안방의 베개는 검은색을 피하고 밝은색으로

베개는 검은색이나 단색을 피하고 흰색(밝은 색), 꽃무늬 등이 무난하며 노란색이나 연녹색 컬러가 금전 운(運)을 높이는 데 좋다.

안방이 지저분하고 정리 정돈이 되지 않으면 재물이 늘어나지 않는 경우가 많다.

안방에 작은 테이블을 두고 부부가 다정히 와인을 한잔하거나, 차를 마시며 많은 대화를 나누는 것도 좋은 기운(氣運)이 발생한다.

생활 풍수 인테리어 기본은 인간의 운(運)은 주변 환경에 좌우된다.
사람이든 동물이든 자연에 존재하는 생물체는 항상 주변 환경의 영향을 받으며, 풍수 인테리어 원리에 맞추고 살기 좋은 곳에서 생활하면 기분이 좋아지고 모든 일이 순조롭게 진행된다.

' 너무 많은 장식품이나 액세서리는 피해야
식물 화분은 많이 두지 않는 것이 도움 '

반대로 기운(氣運)이 없는 곳에서 사는 사람이나 생물체는 사기가 저하되어 행동력도 둔화된다.
주변 환경이 사람에게 미치는 영향력은 매우 크게 작용한다. 생활 풍수 인테리어에서 말하는 환경은 의식주를 포함하여 연관된 모든 관계를 말한다.

안방 생활 풍수 인테리어에서는 사소하게 보이는 그림이나 사진, 장식 하나라도 어느 곳에 어떻게 두느냐에 따라서 풍수 에너지가 달라지고 금전 운(運)과 건강@ 행복 운(運)에도 많은 영향을 받는다.

안방에 불필요한 소품이 많으면 기(氣)의 흐름이 불규칙해지며, 가능하면 여백이 많게 꾸미는 게 좋다. 사이드 테이블에 많은 소품이나 물건을 올려놓으면 기(氣)가 흩어진다.

안방에 일조량이 너무 지나치게 많으면 재물이 모아 지지 않으며, 부부 불화가 자주 일어날 수도 있다. 이런 경우 커튼이나 블라인드를 활용하는 것이 좋다.
안방을 침실로 사용하는 경우 항상 맑고 밝게 너무 지나치지 않는 범위 내로 유지하여야 한다.

안방에 침대를 놓을 경우 침구와 패브릭의 색상도 전체적으로 밝고 온화한 분위기를 유지하는 것이 좋다.
연한 베이지 색이나 아이보리 색상은 부부의 화합과 사랑에 도움을 주는 인테리어이다.

안방에 침대를 놓았을 경우에는 벽면과 20~30㎝ 띄워 놓아야
운(運)이 상승한다.

시계는 가능하면 걸지 않는 것이 좋으며, 부착할 경우 짙은 색상의 시계를 선택한다. 벽에 못 자국이 많거나 액자가 너무 많이 걸려 있으면 부부나 가족 구성원이 불화가 자주 일어날 수 있다.

꽃이나 관상수는 생기(生氣)를 주기 때문에 좋으나 안방을 침실로 사용하는 경우에는 작은 것으로 1개 정도만 놓아두고 생화보다는 아트플라워나 조화 등이 좋다.

요즈음 시중에 판매하는 조화로도 생화의 효과를 볼 수 있으며, 부부 관계에 이로운 기운(氣運)을 볼 수 있다.

단, 조화에 먼지가 많이 묻고 오래되어 변색 된 경우에는 없는 것이 더 길하다.

안방 생활 풍수 인테리어 핵심은 장롱이며, 띠별로 안방에서 좋은 장롱 위치는 원숭이, 쥐, 용띠 생은 북쪽. 돼지 토끼 양띠 생은 동쪽. 범 말 개띠 생은 남쪽. 뱀 닭 소띠 생은 서쪽으로 해두면 좋다.

요즈음 아파트에서는 이미 붙박이장으로 설치되어 있는 경우가 많다.

안방 사용자 본인에게 위와 같은 위치에 놓여 있다면, 풍수인테리어 원리로 좋다. 그러나 위치가 맞지 않는다면 본인에게 좋은 소품이나 물건을 놓아두면 된다.

원숭이, 쥐, 용띠 생은 물(水)하고 관련이 있는 소품이나 물건. 돼지 토끼 양띠 생은 나무(木)와 관련 있는 물건. 범 말 개띠 생은 불(火)에 잘 타는 물건이나 소품. 뱀 닭 소띠 생은 쇠하고 관련이 있는 소품이나 물건을 너무 지나치지 않는 범위 내에서 놓아두면 좋은 기운(氣運)이 발생한다.

안방에는 신발을 두지 않아야 한다.

외출에서 돌아오면 꺼내놓는 소지품들은 반드시 보관하는 장소를 정해두는 것이 좋다. 자동차 키 같은 용품은 거실에 자리를 정하고, 지갑은 서랍에 보관하는 것이 좋다. 핸드백은 화장대 위나 노출되는 곳이 아닌 수납장에 보관하는 것이 풍수인테리어 원리로 길하다.

사람이 일생의 약 3/1은 잠을 자니 안방에 침대가 있을 경우에 침대 위치가 생활 풍수 인테리어에서 많은 비중을 차지한다.

안방은 하루의 일을 마치고 쉬면서 좋은 기운(氣運)을 받는 장소인데, 나쁜 기운(氣運)을 받는다면, 하는 일도 잘 풀리지 않고 금전적인 고통이나 부부 불화가 자주 일어난다.

> ' 안방에는 신발을 두지 않아야 운(運) 상승에 도움을 준다.
> 지갑은 서랍에 보관하여야 재물 운(運)에 도움되 된다. '

사람은 편안한 잠자리에서 잠을 자면서 풍수적으로 좋은 기운(氣運)을 받도록 하여야 한다.

안방의 침대 위치가 잘못되어 있다면 좋은 기운(氣運)을 받지 못하므로 침대 위치를 바꾸어 보든지 아니면, 본인한테 좋은 소품이나 물건을 놓아두어 기(氣)를 상승시킨다.

> ' 풍수 인테리어 소품은 좋고 값비싼 것을 요구하는 것이 아니며,
> 본인에게 맞는 소품이나 물건을 소지하거나 비치하여야 한다. '

생활 풍수 인테리어로 좋은 침대 배치는 방문을 열었을 때 머리 부분이 직선으로 보이지 말아야 하며, 다리 부분이 먼저 보여야 하며 다리는 45°로 보이면 좋은 기운(氣運)이 상승한다.

> ' 안방에는 행거나 옷걸이를 설치하지 않는 것이 좋다.
> 외출복은 반드시 옷장 안에 수납하여야 운이 상승한다. '

풍수에서 땅이나 건물의 위치, 구조가 가지고 있는 기운(氣運)을 판단하여 기운의 성질을 바꾸거나 부족한 기운(氣運)을 보완하는 것을 비보(裨補)라고 한다.

생활 풍수 인테리어 기법은 양택(陽宅) 비보법(裨補法)이다.

양택 비보는 그 집에 살고있는 사람들에게 도움을 주는 좋은 기운(氣運)을 극대화하기 위한 방법이다.

안방에는 창문이 있어야 한다.

소품이나 물건을 놓이는 구조에 따라 운기(運氣)의 흐름이 달라진다.
조명 하나를 바꾸거나, 가구 하나를 옮겨놓는 위치에 따라서 많은 기운(氣運)의 변화가 일어난다.

안방 생활 풍수 인테리어 기법으로 안방에 행거나 옷걸이를 놓아두고 외출복을 걸어두지 않아야 좋은 운기(運氣)를 받는다.
외출복에는 눈에는 보이지는 않지만 바깥의 흉(凶)한 기운(氣運)이 묻어 있을 수도 있다. 특히 야간에는 외부의 흉(凶)한 기운(氣運)에 쉽게 노출되기 때문에 옷은 반드시 옷장 안에 수납하여야 좋은 기운(氣運)이 작용한다.

양택(陽宅) 풍수 원리로 안방의 위치는 가능하면, 현관으로부터 거리가 멀수록 건강과 재물 운에 좋다.

안방은 휴식 공간이므로 안정감이 있고, 조용한 위치가 운(運) 상승에 도움을 준다. 또한 창문이 있어야 한다. 창문은 통풍이 잘되고 하루에 잠깐이라도 햇빛이 들어오면 정신이 맑아지는 효과도 있다.

안방은 정리가 잘되어 있어야 좋은 기(氣)가 발생한다.
안방이 어수선하면 나쁜 운기(運氣)가 발생하므로 항상 단정하게 정리하도록 하고,

안방은 넓게 꾸밀수록 좋은 기운(氣運)이 많이 들어온다.

안방에 너무 많은 장식품이나 액세서리는 피하는 게 좋다.
특히 토산품 및 인형이나 조형물 등은 주위와 어울리지 않으면, 서재나 거실로 옮기는 것이 좋다.
장롱이나 서랍장 위에는 박스와 물건 등을 올려놓는 것은 氣(기)를 정체시키기 때문에 깨끗하게 정리하는 것이 운(運) 작용에 도움을 준다.

공간이 허용 한다면 좋은 방향에 장롱을 놓는다.

안방 벽에 물건을 많이 걸지 않는 것이 운(運) 작용에 도움을 준다.
가능하면 벽면에는 여백을 많이 살리도록 하고, 짙은 색상의 시계나, 부부의 사진만 걸어 놓는 것이 금전 운(運)을 높이는 안방 풍수인테리어 기법이다.

안방은 사람이 생활하는 부분적인 공간으로, 집안의 여러 공간 중에 부부가 머무는 곳이자 중심이 되는 곳이다.
따라서 안방을 자녀의 공부방으로 내어주는 것보다 집안의 중심이 되는 가장이 사용하는 것이 운(運) 작용에 도움을 준다.

일반적으로 이상적인 안방의 위치는 조용하고 평온하며 안전감을 주는 곳이 좋다.
안방이 너무 밝고 개방되어 있다면 재물이 모이지 않고 흩어지게 된다.

조명은 적당한 밝기가 좋다. 안방에 침대를 놓아둘 경우는 침대 밑에는 물건을 놓아두면 편안한 잠자리를 방해하기도 한다.

아울러 침대 양옆에는 작은 사이드 테이블과 스탠드를 두면 애정(愛情) 운(運)이 좋아진다.

안방이 주간에도 너무 어두운 경우에는 작은 조명을 항상 켜두도록 한다.

안방은 그 집의 주인이 생활하는 공간이기 때문에, 안방 사용자의 건강 및 재물과 가족 구성원 전체의 분위기를 좌우할 수 있는 공간이다.

일부 가정에서는 부부가 잠만 자기 때문에 자신들은 작은 방을 사용하고 안방을 자녀들이 사용하게 하는 경우도 있는데 이것은 생활 풍수 인테리어 기법으로 좋지 않다.

안방에는 가급 적으로 나무와 같은 식물은 많이 두지 않는 것이 좋다. 식물은 낮 시간 동안에는 탄소 동화 작용에 의해 산소를 생성해 주지만 밤에는 반대로 탄산가스를 발생시키기 때문에 야간에 사람이 수면 중에는 탄산가스를 계속 적으로 섭취할 수밖에 없어 건강에 좋지 않다.

안방에 거울은 작은 것을 설치하는 것은 무관하나 큰 거울은 좋지 않다.

안방에 침대를 놓을 경우 전기 콘센트는 침대와 간격을 최소한 30cm 정도 콘센트와 떨어져야 한다.

콘센트에서 발생하는 전기, 자기적 성질과 매트의 스프링과 자장(磁場)이 형성되어 인체의 전기, 자기적 성질에 변화를 주게 되므로 신진대사가 원활해지지 않을 수도 있다.

전자 제품도 침대로부터 가능하면 멀리 두는 것이 좋다. 전자 제품에서는 미세한 전기가 계속적으로 발생하기 때문에 정전기가 발생하면 먼지가 전자 제품 주위로 몰려든다.

안방에 옷걸이를 두고 외출복을 걸어두는 것은 좋지 않으며, 외출복은 옷장 안에 수납하여야 좋은 운기(運氣)가 생성된다.
안방의 크기는 너무 넓은 공간보다는 적당한 크기가 좋다.

많은 가정에서 안방에 침대를 놓는 경우가 있는데, 머리를 두는 방향은 사람에 따라 약간의 차이는 있으나, 침대 헤드 방향은 창문을 향하는 것이 좋으며, 근처 산이 있는 위치로 머리를 두고 수면을 하는 것이 좋다.

안방에 머리맡 윗부분에 선반이나 무거운 짐 등은 놓지 않아야 한다.

가능하면 TV나 가전제품은 가급 적으로 안방에 놓지 않는 것이 좋으며, 침대 헤드 방향은 화장실을 향하지 않게 놓아야 한다.

안방은 안정성과 더불어 위엄도 갖추어야 한다.

침대에서 잠자는 방향은 남편(男便)은 왼쪽에, 부인(婦人)은 오른쪽에 자는 것이 좋으며, 또한 남자는 안쪽에 여자는 바깥쪽에 자는 것도 좋다. 사람이 누워서 다리를 기준으로 하면 남좌여우(男左女右)이다.

음양학(陰陽學)에서는 음(陰)의 기운(氣運)이 많은 여성은 왼쪽에, 양(陽)의 기운(氣運)이 많은 남성(男性)은 오른쪽에서 자도 무방하다.

###  생활 풍수 인테리어에서 안방의 중요성

풍수지리는 양택(집터)과 음택(묘지)으로 나누어진다. 양기(陽氣)를 받아야 하는 주택에서 대문과 현관은 바로 양기(陽氣)를 받는 방위인 만큼 매우 중요하다. 따라서 기를 받아서 생활하는 곳 중에서 안방이 가장 중요하다.

안방 문과 대문 및 현관이 일직선인 경우는 좋지 못하다. 만일 부득이하다면 인테리어 소품을 활용한다.

## (4) 침실 풍수

' 음의 기운(氣運)이 넘치는 침실
희미한 조명 켜두면 좋아 '

수면중에도 작은 조명을 켜두면 운이 상승한다.

생활 풍수 인테리어는 기(氣)의 힘을 활용하여 삶의 질을 높이는데 필요한 환경학이며, 또한 음양오행의 원리를 근거로 하여, 가정의 행복과 재물이 따르는 침실 생활 풍수 인테리어는 다음과 같다.

침실 조명을 모두 끄면 침실에 음(陰)의 기운(氣運)이 넘치고 사람이 잠자는 동안은 음(陰)의 기운(氣運)과 수(水)의 운기(運氣)를 띤다.
즉, 음(陰)의 기운(氣運)이 가득한 곳에서 음(陰)의 기운(氣運)을 그대로 흡수하면 건강이나 자고 나도 컨디션 등이 좋지 못하는 경우가 많다.

침실에 꽃이나 방향제를 놓아두고, 가능하면 잠자는 동안에는 아주 희미한 조명을 켜두는 것이 좋다.

수면 중에는 사람은 수(水)의 운기(運氣)를 띠며, 머리를 통하여 흡수하므로 머리는 약간 싸늘하게 하고 발은 따뜻하게 하는 것이 좋다.

생활 풍수 인테리어 기법에서는 사람의 선천 운(運)에 따라 북쪽으로 머리를 두는 것은 사람에 따라 나쁘지 않은 경우도 있다.

침대 커버는 면제품이 좋으며, 커튼의 무늬가 있으면 침대 커버는 단색이 좋다. 단, 단색이라도 흑색, 적색, 회색은 좋지 못하며, 무늬 또한 동물무늬는 좋지 않다.
침대 밑에는 의류는 좋으나 그 외 것은 좋지 않다.

화장대 거울은 자신이 잠자는 모습이 비치면 좋지 못하다.
금전과 관련된 것은 가능하면 침실의 북쪽에 보관하는 것이 좋다.
즉, 금(金)의 운기(運氣)가 있는 돈은 북쪽의 수(水)의 운기를 만나면 기운(氣運)이 더욱 상승하기 때문이다.

### ' 침실에 전자 제품을 많이 두면 氣 흐름을 방해
### 침대 헤드 방향은 창문 쪽으로 향해야 도움 '

침실은 잠을 자고 휴식을 취함으로 건강 운(運)에 큰 영향을 받는 공간이다.
침실에 전자 제품을 많이 두면 기(氣)의 흐름을 방해하여 건강 운(運)이 떨어진다. 침실은 청결하게 유지하여야 공기와 기(氣)의 흐름이 원활하여 잠자리가 편안해진다.

일반적인 생활 풍수 인테리어 기법으로 청색 계열의 도자기나 머그잔을 머리맡에 두거나 청색의 베개 커버가 숙면에 도움을 준다.
침실의 조명은 거실보다는 약간 어두운 것이 건강 운(運)을 높여준다.

침대를 문과 대각선 방향에 놓아두어야 기(氣)가 부드럽게 순환하여, 건강 운(運)에 도움을 준다.
침대 헤드 방향은 창문 쪽으로 향하게 하여야 건강 운(運)에 도움을 주며, 침대 헤드 방향이 창문과 나란히 놓일 경우 침대와 창문 사이에 작은 테이블이나 의자, 스탠드 등을 두어 기(氣)가 흐를 수 있는 공간을 만드는 것이 좋다.

침실에 커튼을 달아야 좋은 기(氣)가 나가는 것을 막을 수 있다. 레이스와 직물의 이중 커튼은 좋은 역할을 한다.

또한, 침실에는 이중 커튼을 달아야 한다. 한 겹자리 커튼은 왕기가 빠져나갈 수 있으며, 깨끗하고 뽀송뽀송한 상태를 유지하여야 한다.

### ❛ 통풍이 잘 되어야 부부 관계뿐만 아니라 재물에 관한 운(運)에도 도움을 준다 ❜

띠별로 좋은 색상은 원숭이, 쥐, 용띠 생은 백색이나 적색을 가미하여 조화를 이루는 것이 좋으며, 돼지, 토끼, 양띠 생은 흑색이나 백색을 약간 포함하는 것이 좋고, 범, 말, 개띠 생은 청색이나 흑색 계통을 약간 포함한 것이 좋으며, 뱀, 닭, 소띠 생은 적색이나 청색 계통을 포함한 커튼 색상을 하면 좋은 기운(氣運)을 받을 수 있다.

침실은 기(氣)를 생성하는 장소로 아침 햇살이 들어오면 부부간에 애정이 넘치고 가정이 화목하며 재물 운(運)도 좋아진다.

그러나 침실에 일조량이 지나치게 많은 것보다는 아침에 잠깐 들어오는 것이 좋으며, 재물 운(運)에도 많은 영향을 받고 침실의 습도를 조절하는 작용도 한다.

또한 햇빛이 너무 많이 들어오면 커튼을 활용하여 빛의 차단이나 조절하는 것이 좋다. 침대 머리 위에는 TV등 전자 제품은 피하는 것이 좋으며, 사람의 선천(先天) 운(運)에 따라 호흡기 질환, 두통, 불면증 등의 질병에 걸리는 경우도 있다.

소품으로 침대 머리맡에 꽃 장식을 할 때 생화보다는 조화를 두는 것이 운(運)상승에 도움을 준다.

### ❛ 침대 커버는 단색 면제품 사용 잠자는 모습 거울 비치면 안 돼 ❜

침실에는 통풍이 잘 되어야 부부관계 뿐만 아니라 재물에 관한 운(運)도 좋아진다.

침실 벽에는 못 자국을 내지 않는 것이 좋다. 침실의 못 자국이 많으면 가족 구성원 중에 직장이나 직업 변화 등이 자주 일어날 수도 있다.

시계나 액자 등도 가능하면 걸지 않는 것이 좋으며, 액자는 한 개만 거는 것이 좋다. 사진은 부부 사진만을 두거나 거는 것이 운(運) 작용에 도움을 준다.

침실은 너무 밝거나 너무 어두운 곳을 피한다.

침실은 인체의 기운(氣運)에 직접적인 영향을 미치는 공간으로 집에서 생기(生氣)가 많이 모이는 곳에 배치하는 좋다. 그러나 너무 밝거나 너무 어두운 곳을 피하는 것이 좋다.

사람이 가정에서 생활하는 공간 중에 가장 편안한 곳이 침실이다. 휴식을 취하고 잠을 자는 곳으로 편안함을 느껴야 한다.

### ' 머리 방향은 침실 창문 쪽으로 한지 바른 창문 비염 등에 좋아 '

생활 풍수 원리로 사람이 수면 중에서도 운(運) 작용을 한다. 침실에서는 수면 중에 금전 운(運)이 많이 작용하며, 침실이 재물 운(運)에도 많은 영향을 받는다.

침실은 사생활이 보호되어야만 하는 공간이다.

휴식 공간인 침실은 음(陰)의 분위기가 약간 나도록 인테리어를 한다. 단, 무조건 어둡게 하는 것보다는 햇빛이 들도록 인테리어를 하고, 야간에는 커튼을 이용하여 충분한 휴식을 취할 수 있도록 한다.

침실 인테리어로 은은하고, 베이지나 연한 갈색 계통의 색상이 운(運)을 부르는데 도움을 준다.

침실에 창문이 너무 크다면 커튼으로 빛의 양을 조절하고, 침실 안에 화장실이나 샤워실이 있는 경우에는 습기에 관심을 가지고 취침 시에는 머리의 방향을 화장실이나 샤워실 방향으로 두지 않아야 한다.

침실 풍수 인테리어에서 색상을 정할 때 기본은 청결함이다.
침실의 색상은 밝은 계통으로 아이보리 계열의 깨끗하고 화사한 색상을 활용하고 침구는 패브릭을 블루 계열로 인테리어를 하면 피로를 덜어주어 건강 운을 높여준다.

**' 취침 시 은은하게 조명을 켜고 자면,
수면 중 좋은 기운(氣運)을 받을 수 있다 '**

침실이 어수선하면 나쁜 운(運)이 작용한다. 항상 단정하게 정리하는 습관을 들여야 한다.
침대 앞에 마주보게 거울을 설치하면 좋은 기운(氣運)이 반사되기 때문에 거울은 설치하지 않는 것이 좋다.

침실은 가능하면 넓게 꾸밀수록 좋은 기운(氣運)이 많이 들어온다.
침실에 장롱이나 서랍장 위에 물건을 쌓아두거나 침대 밑에 물건을 놓아두면 기(氣)의 흐름이 원활하지 못하여, 편안한 잠자리에 방해가 된다.

침실 장롱 근처에 세워놓는 옷걸이는 두지 않아야 한다.
외출에서 입고 나갔다 온 옷을 걸어두는 경우가 있는데 그것도 좋지 않다. 외부의 나쁜 기(氣)가 묻어 들어오기 때문이다.
외출복은 장롱 속에 넣고 문을 닫아 두어야 좋은 기운(氣運)이 작용한다.

침실 생활 풍수 인테리어는 벽은 은은하고 차분한 색상에 간접 조명 방식이 좋은 운(運) 작용을 한다.

> **침구류는 가능하면 청색 계통을 활용하고
> 화초나 식물이 지나치게 많으면 안 좋아**

소품으로 녹색이나 보라색 계통을 너무 지나치지 않는 범위 내에서 놓아두면 운(運) 작용에 도움을 된다.

사진이나 그림의 액자를 석류 열매, 복숭아, 오렌지 색상을 침실에 포인트로 공간을 꾸며주면 부부 사이도 좋아진다.

잠옷이나 베개 커버 등에 오렌지나 핑크 색상의 과일 무늬를 넣는 것은 좋은 방법이다. 붉은 계통의 색상은 열정과 생명력을 상징하므로 특별한 병이 없이 사람이 무기력하거나 일을 하고자 하는 의욕이 없을 경우 활용하면 좋은 기운(氣運)이 작용한다.

침실 샤워실 앞에 공간이 있다면 출입문 옆에 난을 놓거나 정면에 붉은 계열의 꽃 그림을 부착하면 좋은 기운(氣運)이 발생한다.

> **금전 운(運)을 높이기 위해서는 화장대는
> 되도록 단순한 디자인을 선택하면 운(運) 상승**

침실 생활 풍수 인테리어로 공간이 있으면 작은 테이블을 놓고 부부가 함께 차를 마시는 용도로 활용하면 좋은 기운(氣運)이 작용한다.

침실에 금고를 놓아두면 재물 운(運)을 높일 수 있다.

취침 시 은은하게 조명을 켜고 자면, 수면 중 좋지 않은 기운이 접근하는 것을 막아줄 수 있다.

침대 머리맡이나 옆에 작은 스탠드를 놓고 야간에 항상 불을 켜 두면 음(陰)의 기운(氣運)이 양(陽) 기운(氣運)으로 전환하여 좋은 기운(氣運)이 발생한다.

침실에 너무 커다란 스탠드를 두거나, 갓이 없는 원형 스탠드를 사용하면 오히려 좋지 않다.

침대 머리 장식은 화려하게 장식하는 것보다는 단순하게 인테리어를 하는 것이 좋다.

신혼부부나 젊은 사람들에게는 둥근 산 모양의 완만한 곡선이 가장 좋다.

' 침대 커버나 베개의 색상이 옐로우나 그린 컬러
금전 운(運)과 부부 운(運)을 높여주는 아이템 '

침실의 커튼의 색상은 밝은 것이 좋다.

침실 생활 풍수 인테리어에서 커튼은 침실의 기운(氣運)을 많이 받는 풍수 인테리어이다.

침실에 창문이 있다면 반드시 이중 커튼을 활용하는 것이 도움이 된다.

소재는 면으로 된 제품이 좋으며, 일반적으로 커튼의 색상은 밝은 것이 좋다.

커튼은 침실 사용자의 선천(先天) 운(運)이나 방향에 따라서 약간의 차이는 난다.

침실 내부의 동쪽에 창문이 있다면 핑크 계열이나 분홍 계통이 좋다.

남쪽에 창문이 있다면 녹색 계통이 좋으며, 서쪽에 창문이 있다면 베이지 계통이나 녹색 계통이 좋다.

북쪽에 창문이 있다면 적색이나 핑크 계통 및 오렌지 색상이 좋다.

커튼은 좋은 기(氣)를 집 안에 머물게 하고 나쁜 기(氣)를 밖으로 내보내는 필터 역할을 하므로, 커튼은 침실의 방향에 관련 없이 항상 청결하게 유지하여야 좋은 기운(氣運)이 발생한다.

가능하면 침실의 커튼은 계절에 따라 바꾸어주는 것이 운(運) 작용에 도움을 준다.

침실 생활 풍수 인테리어로 침실에 화초나 식물이 지나치게 많으면 음기(陰氣)가 모이게 된다.

식물은 야간에 산소를 흡수하고 이산화탄소를 배출하기 때문에 잠잘 때 건강에 도움이 되지 않는다.

또한 침실 가까이에는 기본적으로 꽃을 두지 않는다.

꽃이 핀 화분도 침대 가까이에 두지 않는 것이 좋다. 식물이 꽃을 피우기 위해서는 주위의 기(氣)를 모두 빨아들이기 때문에 침대 주변과 창가에는 꽃이 잘 피우지 않는 식물이 침실의 기운(氣運)을 생생하게 해 준다.

* **침대 커버는 단색 면제품으로 하고 잠자는 모습이 거울 비치면 안 좋아** *

침대의 발아래 부분에 공간이 있으면, 녹색 식물을 두는 것도 좋은 생활 풍수 인테리어 방법이다. 너무 지나치지 않은 범위 내에서 잎이 크고 생생한 초록색 관엽 식물을 침실 한쪽에 갖다 놓으면 피로와 스트레스로 지친 사람에게는 기운(氣運)을 상승시켜 주는 효과가 있다.

녹색 계통의 색상은 대지나 자연을 상징하기 때문에 사람이 보는 순간에 마음이 편안해지는 효과도 있다. 마음이 편안해지면 부부간의 대립이나 불화가 해소되어 부부 관계가 좋아진다.

침실 생활 풍수 인테리어로 색상으로 침구류는 청색 계통을 활용하면 몸의 피로를 덜어주고, 건강 운(運)을 높여주며, 부부의 건강이 좋아지고 애정(愛情) 운(運)이 상승하게 된다.

침실의 북쪽 벽이나 서북쪽 벽에는 기운(氣運)이 가장 강한 곳으로 흰색이나 청색, 또는 녹색 계열의 사진이나 그림을 걸어두면 좋다. 바다나 호수가 담긴 그림은 기(氣)를 불어넣기 때문에 더욱 효과 적이다.

혼기에 가까운 나이의 여성이 좋은 인연을 만나지 못하고 있는 경우의 여성은, 침실 방위에 상관없이 따뜻한 색 계열의 꽃무늬 침대 커버를 사용하면 좋은 결혼 상대자를 만날 수 있다.

자녀의 출산을 원한다면 수확과 관련된 곡식이나 과일 그림을 걸어두고, 부부 관계가 원만하지 않다면 벽에 별이 있는 하늘 그림을 걸어두면 효과적이다.
부부가 공동으로 베개를 사용해도 교제 운(運)이나 애정(愛情) 운(運)을 높여준다. 베개는 검은색이나 단색을 피하는 것이 좋다.

### ❛ 침대 놓는 위치는 출입문과 창문에서 약간 떨어지게 배치
### 벽면에는 원형 또는 팔각형의 시계나 풍경화 등으로 인테리어 ❜

침실 생활 풍수 인테리어 기법에서 금전 운(運)을 높이는 인테리어 방법으로 노란색이나 황금색의 침구는 금전 운(運)을 높이는 데 도움이 되는 기법이다.
그러나 침구는 침실 분위기와 조화를 이루도록 최대한 심플하게 꾸미는 것이 가장 좋은 방법이다.

침구를 자주 세탁하여 깨끗한 상태를 유지하는 것이 매우 중요하다. 가구는 너무 화려하지 않고 둥근 가구가 무난하다. 모서리가 지나치게 뾰족하거나 돌출이 많은 모양은 재물이 들어오는 것을 막는 생활 풍수 인테리어 방법이다.

가능하면 가구는 원만한 디자인으로 선택하고 인테리어 소품으로 너무 지나치지 않는 범위에서 노란색이나 황금색이 좋다.

금전 운(運)을 높이기 위해서는 화장대는 되도록 단순한 디자인을 선택하고 화장대 위에는 항상 깔끔하게 정리하는 것이 좋다.

지나치게 요란한 장식의 화장대와 화장대 위 물건들이 지저분하면 금전(金錢) 운(運)을 높이는 데 방해가 된다.

침실은 사람이 잠을 자기 위해서 만들어진 공간으로 잠을 자는 동안에는 머리 쪽으로 기(氣)가 흡수된다.

머리를 침실의 구조로 원하는 방향에 머리를 둘 수가 없을 경우에는 베게 커버를 아래 방위의 행운의 색으로 맞추면 운(運)을 상승시킬 수 있다.

거울은 자신이 잠자는 모습이 비치지 않아야 한다.

동쪽은 붉은색 계열, 서쪽은 노란색 계열, 남쪽은 녹색 계열, 북쪽은 흰색 계열이 행운 색이다. 또한 침대 커버나 베개의 색상이 노란색이나 녹색 계열은 금전 운(運)과 부부 운(運)을 높여주는 아이템이다.

침실은 동적(動的)인 공간(空間)보다는 정적(靜的)인 공간(空間)이며, 양(陽)의 기운(氣運)보다 음(陰)의 기운(氣運)이 강한 곳이다.(동적(動的) 공간(空間) : 구성원이나 구성물의 움직임이 많은 공간, 정적(靜的) 공간(空間) : 구성원이나 구성물의 움직임이 없거나 조용한 것)

양기(陽氣)는 땅 위로 흘러 다니는 생기(生氣)로 공기, 햇빛, 온도로 만물의 성장과 결실을 주관한다.

음기(陰氣)는 땅속에서 취하는 생기(生氣) 즉, 물, 온도, 양분으로 만물의 탄생을 주관한다.

생활 풍수 인테리어는 생활 과학으로 풍수 인테리어 자체에 합리적인 부분을 가지고 있다. 요즈음은 이성적인 사고를 중시한다는 서양에서도 풍수 인테리어가 널리 알려지고 많이 활용하고 있는 것이 현실이다.

인간은 하루의 약 1/3을 수면에 투자한다. 사람에 따라 약간의 차이는 있지만, 특히, 본인이 잠이 많고 수면시간이 많은 사람은 침실을 좀 더 중요시 여기 기도 한다. 이처럼 수면은 우리 삶에 있어 꽤 많은 시간을 차지하고 있으며 편안하고, 좋은 숙면을 취해야 원활한 생활을 보낼 수 있다.

### ❝ 사업이나 장사를 하고 있다면 침실 서쪽에 노란색 배경의 그림이나 사진 ❞

수면만을 위한 방으로 침실을 생각하게 된 것은 한옥에서 현대식 건물(양옥)을 짓고 침대를 놓게 되면서부터이다.

침실은 사람이 잠을 자고 있는 사이에 금전 운(運)이 몸속으로 스며든다.

또한, 가장 사적인 공간으로 사생활이 철저하게 보호되는 곳이다.

운(運)을 부르는 침실 생활 풍수 인테리어 방법으로 침실은 동쪽에 있는 것이 좋다.

그리고 반드시 창문이 있어야 한다. 통풍이 잘되고 햇빛이 잘 들어와야 정신을 맑게 할 수 있기 때문이다.

침실을 넓게 꾸밀수록 좋은 기운(氣運)이 많이 들어오며, 침실에 금고를 놓으면 재운(財運)을 높일 수 있으며, 침대 머리맡이나 옆에 스탠드를 놓으면 좋으며, 부부간에 서로 신뢰하는 기운(氣運)이 높아진다.

침실 풍수 인테리어 방법으로 우리나라 일부 가정에서는 침실에 따뜻하고 무드 있는 분위기를 연출하고자 붉은 색상 계열의 인테리어나 벽지를 활용하는 경우가 있는데, 이는 오히려 숙면을 방해하는 요인이 되기도 한다.

가급적 침실의 벽지나 소품은 붉은 계열로 하지 않는 것이 좋다.
잔잔한 녹색 계통의 인테리어나 벽지가 좋으며, 커튼은 푸른색 계통이 좋다.
푸른색 계열로 바꾸기 어렵다면 잔잔한 베이지색도 좋다.
소품이나 물건으로 푸른색 램프를 사용하는 것도 좋은 아이템이다.

침실의 커튼은 흰색, 분홍, 보라색 등이 들어 있는 줄무늬나 점 등이 들어있는 무늬는 기운(氣運)을 상승시켜 준다. 단, 침대 커버가 무늬가 있다면 커튼은 심플한 것으로 하여야 음양(陰陽)의 조화를 이루어 기운(氣運)이 상승한다.

풍수에서 침실은 음(陰)의 기운(氣運)이 강하여 조용하고 은폐된 곳이 좋다고 하는데, 풍수를 잘 모른다고 하여도 몸과 마음의 재충전을 위한 수면을 편히 취하기 위해 대부분 가정에서 침실은 가장 조용하고 깊숙한 곳에 위치한다.

침실은 애정(愛情) 운(運), 재물(財物) 운(運), 건강(健康) 운(運)에 많은 영향을 받는다.
음(陰)의 기운(氣運)이 넘치는 침실은 야간에 희미한 조명을 켜두면 좋다.
침실은 수면과 휴식을 취하는 공간으로 꽃이나 방향제를 놓아두어도 좋다.
침대 커버는 단색 면제품으로 하고 침대에 누워서 잠자는 모습이 거울 비치면 매우 좋지 않다.
머리 방향은 침실 창문 쪽으로 하고, 한지를 바른 창문은 비염 등에 예방이나 치료에 효험이 있다.

커튼은 이중 커튼이 좋으며, 침실 사용자의 띠별로 좋은 커튼의 색상으로는 원숭이, 쥐, 용띠는 백색 또는 적색 계통의 무늬나 점 등이 들어가는 것이 좋으며, 돼지, 토끼, 양띠는 흑색 또는 백색 계통의 무늬나 점 등이 들어가는 것이 좋다.
범, 말, 개띠는 청색 또는 흑색 계통의 무늬나 점 등이 들어가는 것이 좋으며, 뱀, 닭, 소띠는 적색이나 청색 계통을 포함한 커튼 색상을 선택하면 좋은 기운(氣運)을 받을 수 있다.

침대 주변과 창가에는 꽃이 피지 않는 난과 같은 식물은 침실에 기운(氣運)을 상승시켜 준다.

또한, 꽃이 피는 화분은 침대 반경 1m이내 기(氣)를 빨아들이기 때문에 가까이 두지 않는 것이 좋다.

사회 운(運)을 높이고자 원한다면 커다란 베개를 활용하고, 색상은 검정 톤보다 흰색 톤이 좋으며, 햇볕에 자주 말리거나 세탁을 자주 하면 사회 운(運)을 높이는 데 도움을 준다.

침실 풍수 인테리어 기법으로 수맥에 민감한 사람은 침실에 수맥이 흐를 경우 숙면에 방해가 된다고 여기면, 침실에 동판을 깔거나 비용을 줄이고자 한다면, 쿠킹 호일의 광택이 나는 면을 아래로 향하도록 하여 침실이나 침대 밑에 깔아두면 수맥이 차단된다.

침대는 침대 헤드가 너무 화려하고 복잡하게 구불거리는 침대는 사람의 삶을 굴곡지게 만들 수 있으므로 심플한 것을 좋다.
젊은 신혼부부라면 둥근 산 모양의 완만한 곡선이 좋다.

침대 놓는 위치는 출입문과 창문에서 약간 떨어지게 배치하고, 창문에 가까운 곳에 놓아두고 벽과 약간 떨어져 있게 하여야 한다.
창문과 떨어져 있어야 냉기(冷氣)나 습하고 흉(凶)한 기운(氣運)을 피할 수 있다.
침대의 높이는 바닥에서 50cm 높이가 적당하다. 또한 침대 아래는 물건을 놓아두지 않는 것이 좋다.

벽면에는 원형 또는 팔각형의 시계나 풍경화 등으로 인테리어로 여백을 많이 살리는 것이 기(氣) 작용에 도움을 준다.
침실 풍수 인테리어에서 침구는 너무 화려한 것보다 단아하고 은은한 것이 좋다.
너무 화려하면 부부 불화가 일어날 수도 있다.

사업이나 장사를 할 경우 화이트 계열이나 밝은 계통이 좋으며, 학문이나 명예를 원하는 직업이나 희망을 원한다면 약간 어두운 계통이나 블루 계열이 좋다.

영업 계통의 직업이나 사람을 많이 만나는 직업이라면 붉은 계열이나 분홍 계통의 약간 화려한 것이 좋다.

또한 침구와 커튼이 조화를 이루어야 하며 침구가 은은하다면 커튼은 약간 화려하게 하여도 된다.

침실 풍수 인테리어에서 사람은 수면 중에는 기(氣)의 흐름이 강하게 노출되어 부부 애정(愛情), 명예(名譽), 재물(財物)을 얻는 데 좋고 나쁨의 영향을 많이 받는 장소이다.

특히, 침실은 여자의 기운(氣運)을 높이는 장소로 여자의 방향인 서남쪽에 붉은 꽃 그림의 사진이나 또는, 여자의 젊은 시절의 사진을 걸어두면 여자의 기운(氣運)과 부부 운(運)이 상승한다.

수면 시 너무 어두운 것 보다는 은은한 것이 좋다.

취침 시 방향은 동양 사상에서는 앞에서 보아 남좌여우(男左女右)로 남자의 몸이 우측으로 기운다고 하여 이 방향으로 취침하는 것이 좋다. 그렇지 못할 때에는 창문이 있는 면과 약간의 간격을 두고 평행을 이루도록 한다.

또한 침실의 안쪽은 남편이 사용하고 침대의 바깥쪽은 여자가 사용하는 것이 좋다. 경우에 따라 생기(生氣)를 보충하는 의미로 잠깐씩 자리를 바꾸는 것도 좋다.

사람이 수면 시 너무 어두운 것 보다는 은은한 것이 좋으며, 스탠드 조명을 놓을 때는 동쪽에 놓는 것이 부부 운(運)을 높이는 데 도움을 준다.

침대 소재는 특별한 경우를 제외하고는 목재가 가장 좋다.
침실에 침대만 있으면 금전 운(運)이 저하될 수 있으므로 공간이 허용한다면 협탁과 함께 두면 운이 상승한다.

침실에 액자를 걸어 둘 경우 사업이나 장사를 하고 있다면 침실 서쪽에 노란색 배경의 그림이나 사진 등이 좋다.
승진이나 시험과 관련이 있다면 침실 남쪽에 붉은 계열의 그림이나 사진 등이 좋으며, 새로운 분야의 도전을 원한다면 떠오르는 태양의 그림이나 사진 등을 침실 동쪽에 걸어 두면 기(氣) 작용에 도움을 준다.

침실 풍수 인테리어에서 침실의 방향에 따른 가구의 배치로는 동쪽 방향은 전화나 오디오 TV와 같이 소리가 나는 제품이나 목재로 된 둥근 시계가 좋으며, 서쪽 방향은 침대의 위치는 침실의 중앙에 놓고 옐로우나 핑크 컬러의 소품을 놓아두면 재물(財物) 운(運)이 상승한다.

남쪽 방향은 꽃이나 관엽 식물을 너무 지나치지 않는 범위 내에서 놓아두고, 북쪽 방향은 햇빛이 들지 않기 때문에 안정되고 차분한 핑크나 오렌지 등 화려한 컬러를 사용하는 것이 좋다.

부부 사이가 원만하지 않을 때는 동남쪽 방향에 꽃을 두거나 암수가 한 쌍인 온순한 동물 그림이나 사진, 조각 등을 두면 부부 운(運)이 좋아지며 협탁 또는 보조 테이블 위에 부부의 사진을 놓아두면 애정(愛情) 운(運)을 높일 수 있다.

옐로우 컬러는 화합과 사랑을 이끌며, 침실의 조명 컬러로 좋다.
블루 컬러의 인테리어로 포인트를 주면 숙면에 도움이 된다.
긴장 완화에 도움을 주는 인테리어는 은은한 간접 조명과 향초, 디퓨저(라벤더, 쟈스민) 편백 나무로 만들어진 베개 등이 좋다.

## ■ 띠별로 침대 헤드 방향이 좋은 방향과 나쁜 방향

생활에 도움을 주는 생활 풍수 인테리어를 정확하게 적용하려면 집의 구조가 어떤 좌향(坐向)인가를 측정해서 그 결과에 따른 풍수 인테리어를 적용해야 좋은 효과를 얻을 수가 있다.

좌향(坐向)이라 함은 보통 동, 서, 남, 북으로 구분하는 방향의 개념이 아니며, 13층의 나경의 경우 5층을 보면 24방위(임(壬), 자(子), 계(癸), 축(丑), 간(艮, )인(寅), 갑(甲), 묘(卯), 을(乙), 진(辰). 손(巽), 사(巳), 병(丙), 오(午), 정(丁), 미(未), 곤(坤), 신(申), 경(庚), 유(酉), 신(辛), 술(戌), 건(乾), 해(亥)를 표시하고 있다.

그러나 아래 내용은 그나마 근사치 방향인 8방위로 구분하였으며, 좀 더 정확히 알고자 한다면 인터넷 또는 풍수 전문가에게 자문을 받으면 된다.

▶ 좋은 방향
  쥐-북동. 소-서북. 범-남서. 토끼-동남. 용-북동. 뱀-서북. 말-남서. 양-동남. 원숭이-북동. 닭-서북. 개-남서. 돼지-동남 방향 등이며,

▶ 나쁜 방향
  쥐-남서. 소-동남. 범-북동. 토끼-서북. 용-남서. 뱀-동남. 말-북동. 양-서북. 원숭이-남서. 닭-동남. 개-북동. 돼지-서북 방향 등이다.

### 참고사항

생활에 도움을 주는 생활 풍수 인테리어를 정확하게 적용하려면 집의 구조가 어떤 좌향(坐向)인가를 측정해서 그 결과에 따른 풍수 인테리어를 적용해야 좋은 효과를 얻을 수가 있다.
좌향(坐向)이라 함은 보통 동, 서, 남, 북으로 구분하는 방향의 개념이 아니며, 13층의 나경의 경우 5층을 보면 24방위를 표시하고 있다.

## (5) 거실 풍수

‘ 전자 제품은 동쪽·동남쪽이 좋아
소파는 현관을 등지고 배치 해야 ’

주택의 3요소를 대문 안방 부엌이라 칭하였으나, 요즈음은 시대의 변화에 따라 난방 문제가 예전에 비해 많이 해결되었고, 화장실 또한 재래식 화장실에서 수세식 화장실로 변화하여 위생 문제가 해결됨으로서, 일부 가정을 제외하고는 화장실이 실내로 들어온 실정이다.

따라서 대문, 안방, 부엌(주방), 화장실, 거실을 주택의 5요소라 한다.

아파트에서는 앞 발코니, 안방, 주방, 거실, 화장실을 아파트 5요소라 한다.

소파는 ㄱ, ㄷ 형의 배치가 좋다.

거실은 가족 공동이 생활하는 공간으로 가정의 화목(和睦)을 조성하고, 휴식을 하거나 가족 구성원들이 오락, 독서, 가사, 육아, 접대, 사교 및 외부 생활과의 연장선에서 다목적 기능을 갖추고 있어야 한다.

거실을 중심으로 많은 생활을 하므로, 거실을 풍수 인테리어 원리에 맞추어 인테리어를 한다면, 가족 전체 운(運)이 상승한다.

거실 풍수 인테리어 기법으로 TV나 전자 제품은 가능하면, 동쪽, 동남쪽, 남서쪽에 배치하는 것이 좋으며, 서쪽, 북서쪽은 피하는 것이 기(氣) 상승에 도움을 준다.

텔레비전 주위에 관엽식물 등의 화분을 놓아두는 것이 좋다.

스탠드 에어컨은 창가 모서리를 이용하여 대각선으로 설치하여 기(氣)의 흐름을 원활하게 하는 것이 운(運) 상승에 도움이 된다.

소파는 거실의 구조상 가능하면 서쪽에 두는 것이 좋으며, 현관을 등지고 배치하는 것이 좋다.

좋은 색상으로는 밝은 계통의 연한 베이지색이나 연한 녹색 계통의 천이 좋다.

공간의 여유가 있으면 소파는 가급적 ㄱ자 형태나 ㄷ자 형태의 배치가 좋으며, 소파 뒤의 벽면에는 산이나 숲이 있는 풍경 사진이나 그림을 걸어두는 것이 좋다.

소파 뒤 벽면에 풍경 사진을 걸어 두면 운이 상승한다.

대부분 가정에서는 현관과 거실이 연결되어있는 경우가 많다.

가족사진은 현관에서 바로 보이는 부분에 걸어 놓는 것이 좋으나, 거실 구조나 공간이 부족할 경우 소파 뒤 벽면에 걸어두어도 된다.

거실 생활 풍수 인테리어 기법으로 벽지는 단순하면서 온화한 색상으로 하고, 너무 튀는 색상으로 하는 것은 좋지 않으며, 밝은색이나 연한 아이보리색 계통이 좋다.

테이블은 목재가 좋으며 원형이나 직사각형 테이블을 두는 것이 좋으며, 너무 많은 가구와 복잡한 장식품은 기(氣)의 원활한 흐름을 차단하므로 좋지 않다.

거실의 조명은 간접(間接) 조명 방식이 좋으며, 가족들이 모이는 저녁 시간에는 거실의 조명을 밝게 하여 기(氣)를 상승시킨다.

조명은 부족한 운기(運氣)를 보충하는 도구이며, 스탠드는 천이나 한지로 된 제품이 좋다.

위에서 거실 생활 풍수 인테리어 기법으로, 가족사진은 현관에서 바라보이는 곳이나, 소파 뒤 벽면에 걸어두어도 된다고 논하였으며, 좀 더 많은 기(氣) 상승을 위해서는 공간이 있다면 가족사진 아래에 화분을 놓아두기를 권한다.

거실에는 꼭 필요한 가구와 장식품을 비치하여 원활한 기(氣)의 흐름을 유지하는 것이 중요하다.

화분은 키가 작은 것으로 너무 지나치지 않는 범위 내에서 놓아야 좋은 기(氣)가 생성되어, 운(運) 작용에 도움이 된다.

또한, 가족 중에 성격이 급하거나 참을성이 부족한 사람이 있다면, 싱싱한 관엽수를 놓아두면 인내력은 물론 집중력까지 올릴 수 있는 방법이다.

생활 풍수 인테리어 기법은, 좋고 값비싼 것을 요구하는 것이 아니라 적절한 장소나 공간에 놓거나 비치하여야 운(運)이 상승한다.

카펫은 천연 소재가 좋으며, 가정에 임산부와 어린이가 있다면, 세균이나 먼지 등에 관심을 가져야 한다.

**❛ 조명은 간접 조명으로 밝게**
**거실에 야간에 가족이 모이는 시간에는 밝아야,**
**음(陰)의 기운(氣運)이 양(陽)의 기운(氣運)으로 전환 ❜**

거실 생활 풍수 인테리어 기법에서 벽지는 단순하면서 온화한 색상으로 하고, 너무 튀는 색상은 피하며, 밝은색이나 연한 아이보리색 계통이 좋다.

그러나 현재 금전적으로 고통을 받고 있다면, 분홍색 계통으로 포인트를 주는 것도 도움이 된다.

거실은 현관이나 앞 발코니를 통해서 들어온 맑은 기(氣)가 거실에서 모여서 각 공간으로 들어가므로 거실의 역할이 매우 중요하다.

거실 생활 풍수 인테리어 하나하나에도 기(氣)가 작용하는 것이다.

대부분 가정의 거실을 보면 한쪽 면에는 TV 및 전자 제품, 반대편에는 소파가 배치되어 있다.

만약 고가의 가구나 물건이 있다면 밝은 곳에 배치한다.

고가의 가구를 어둡고 구석진 곳에 두고 있다면, 일부 가정에서는 가정불화나 금전적인 고통을 받을 수도 있다.

거실 생활 풍수 인테리어 기법으로 최고로 중요한 부분은 특히, 야간에 가족이 모이는 시간에는 밝아야, 음(陰)의 기운(氣運)이 양(陽)의 기운(氣運)으로 전환하여, 가족 전체 운(運)이 상승한다.

거실 바닥 인테리어는 가능하면 밝은 계통의 원목 마루로 깔고, 벽은 아이보리 색이나 흰색(밝은)으로 인테리어를 하는 것이 좋다.

거실 바닥 색이 지나치게 어두우면 기(氣)가 아래로 처져 가족 중에서, 우울하거나 무기력(無氣力) 할 수도 있다.

그러나 이미 어두운색으로 인테리어가 되어 있다면, 벽지를 파스텔톤이나 초록색으로 인테리어를 하거나 바꿔 주면 기(氣)의 흐름을 원활하게 할 수 있다.

**· TV 주위 화분 놓아두면 좋은 기(氣) 작용**
**도배의 경우 벽지는 연한 아이보리 계통으로 ·**

테이블은 나무(목재) 테이블을 사용하는 것이 가장 좋다.

나무 테이블의 경우 나뭇결이 살아 있다면 천을 씌우지 말고 그대로 사용하는 것이 운(運)을 높여준다.

차가운 유리나 대리석 테이블은 기(氣)를 반사 시킨다.

만약 유리 테이블로 사용해야 하는 경유라면 천을 덮어주는 것이 좋다.

특히, 대리석과 같은 석재 테이블은 젊은 사람에게는 가능한 피하는 것이 좋다.

거실 생활 풍수 인테리어서 필수품이라 할 수 있는 소파는 가족 간에 원활한 의사소통과 화목(和睦)한 가정을 만들어 주는 데 중요한 역할을 한다.

소파의 재료로는 크게 5가지로 분류할 수 있다.
첫째 천으로 된 소파, 둘째 가죽으로 된 소파, 셋째 비닐 레자로 된 소파, 넷째 대리석으로 된 소파, 다섯째 목재 등을 많이 활용하고 있다.

생활 풍수 인테리어 원리로 소파는 공기(空氣)가 통할 수 있는 천으로 된 것이 가장 좋으며, 비닐 레자 계통은 피하는 것이 좋다.

가죽은 숨을 쉴 수 있는 재료로 많이 사용하고 있다. 또한 용도에 따라 의료용으로 활용하는 경우에는 대리석이나 옥(玉) 같은 경우는 예외로 본다.
요즈음 젊은 층에서 선호하는 패브릭 소재의 소파는 거실 생활 풍수 인테리어 원리로 무난하다.
소파 옆에는 스탠드를 두면 운(運)이 상승하며, 스탠드 높이는 성인 남성의 키 높이 정도가 적당하다.

거실에서 앞 발코니 및 외부로 통하는 문은 거실 크기에 따라 적당한 크기로 하여야 하며, 거실에서 보아 전망이 좋으면 운(運)이 상승한다.
너무 좁은 문은 기(氣)의 흐름을 억제하여, 거주하는 사람의 운(運)을 차단하는 역할을 한다.
거실의 문은 양쪽 벽에서 중앙에 설치하는 것이 가장 이상적이다.

> **식물은 가전제품의 전자파를 차단해주는 역할도 하지만 시든 꽃이나 잎이 마른 꽃은 운(運)을 나쁘게 한다**

거실의 천장은 높은 것이 좋으나, 아파트의 경우 높이가 제한되어 있어, 높이 조절이 불가능하나 주택의 경우 높은 천장은 운(運) 상승에 도움을 준다.
간혹, 오래된 아파트의 경우 앞 발코니 확장 공사로 인해서 앞 발코니 부분과 거실 천장의 높이가 다른 경우도 있다.
이런 경우 기(氣)의 흐름이 원활하지 못해서, 가정에 금전적인 고통이나 건강에도 영향을 미치며, 가족의 화목이나 부부 불화 등을 유발할 수도 있다.

 생활 풍수 인테리어 기법을 적용하여 인테리어를 하면, 사람의 선천 운(運)에 따라 약간의 차이는 날 수 있으나 재물, 건강, 명예, 가정에 화목을 이끌어 내는데 있어 좋은 기(氣)가 상승하여 많은 도움이 된다.

 거실은 가족이 모여 대화를 나누고, 휴식을 얻는 공간이기도 하다. 또한 집 안의 중심이자 애정(愛情) 운(運)과 밀접한 관련이 있으며, 손님을 맞이하는 공간이기도 하다.

 거실의 운기(運氣)를 좋게 하기 위해서는 잎이 많은 관엽식물을 공간이 허용한다면 햇볕이 잘 들지 않고 보기 좋은 곳에 놓아둔다.

 그러나, 식물이나 꽃은 너무 지나치지 않을 정도로 놓아야 하며, 꽃 그림을 걸어두면 애정(愛情) 운(運)도 상승한다. 특히, 부(富)와 명예(名譽), 부부(夫婦) 화합(和合)을 가져다주는 모란꽃이나 주황색의 장미꽃을 놓아두면 좋다.

거실은 밝게 밝혀야 좋은 기운(氣運)이 들어온다.

 식물은 가전제품의 전자파(電磁波)를 차단(遮斷)해주는 중요한 역할도 하지만, 시든 꽃이나 잎이 마른 꽃은 운(運)을 나쁘게 하므로 반드시 치우는 것이 좋다.

 참고로 미세먼지 및 공기(空氣) 정화(淨化) 식물로 너무 지나치지 않는 범위 내에서 놓아두면 좋은 식물로는 행잉 플랜트, 이오난사 틸란드시아, 몬스테라, 극락조, 테이블 야자, 스투키, 크루시아, 크로톤, 셀렘 필로덴드롬, 보스턴 고사리, 아레카 야자, 보석 금전수 등이 있다.

집안의 중심이 되는 거실은 항상 깨끗하게 청소와 정리 정돈하고, 야간에 사람이 생활하는 동안에는 조명을 밝게 밝혀 환하게 유지하여야 좋은 기운(氣運)이 들어와서 금전 운(運)이 상승한다.

거실에는 둥근 형태의 가구와 소품을 배치하면 금전(金錢) 운(運)이 좋아진다.
거실 전체의 가구를 바꾸기는 힘드니까 소파 프레임이 둥근 것을 쓴다든지, 원 모양 액자를 건다든지 일부 가구와 소품에만 적용해도 금전(金錢) 운(運)을 높여준다.
가구와 가구 사이에는 공간을 띄우면 가족의 건강(健康) 운(運)이 좋아진다.

거실에 가구를 너무 많이 배치하면 기(氣)의 순환을 방해하는 역할을 한다.
가구 사이의 간격을 벽과 가구의 간격은 10cm 정도로 띄어서 배치하여야 기(氣)의 흐름이 원활해져서 가족의 건강(健康) 운(運)에 도움을 준다.
거실에는 원목 가구나 싱그러운 자연을 담은 그림이나 소품을 배치하면, 자연의 맑은 기운(氣運)이 발생하여 가정에 행운(幸運)이 들어온다.

> **• 스탠드식 에어컨은 대각선으로
> 쿠션은 인간관계를 돈독히 하는 힘
> 신문 잡지 계속 쌓아두면 운(運) 쇠퇴 •**

거실에 구석진 곳이 있으면 식물 화분을 놓아두면, 풍수 인테리어 원리로는 물론 심적 안정과 스트레스 완화에도 많은 도움이 된다.

거실 커튼의 소재로는 면으로 된 것이 좋으며, 소파와 조화를 이루어야 한다. 또한 빛이 완전히 차단되는 커튼은 하지 말아야 한다.
커튼은 창틀 규격보다 높게 다는 것이 좋다.
산을 연상하게 하는 커튼 장식, 곡선을 입체감 있게 살린 조명 등이 기(氣)의 상승을 돕는 역할을 한다.

가족의 화목(和睦)을 위해서 거실은 최대한 밝은 색의 인테리어와 커튼을 이용해 분위기를 밝은 거실을 만들어 주고, 바람이 잘 통하게 하여야 운(運)이 상승한다.

거실에는 가능하면 이중 커튼을 달아야 한다. 한 겹자리 커튼은 왕기가 빠져나갈 수 있으며, 깨끗하고 보송보송한 상태를 유지하여야 운(運)이 상승한다.

띠별로 좋은 커튼의 색상은 원숭이·쥐·용띠 생은 백색이나 적색을 가미하여 조화를 이루는 것이 좋으며, 돼지·토끼·양띠 생은 흑색이나 백색을 약간 포함하는 것이 좋고, 범·말·개띠 생은 청색이나 흑색 계통을 약간 포함한 것이 좋으며, 뱀·닭·소띠 생은 적색이나 청색 계통을 포함한 커튼 색상을 하면 좋은 기운(氣運)을 받을 수 있다.

거실을 풍수인테리어 원리에 맞추어 인테리어를 하면, 화목(和睦)한 가정, 돈이 들어오는 집안, 미소가 끊이지 않는 가정을 이룰 수 있다.

거실이란 사람이 생활하고 쉬는 공간인데, 인테리어를 대충 살기 편한 대로 한다면, 기운(氣運)이 거주하는 사람의 일상생활에도 나쁜 영향을 받는다.

### ❛ 거실 바닥에 너무 어두운 계통의 매트를 깔아 두면 기운(氣運) 침체 ❜

가정환경에서 만족스러운 생활을 위해서는 거실 인테리어가 매우 중요하다.
거실의 방향에 따라서 색상의 조화도 달라진다.

동향(東向)인 경우는 하늘색이나 푸른 계열의 벽지에 천으로 된 소파가 좋다.

서향(西向)인 거실에는 관엽 식물을 배치하고, 브라운 계열의 벽지에 고급스러운 소파와 테이블을 놓아두면 좋다.

남향(南向)인 거실인 경우 미색 계열의 벽지에 보라색이나 흰색 위주의 꽃, 액자, 쿠션 등의 소품을 배치하면 좋다.

북향(北向)으로 된 거실에는 미색 계열의 벽지에 밝고 화려한 가구와 텔레비전 오디오 등 크기가 큰 가전제품을 놓아두면 좋은 기운을 받을 수 있다.

거실은 가정생활에서 가족 공동의 생활공간으로 가족의 화목(和睦)을 이끌어 내는 중추적인 역할을 하고 있는 장소이다.

거실의 방위는 집 구조에 따라 약간의 차이는 있으나, 사람의 선천(先天) 운(運)에 따라서 차이가 난다.

일반적으로 거실이 동쪽에 위치하여 있으면 사업을 하는 사람에게는 영업적인 재능을 발휘하여, 매출 상승으로 연결할 수 있으며, 남쪽에 위치하고 있으면 재능을 점점 발휘할 수 있다.

또한, 거실은 가족이 자유롭게 생활하는 장소인 만큼 충분한 휴식을 취할 수 있는 분위기로 인테리어를 하여야 한다.

가구의 배치는 가능하면 생활 풍수 인테리어 원리에 맞추어 배치하여야 하나 거실 구조에 따라 편리성도 고려하여야 한다.

거실 생활 풍수 인테리어 소품으로 숯으로 된 제품이나 분재 난, 화분 등은 모든 사람에게 좋으며, 동쪽에 공간이 있다면 소리 나는 시계를 걸어두면 가족 전체 운을 상승시킨다.

가구는 너무 많이 장식하기보다는 공간의 여백을 두고 시원한 느낌을 주는 것이 좋다.

가족사진은 현관에서 바라보이는 곳이나
소파 뒤 벽면에 걸어 두면 운이 상승한다.

거실 생활 풍수 인테리어에 전반적인 색상은 밝고 차분한 색이 좋으며, 그림이나 액자는 소파 뒤의 벽면에 산이나 숲이 있는 풍경 사진이나 그림을 걸어두는 것이 좋으며, 산이 그려진 그림은 부와 명예 금전 운(運)과 재산 증식에 도움을 준다

가족사진은 필수 아이템이며, 관엽식물은 좋은 운기(運氣)를 발생하므로 최소한 한 그루라도 키우도록 한다. 그러나 지나치게 큰 식물이나 나무, 혹은 넝쿨식물은 거실에는 피하는 것이 좋다.

또한 조명은 조도를 조절할 수 있는 천장 부착의 샹들리에가 좋으며, 보조 등으로 백열등 종류를 이용하면 아늑한 분위기와 음(陰)의 기운(氣運)을 양(陽)의 기운(氣運)으로 전환하는 역할을 한다.

거실 생활 풍수 인테리어 기법에서 전통 가옥 구조에는 거실이라는 개념이 없다.
현대식 주거 문화와 아파트가 건축되면서부터 가정의 중심이 되는 공간이 안방에서 점차 적으로 거실을 가족 공동의 생활공간으로 활용하고 있다.
거실은 주거공간에서 유일하게 문이 없이 탁 트인 공간이다. 대부분 가정은 집의 중앙에 위치하며, 거실에서 차를 마시거나 TV를 보고 손님을 맞이하는 등 가족 간, 타인 간에 유대감을 형성하는 공간이다.

이처럼 거실은 가족과 가정을 방문하는 손님 등과 함께 공유하게 하는 공간이라는 특징상 단순하게 아름답게 꾸민다는 차원을 넘어 "운을 부르는 풍수인테리어 기법"이 필요한 공간이다.
또한 현관에서 들어오는 것을 기준으로 거실의 소파에 앉아 있는 사람이 바로 보이는 것은 좋지 않다.

 • **관엽식물을 둘 경우 사람의 허리보다,
   낮은 키에 잎이 무성한 식물이 좋아** '

거실의 크기와 위치로는 가족 구성원 모두가 접근하기 쉬운 곳에 위치하는 것이 좋다.
거실의 크기는 가족 1인당 약 1.5평 정도가 적당하나, 집의 크기에 따라서 차이가

있으며, 거실, 안방, 주방 등과 조화를 이루어야 운(運)이 상승한다.

거실은 가정 생활공간의 중심, 기운(氣運)의 중심이라고 본다. 거실은 현관에서 들어온 좋은 기운(氣運)이 머물다가 각 공간으로 퍼지는 곳이다.

거실에서 좋은 기운을 오래 머물기 위해서는 정리 정돈과 청결하게 유지하는 것이 좋다. 특히 밝아야 기운(氣運)이 좋아진다.

바닥에 어두운 색상의 카페트나, 매트를 깔아두면 기운(氣運)이 아래로 흘러간다.

너무 어두운 색이나 짙은 브라운 계열의 거실 바닥은 우울증과 무기력증을 유발할 수 있다.

거실을 생활 풍수 인테리어 원리에 맞도록 인테리어를 하면, 가족 구성원의 사회성이 좋아지고, 인간관계에서 구설수나 금전적인 고통이 줄어들며, 사업이나 직장에서 높은 인정을 받을 수가 있다.

또한, 가장이 하고 싶은 일이 있거나, 취업을 준비하는 가족이 있다면 남쪽 창 앞에 관엽식물을 두고, 동쪽에는 소리 나는 시계를 걸어두면 효과가 있다.

거실 천장의 조명은 직접 조명보다 간접 조명 방식으로 천장을 향하도록 밝게 설치한다.

거실은 항상 깨끗하게 정리 정돈되어야 운(運) 상승.

또한, 가족이 모이는 저녁에는 거실의 조명등을 모두 켜 두고, 창가에 성인의 키 정도 되는 스탠드 조명을 켜서 운기(運氣)의 흐름이 원활하게 하면, 가장의 사회 활동이나 승진과 건강 運(운) 등에 간접적인 효과를 볼 수 있다.

아울러 거실에 사람이 모이는 시간에는 밝은 조명을 사용하지 않고, TV 불빛 및 간접 조명등만을 켜고 생활 할 경우에는 가정에 근심 걱정이나 우울증 등을 유발할 수 있다.

생활 풍수 인테리어에서 거실은 밝은 것이 좋으며, 바람이 잘 통해야 기(氣) 작용이 원활하다.

벽지는 단순하면서 온화한 색상으로 너무 화려한 무늬나 색상은 피하고, 연한 아이보리색 계통이 좋다.
혹, 가족 구성원 중에 뚜렷한 병증은 없으나 몸이 허약하고 기운이 없는 가족이 있는 경우에는 벽지를 밝은 계통의 인테리어를 권한다.

거실 인테리어에서 전체적으로 어두운색이나 차가운 느낌이 준다면, 빨간 색이나 분홍색 계통의 색으로 포인트를 주고, 소파에 꽃무늬가 들어있는 쿠션을 놓으면 전체적으로 기(氣)의 흐름이 좋아진다.

또한, 커튼의 색상은 일반적으로 그린 색을 사용하는 것이 운(運)이 상승한다.
TV 양쪽에 너무 크지 않은 녹색 식물의 화분을 놓으면, 기(氣)의 흐름도 원활하며, 전자파를 차단하는 효과도 있다.

운을 부르는 거실 생활 풍수 인테리어 기법으로, 보라색 계통의 소품을 활용하고 인테리어 소재로 심플한 디자인의 천 소재의 제품이 좋으며, 너무 지나치지 않는 범위 내에서 포푸리나 방향제를 사용하면, 음(陰)의 기운(氣運)을 양(陽)의 기운(氣運)으로 전환하는 역할을 하여 운(運)이 상승한다.

거실 생활 풍수 인테리어 기본은 통풍이 잘되고 채광이 좋아야 운(運)이 상승한다. 그렇지 않으면 음기(陰氣)가 강해서 거주하는 사람의 성격을 어둡게 하는 경우도 있다.

거실 창은 가능하면 크게 설치하는 것이 좋다. 통풍과 채광의 효과도 있지만, 아파트에서는 앞 발코니와 연결된 창은 주택에 비유하면 대문에 해당한다.

거실은 가족 공동이 생활하는 공간으로 거실 인테리어를 풍수 인테리어 원리에 맞게 인테리어를 하면, 가족 전체 운(運)이 상승하여 사회 생활에서 많은 도움을 준다.

거실 인테리어에 그림도 매우 중요하다. 가족 중에 공직 계통에 근무한다면, 청렴결백을 뜻하는 대나무 종류나 푸른 소나무 그림이 좋다.

거실에 재물 운(運)을 부르는 인테리어 소품이나 물건으로는 둥근 어항, 소형 분수, 물이 잔잔하게 물이 흐르는 형태나 호수 같은 그림의 풍경화, 황금색이나 노란색을 약간 포함한 카펫 등이 좋다.

거실 생활 풍수 인테리어에서 가구는 크기와 용도에 따라서 적절하게 배치하여야 하며, 기(氣)의 흐름을 방해하지 않는 범위 내에서 너무 튀어나오지 않아야 한다.

거실에 가구를 배치할 때는 가급 적으로 가구가 창을 등지는 것은 피하고, 고급 전자 제품이나 가구는 거실에 복잡하게 배치하는 것은 기(氣) 흐름에 좋지 않다.

또한, 크기가 너무 큰 소파는 바람직하지 않으며, 거실의 크기와 소파의 크기가 균형을 이루도록 하여야 한다.

거실에 너무 많은 가구나 복잡한 장식품은 피하는 것이 좋다.

스탠드 에어컨은 최대한 창가 모서리 쪽으로 옮겨서 대각선으로 배치해 놓으면 기(氣)의 흐름이 순조로워지며, 에어컨 주위에 꽃이나 식물 화분을 놓아두면 금전 운(運)이 상승한다.

에어컨 커버는 에어컨을 사용하지 않는 경우에도 덮개로 덮어두면 흉한 기운(氣運)이 발생하여 거실에 나쁜 영향을 준다.

거실 생활 풍수 인테리어에서 중요한 포인트는 현관에서 대각선의 공간은 집안의 좋은 기운(氣運)이 모이는 곳이다.

또한 거실에는 자주 사용하는 물건만 배치하고 사용하지 않는 전자 제품은 가능한 별도 장소에 보관한다.

거실 생활 풍수 인테리어 기법에서 소품이나 물건을 활용하는 방법으로, 큰 그림이나 사진액자는 소파를 놓아둔 벽면에 거는 것이 무난하다.

그러나 너무 현란하거나 선과 각이 뾰족한 추상화는 피하고, 밝고 차분하며 온화한 느낌의 풍경화 같은 것이 좋다.

인물화는 가능하면 피하는 것이 좋다.

거실에 탁자를 둘 경우에는 나무의 결이 살아있는 탁자가 좋으며, 유리 재료의 탁자는 피한다.

거실에 관엽식물을 둘 경우 사람의 허리보다, 낮은 키에 잎이 무성한 식물이 좋으며, 너무 큰 키의 식물은 오히려 기(氣)의 흐름을 흐트린다.

전자 제품 주위에는 나무색, 회색, 베이지 계열의 패브릭을 사용하거나 곡선의 흐름에 좋은 난 등의 화분을 놓아두면, 흉한 기(氣)를 제압 시키는 데 도움을 준다.

거울은 거실에 피해야 할 소품이다.

거실을 비추는 거울은 가족의 단란한 분위기를 해치는 역할을 하기 때문이다.

거실은 대부분 주택이나 아파트에서 가장 중심적인 공간에 위치하고 있다. 안방보다 중심에 있어 주택의 기운(氣運)이 가장 많이 모여 있는 곳이다.

실제로 거실은 건물 내부의 중심축에 넓게 자리 잡고 있으며, 천장은 높은 것이 좋다.

아파트 같은 경우에는 예외로 보지만, 일반 주택의 경우에는 천장을 높게 할 경우 겨울철 난방비 및 여름철 전기료가 많이 들어가는 단점이 있지만, 내부의 기운(氣運)이 외부로 빠져나가는 것을 방지할 수 있다.

아울러 거실에서는 생기(生氣)가 발생되어 그 집에 생활하고 있는 가족 구성원들의 건강이나 사회적인 활동에 행운을 가져다준다.

거실이 중심에 있지 않고 좌측이나 우측으로 치우쳐 있으면 건물 내부의 기운(氣運)이 분산되는 원리이다.

이런 구조의 경우 집안이 안정되지 못하고 불미스러운 일 들이 자주 일어나고 가족 구성원들이 서로 화합하지 못하고, 건강이나 경제적으로 손실을 보는 경우도 있다.

거실 생활 풍수 인테리어 기법을 활용하여 본인에게 좋은 소품이나 물건을 거실에 비치하면 흉(凶)이 길(吉)로 바꾸는 역할을 한다.

또한, 거실 생활 풍수 인테리어 기법으로 소파는 현관을 등지고 배치하는 것이 좋으며, 공간이 넓다면 거실의 안쪽에 배치해야 한다.

소파의 바로 뒤나 옆에 출입문이 있다든지 문을 정면으로 마주 보는 것은 좋지 않다.
소파와 현관이 대각선을 이루고 있으면 기(氣)의 흐름이 원활해진다.
가족 구성원이 행복하고 단란함을 원한다면 패브릭 소재로, 베이지나 연한 갈색이 좋고, 너무 튀는 것보다는 자연스러운 느낌을 주는 것이 좋다.

외부 채광이 너무 강하면 화분이나 소품 등으로 보완한다.

거실에서 가족의 시선이 많이 가는 소파 앞의 테이블에 꽃을 장식하는 것도 생활 풍수 인테리어에 좋은 방법이다. 꽃꽂이는 약간 아래로 내려뜨리는 것도 가족의 화목을 이끌어 내는 데 도움을 준다.

> **' 거실에는 가능하면 거울은 피해야 할 소품이며,
> 본인에게 좋은 물품이나 소품을 비치하면 운 상승. '**

거실 생활 풍수 인테리어로 거실 창으로 들어오는 채광이 너무 강하면, 화분이나 매다는 소품 등으로 인테리어를 하면 거실의 기운(氣運)을 조절하는 역할을 한다.

거실 창가나 소파 옆에는 키가 작고 잎이 무성한 식물 화분을 두면 밖에서 들어오는 기운(氣運)을 정화하는 효과가 있다.

그러나 화분이나 꽃을 놓아둘 때 같은 장소에 같은 종류를 너무 많이 놓아두면 기(氣)의 흐름에 방해가 된다.

> **' 거실에 소파는 현관을 등지고 배치하는 것이 좋다,
> 소파 뒤 벽면에 풍경화를 걸어 두면 운(運)이 상승한다. '**

거실은 TV와 오디오, 비디오 등 전자제품이 가장 많이 모이는 곳이다. 전자파 때문에 기(氣)가 손실되지 않도록 신경을 써야 한다.

> **' 거실에 키가 작고 잎이 무성한 식물 화분을 두면 운(運) 상승,
> 에어컨 커버는 에어컨을 사용하지 않을 때라도 덮어두지 않는다. '**

TV 위의 벽면에는 그림이나 벽걸이 장식품을 걸지 않는 것이 좋으며, 가전제품 위에 베이지색 계열의 패브릭 커버를 덮거나 TV 옆이나 아래에 화분을 놓아두면 흉한 기(氣)를 중화시키는 역할을 한다.

### (6) 화장실 풍수

' 화장실은 음(陰)의 기운(氣運)이 강해
  식물 화분을 흰색계통 도자기로 '

남자 화장실은 건물 앞에서 보아
좌측이나 출입구에서 가까운 곳에
여자 화장실은 건물 앞에서 보아 우측에
설치하면 운이 상승한다.

화장실 생활 풍수 인테리어에서 일반 조건으로 주택이나 일반 건축물 설계에서부터 화장실의 면적은 크게 차지하지 않으면서도 신경이 많이 쓰이는 곳이다.

화장실은 음(陰)의 기운(氣運)이 충만한 장소이다.
화장실은 양지(陽地)에 있는 것이 좋다는 일부의 설도 있지만, 음(陰)의 기운(氣運)이 극치이기 때문에 음지(陰地)에 있어야 한다.

화장실은 일상생활에서 매우 중요하게 사용되기 때문에 화장실이 없는 주택은 풍수지리학상 주택으로 인정하지 않는다고까지 말한다.
특히, 부녀자와 아이들이 사용하기에 편리하도록 설계되어야 한다.

옛날에는 화장실을 주택 밖의 외양간이나 창고 옆에 설치하였으나, 현대에는 사용하기가 불편하기도 하지만 화장실은 위생 부분에 많은 영향을 받으므로 재래식에서 수세식 화장실로 변화하면서 주택이나 건물 내부에 설치하고 있다.

화장실은 통풍이 원활하고 배수도 양호해야 하며, 배수관이 주택의 중심을 지나면 아주 흉(凶)하므로 주택의 중심을 지나지 않고 외부의 정화조로 연결되도록 설계해야 한다.

화장실은 기(氣)의 작용이 강하여 가정에서는 가족의 건강 운(運)에 영향을 많이 미치는 장소이며 수(水)의 기운(氣運)을 지니고 있다.

화장실에 악취가 풍기면 가족들의 건강에 나쁜 영향을 주므로, 항상 밝고 따뜻한 분위기로 유지하여야 행운(幸運)이 따라온다.

너무 춥다면 히터나 온열 변기를 사용하여 공기를 따스하게 하고, 악취 제거를 위하여 방향제 같은 것을 사용하여 맑은 공기를 유지하게끔 하여야 한다.

계단의 층계 밑이나 계단 입구에 설치하지 않아야 한다. 이는 화장실의 오염된 공기가 계단을 타고 위층에 올라갈 수 있기 때문이다.

• **악취가 풍기면 가족들의 건강(健康)에 나쁜 영향**
  **항상 밝고 따뜻한 분위기로 유지해야 운(運) 상승** •

침실이 크지 않을 때 침실에 화장실을 설치하는 것은 좋지 않다. 화장실 설치에 있어서 주의 사항으로 주택이나 건물의 중앙에 위치함은 매우 좋지 않으므로 피하는 것이 좋다.

또한, 화장실 위치는 건물 중심에서 동, 동남, 북, 서, 동북쪽에 위치 할 경우 가급적 정방(正方)에 설치하지 말고, 동동남, 남남동 등으로 정방을 비켜서 설치하면 좋다.

화장실은 물을 많이 쓰는 공간이며 습기가 많고 세균이 발생하기 쉬운 곳으로 조금만 정성을 기울이면 해로운 기운(氣運)을 줄이고, 건강이 넘치는 곳으로 만들 수 있다.

또한 화장실은 부패한 기운(氣運)이 고일 수 있으므로 화려한 장식보다는 청결과 정리 정돈을 우선 시 하여야 하며, 밝은 느낌이 들도록 조명과 인테리어 컬러를 선택하는 것이 기본이다.

화장실을 너무 화려하고 고급스럽게 꾸미거나 개성 있게 꾸민다고 하여 흑백의 대조를 너무 강하게 한다거나 원색을 강조하는 것은 풍수 인테리어 원리로 좋지 않다.

화장실 생활 풍수 인테리어 원리로 꽃이나 생명력이 있는 식물을 놓아두면, 음기(陰氣)로 전환되는 것을 막을 수 있어서 좋으며, 꽃병이나 화분은 흰색계통의 도자기 종류가 좋다.

장식공간에는 가능한 수건, 타올 등만 보관하고 휴지 및 생리대 같은 것은 수납장에 별도 보관한다.

변기 뚜껑은 반드시 닫아 두어야 운(運)이 상승한다.

변기 뚜껑이 열려 있으면 그곳에서 나오는 음(陰)의 기운(氣運)이 화장실 전체로 오염되므로 반드시 닫아 두어야 운(運)이 상승한다.

운(運)을 부르는 화장실 생활 풍수 인테리어에서 화장실에는 반드시 전용 슬리퍼를 두어 사용하여야 한다.

음(陰)의 기운(氣運)이 강한 곳이기 때문에 다른 장소로 음(陰)의 기운(氣運)이 나가는 것을 방지하기 위함이다.

* **비누와 세제 등 여러 가지 소모품은 한곳에 정리 매일 쓰는 제품만 놓아둘 것** *

화장실은 음기(陰氣)가 강하고 쌓이기 쉬운 화장실이기에 꽃이나 관엽식물을 놓아두면 좋으나, 장소가 부족한 경우 꽃 그림 사진을 걸어두면 운기(運氣)가 상승한다.

화장실에서 사용하는 수건이나 변기 커버는 녹색 계통이나 핑크, 파스텔 옐로 계통이 좋으며, 일주일이나 12일 간격으로 색상을 교체하여 사용하면 공간 변화에도 좋으며, 기(氣)가 정체되는 것을 막고 화장실의 운기(運氣)를 순화시키는 데 도움이 되며, 가정에서는 가족의 건강(健康)과 행운(幸運)이 따르는 데 도움을 준다.

침실과 붙어있는 화장실은 방위에 관련 없이 문을 항상 닫아 두는 것이 좋다.
화장실 문을 닫아 두면 외부와 차단되므로, 다른 곳에서 충만 된 금전 운(運)이나 건강 운(運)이 유실되지 않는다.
화장실 출입문 옆에 난을 놓거나 정면에 붉은 계열의 꽃 그림을 걸어두면 나쁜 기운(氣運)을 차단해준다.

화장실은 집안의 어느 장소보다 조명을 밝게 설치하는 것이 운(運)을 부르는 생활 풍수 인테리어에 도움을 준다. 화장실은 밝아야 습기가 많고 음침한 기운(氣運)을 중화시킬 수 있기 때문이다.

또한 인테리어 소품으로 붉은색 소품이나, 창문이 있다면 창가의 한 귀퉁이에 붉은 꽃이 핀 화분을 놓아두면 기(氣)가 살아나 인체에 유익한 기운(氣運)을 제공한다.
녹색, 연한 녹색 계통의 소품도 운(運)을 상승 시키는데 도움을 준다.

**' 용품은 줄여 최대한 노출 안 되게
변기 뚜껑은 반드시 닫아야 운(運) 상승 '**

화장실 수건은 흰색을 쓰는 것이 좋으며 베이지 색이나, 연한 그린 블루 등 옅은 계열의 색상은 무난하다.
선반이나 장식장 등을 지나치게 많이 설치하고 커튼 등으로 장식하는 것은 피하는 것이 좋다.

화장실 용품은 최소한으로 줄여서 노출되지 않게 보관하여야 기(氣)의 분산을 막을 수 있다.
화장실에 비누와 세제 등 여러 가지 소모품은 한 곳에 정리하여 수납하는 것이 좋다.

화장실에는 매일 쓰는 제품만 놓아두고 나머지 용품은 별도로 보관하는 것이 운(運) 상승에 도움을 준다.

화장실 앞에 매트를 깔아 두면 운(運) 작용에 도움을 준다. 매트의 색상은 파스텔 색상이나 따뜻한 느낌을 주는 색상이 좋다.
진한 색상이나 꽃무늬나 너무 격렬한 무늬의 매트를 사용하면 화장실 풍수인테리어 기법으로 좋지 않다.

즉, 부부 불화 및 금전 운(運)이나 사업(상업)이나 인간관계 등으로 가족 구성원 중에 귀가 시간이 늦을 경우도 많다.
또한, 화장실 매트는 항상 세탁하여 보송보송하게 말려서 사용하여야 운(運)이 상승한다.

### ❝ 화장실에 전용 슬리퍼 사용하면 좋아
### 조명은 책을 볼 수 있는 밝기로 유지 ❞

화장실 생활 풍수 인테리어 기법으로 화장실 문을 열었을 때 변기가 바로 보이지 않도록 설치하여야 하며, 문 쪽에 부분 칸막이를 하여 시선을 차단하는 것이 좋다.
화장실 욕조에 물을 오래 받아 두는 일은 피해야 한다.
화장실은 습기가 차기 쉬운 장소로 습기는 운(運)을 낮춘다.

창문이 있는 화장실이라면 창문을 열어 자주 환기하여 습기를 제거하여 주면 운(運)이 상승한다.
창문이 없는 화장실이라면 라벤더 색상의 욕실용품을 두면 흉한 기운(氣運)을 막을 수 있으며, 라벤더 향이 나는 욕실용품도 효과가 있다.
화장실 청소 도구 변기용 솔, 수세미 등은 보이지 않는 곳에 놓아두어야 한다. 보이는 곳에 청소 도구가 있으면 운(運)이 저하한다.

화장실은 생활 풍수 원리로 음(陰)의 기운(氣運)이 있는 곳이 좋다. 일부 가정이나 상업 건물에서 양(陽)의 기운(氣運)이 높은 자리에 화장실이 있는 경우도 있는데,

이런 경우 금전적인 고통을 많이 받을 수 있다.
또한, 현관문에서 정면에 거울이나 화장실이 있으면 좋지 않다.

화장실은 가족의 건강 운(運)에 영향을 많이 받는 공간이다. 일반 건축 양식에서 대부분 화장실은 동쪽이나 북서쪽에 위치하는 경우가 많은데, 남향집에서 동쪽에 위치한 화장실은 좋지 않은 기운(氣運)이 있으므로 가능하면 피하는 것이 좋다.

일반 주택의 경우 화장실은 현관과 최대한 멀리 설치하는 것이 좋다. 화장실 조명은 밝은 조명이 좋으며, 창문이 없다면 백열등이 풍수 인테리어 기법으로 좋다.
화장실 세면대 위에는 화장품이나 세안제 등이 놓여 있으면 좋은 기운(氣運)을 막을 수 있다.
세면대의 거울은 항상 깨끗하게 닦아 주어야 운(運)이 상승한다.

화장실은 물의 기운(氣運)에 좋은 파스텔 칼라의 타일과 수건을 사용하고, 플라스틱 제품보다는 도자기나 유리로 된 제품을 사용하는 것이 좋다.
화장실은 너무 춥거나 냄새가 많이 나고 너무 어두우면 물의 기운(氣運)에서 나오는 나쁜 기운(氣運)이 쌓이게 된다.
겨울에는 난방에 관심을 가지고 냉기(冷氣)를 없애며, 감귤계의 향을 사용하여 악취가 나지 않게 하여야 한다.

### ' 수건이나 변기는 흰색계통이 좋아
### 거울은 변기를 비추지 않게 설치하여야 '

일반 가정에 화장실은 손이나 발을 씻거나 샤워를 하거나 양치질을 하는 곳이기 때문에 물을 많이 쓰는 장소로 습기가 많으므로 습기 제거를 하여야 운(運)이 상승한다.
화장실은 음기(陰氣)가 가득한 곳으로 식물을 놓아두면 풍수 인테리어 효과도 있으며, 화장실의 음(陰)의 기운(氣運)을 막아준다.

또한, 화장실은 연애 운(運)에도 연관이 있다. 부부 불화나, 혼기를 놓친 사람이 있을 경우 화장실에 식물 화분을 놓아두면 결혼 운(運)을 높이는 데 도움이 된다.

창문이 없는 화장실에는 소금을 놓아두면 운(運)이 떨어지는 것을 방지하여 준다.

일반 가정에서 화장실 욕조에서 목욕을 할 경우 입욕 소금을 놓아두면, 생활 풍수 인테리어 기법으로 좋다.

우리나라 대부분 화장실은 방위적으로 나쁜 방향에 위치한 경우가 많이 있다. 화장실 생활 풍수 인테리어 기법으로 화장실 조명은 집안의 어느 장소보다 조명이 밝은 것으로 설치하는 것이 생활 풍수 인테리어 기법으로 운(運) 상승에 도움을 주며, 화장실의 음(陰)의 기운(氣運)을 중화시킬 수 있기 때문이다.

일반 가정이나 상업 건물에 화장실이 여러 개 있다면 어느 한 곳이라도 전구가 나간 상태로 방치되어 있다면 운(運)을 저하하는 요인이 된다.

화장실에 욕조나 샤워기 등의 욕실 기구는 밝은색 또는, 녹색이나 하늘색 계열의 색상이 좋다. 화장실 슬리퍼나 변기 커버 등 소품은 연한 녹색이 운(運) 상승에 도움을 준다.

음(陰)의 기운(氣運)이 가득한 화장실에 좋은 기(氣)가 흐르게 하는 인테리어 기법으로 남쪽 화장실에는 형광등과 같은 백색 조명을 설치하고, 서쪽 벽에 거울을 붙이는 것이 좋다. 화장실 기구는 블루 색상으로 설치하면 운(運)이 상승한다.

또한, 화장실은 전체적으로 밝은 색상으로 풍수 인테리어를 하면 흉한 기운(氣運)을 막을 수 있다.

### ' 화장실에 방향제를 사용할 때 향이 너무 강한 것은 피해야 운(運) 상승 '

화장실 물품을 구입 할 때나 보관할 때는 신경을 많이 써야 한다. 향이 좋은 제품을 사용하면 주변 사람들에게 좋은 인상을 심어줄 수 있으며, 샴푸나 비누의 경우 대형 용기의 제품을 그대로 사용하지 않고 작은 용기에 옮겨서 사용하여야 운(運)이 상승한다.

화장실에서는 신체의 전부 또는 일부분을 노출하는 장소로 부부나 남녀의 애정 및 건강 운(運)과 밀접한 관련이 있으며, 일반 가정이나 상업 건물에서 화장실을 청결하게 관리하면 애정 문제 및 건강 운(運)이 좋아진다.

화장실 위치 선정 시 고려하여야 할 부분으로 집안에서 동쪽으로 위치한 화장실은 목(木)의 기운(氣運)으로 생기가 넘치는 방위로, 목(木)의 기운(氣運)은 金(금)의 기운(氣運)과는 상극(相剋)이므로 화장실에 금속성의 제품을 사용하면 상극(相剋)이 되므로 운기(運氣)를 저하한다.

동남쪽으로 위치한 화장실은 온화한 목(木)의 기운(氣運)이 있으며, 바람을 상징하는 방위로, 이 방위의 화장실은 통풍(환기)이 안 되면 집안으로 나쁜 기운(氣運)이 퍼져나가게 되며, 운기(運氣)가 저하한다.

남쪽으로 위치한 화장실은 火(화)의 기운(氣運)이 있으며, 水(수)의 기운(氣運)을 가진 화장실은 상극(相剋)으로 좋은 방위로 볼 수가 없다.
火(화)의 기운(氣運)을 억제하기 위해서는 작은 화분이나 도자기를 놓아두면 운(運)이 상승한다.

화분의 나무는 목(木)의 기운(氣運)으로 도자기의 토(土)의 기운(氣運)을 받아 火(화)의 기운(氣運)이 억제할 수 있다.
또한, 플라스틱 제품은 화(火)의 기운(氣運)을 상승하므로 좋지 않다.

화장실 생활 풍수 인테리어에서 중요한 부분으로는 배수이다. 배수가 원활하여야 가족 구성원의 건강 및 대인관계와 금전 운(運) 등에 좋은 영향이 받는다.
배수가 좋지 못하면 가족 구성원의 모든 일 들이 막힘이 많다. 하수구가 막히지 않도록 세심한 관찰이 필요하다.

화장실은 깨끗함과 더러움이 함께 공존하는 장소이다. 요즈음은 대부분 화장실이 재래식에서 수세식 화장실로 변화하여, 물을 활용함으로 깨끗하다고 생각할 수 있으나 그렇지 않은 경우도 많이 있다.
눈으로는 보이지 않는 음(陰)의 기운(氣運)이 화장실 내부에 많이 있다. 음(陰)의 기운(氣運)을 최대한으로 없애기 위해서는 청결하게 관리하여야 한다.

화장실의 탁한 기운(氣運)이 사람의 신체에 노출되므로 직접적인 영향을 받는다. 창문이 작거나 없기 때문에 환풍기 등을 이용하여 환기에 신경을 써야 한다. 방향제를 사용할 때 향이 너무 강한 것은 좋지 않다. 화장실의 방향제 향기가 밖으로 새어 나오지 않도록 하여야 한다.

수건이나 변기는 흰색계통이 좋고,
거울은 변기를 비추지 않게 하는 것이 좋다.

화장실 소품이나 물건으로 놓아두지 말아야 할 품목으로는 인형 또는 사람을 연상시키는 조각품이나 달력, 신문, 잡지 등은 좋지 않으며, 인물화나 포스터 등도 나쁘다. 화장실에 그림을 걸 경우 문의 오른쪽에 걸면 재물 운(運)이 상승한다.

화장실 생활 풍수 인테리어에서 화장실과 욕실의 차이점은 대변과 소변을 볼 수 있도록 만든 곳을 화장실이라고 하며, 목욕이나 샤워를 할 수 있도록 만든 곳을 욕실이라고 한다.

' 젖은 수건이나 빨래 등은
빨리 처리하여야 운(運) 상승 '

옛날 주택에서 화장실은 뒷간 또는 측간으로 불렀으며, 주택의 생활공간과 떨어진 별도의 공간에 설치하였다.

사람이 편리하고 편안한 생활공간을 위해서 아파트 문화가 생겨나면서 점차 서구화되면서 집안에 화장실이 들어오게 되었고, 변기 이외에 세면기와 욕조가 더해져 일부 가정의 화장실은 욕실을 겸하고 있다.

화장실에 젖은 수건이나 빨래 등을 놓아둘 경우는 물을 머금고 있기에 물(水)의 기운(氣運)이 항상 있으므로 젖은 수건이나 빨래 등은 빨리 처리하여야 운(運)이 상승한다.

화장실은 물(水)의 기운(氣運)이 많은데 목욕이나 욕조의 물을 사용하지 않은 경우는 욕조에 물을 받아 두지 않아야 한다.

물은 흘러야 운(運) 작용을 한다. 화장실 욕조에 물을 받았다면 가능하면 빨리 사용하여야 좋은 운기(運氣)가 작용하여 가족 구성원들의 건강이나 재물 운(運)이 상승한다.

우리나라 주택이나 아파트의 화장실은 대부분 침침하고 생기(生氣)가 약한 곳으로, 운(運) 상승을 위해서는 녹색 식물이나 붉은색 화초를 두면 좋은 기운(氣運)이 발생한다. 생화를 관리하기가 불편하면 꽃 그림이나 꽃 사진을 걸어 두어도 좋다.

그러나 너무 화려한 색상은 기운(氣運)이 강하여 노약자에게는 피하는 인테리어 기법이다.

화장실 문은 환기 목적이 아닐 경우 항상 닫아 두어야 한다.

화장실에 청소 도구를 너무 노출되게 놓아두면, 가족 구성원들이 신경 쓰는 일이 많아지고 자녀의 학업 문제로 가정의 불화가 일어날 수 있다.

화장실의 밝기는 책을 읽을 만한 밝기가 좋다.

화장실이 너무 밝아 눈이 부시게 밝은 빛은 오히려 흉하다. 조명 색상이나 인테리어가 너무 화려하거나 너무 요란스런 장식은 피하는 것이 좋다.

간혹 화장실에 화려한 그림을 설치하거나, 좋아하는 배우나 가수 운동선수 등의 사진을 붙여놓는 경우가 있는데 이는 생활 풍수 인테리어 기법으로 좋지 않다.

집안에 위치한 화장실은 욕실과 겸해서 사용하는 경우가 많은데 목욕이나 샤워 후에는 욕실 전체에 냉수를 뿌려 수증기가 없도록 하고, 화장실 문을 열어 습기를 제거하여야 운(運)이 상승한다.

화장실 설치에 있어 남자 화장실은 앞에서 보아 좌측에
여자 화장실이 우측인 경우

화장실에 벽이 있다고 하더라도 변기와 침대 헤드의 방향은 일직선상에 놓이지 않도록 하여야 한다.

화장실이 서북쪽이나 동쪽에 위치한 경우엔 본인에게 좋은 소품이나 물건을 공간이 허용하는 범위에서 활용하고 아울러 꽃이나 식물 화분을 놓아두어야 가정에 건강과 재물 운(運)이 상승한다.

※ 서북쪽이나 동쪽에 화장실이 있을 경우 본인에게 좋은 소품이나 물건을 공간이 허용하는 범위에서 활용하고, 아울러 꽃이나 식물 화분을 놓아두어야 가정에 건강과 재물 운(運)이 상승한다.

## (7) 욕실 풍수

' 평상시에 욕조에 물을 받아 두면 안 좋아
비닐 샤워커튼 달면 기(氣)의 흐름 차단 '

욕실은 수(水)의 운기(運氣)를 띠는 장소로서 가정에서는 건강·애정·금전 운(運)에 영향을 많이 작용하는 공간이다.

또한, 숙박업소 등에서도 비중을 많이 두고 설계부터 심혈을 기울려서 건축하는 것도 그런 영향이다.

한때는 고급 주택이나 고급 빌라 등에서 사회적 이목을 끈 적도 있었다.

이태리 대리석 욕조가 적게는 백만원 대에서 수 천만원 한다는 것을 뉴스에 보도되어 사회적 비판을 받은 적도 있었다.

그만큼 욕실에 관심을 가진 것이 불과 10년 전, 후로 기준하여 사람들의 생활 수준이 높아진 영향도 있겠으나 가정에서도 그만큼 욕실에 대하여 신경을 많이 쓰고 있다는 것이다.

생활 풍수 인테리어는 좋고 값비싼 것을 요구하는 것이 아니라, 주어진 환경과 주어진 여건 속에서 최상의 효과를 얻을 수 있는 방법을 강구하는 것이다.

생활 풍수 인테리어가 우리가 생활하는 환경 속으로 깊숙이 파고들어 오는 시점에 욕실 또한 그 한 부분에 불과할지 모른다.

욕실 생활 풍수 인테리어를 어떻게 활용하는 가에 따라 행운과 재물, 가정에서는 애정(愛情) 운(運)이 작용하는 것이기에, 그 방법을 강구하여 삶의 질을 높이고자 한다.

욕실은 습하고 눅눅한 느낌을 줄 경우가 있으며, 특히 곰팡이나 다른 세균들이 서식할 수 있는 장소이기에 샤워나 목욕을 한 후에는 환풍기를 가동하여 환기에 신경을 써야 운(運)이 상승한다.

욕실 앞 매트를 깔아놓는 이유는 욕실 안의 물기가 밖으로 나오지 않게 방지하기 위함이 아니라, 욕실에서 나오는 음(陰)의 기운(氣運)을 방지하기 위해서 매트를 반 듯시 깔아놓아야 한다.

매트의 색상은 흑색, 회색 계통이나 너무 화려한 색상은 피하는 것이 좋다.

비누통은 욕조 근처에는 될 수 있는 대로 화(火)의 기운(氣運)을 띠는 플라스틱 제품을 쓰지 않아야 하며 도자기나 유리 제품 등이 좋다.

거울에 불필요한 소품이 비치지 않아야 운(運)이 상승한다.

욕실의 거울은 항상 닦아주고 불필요한 소품이나 물건이 비치지 않게 하여야 한다.

욕조의 색상은 적색, 황색 보라색, 청색, 흑색, 옥색 계통의 색상은 사용을 피하고 밝은 파스텔톤 색상이 좋다.

욕실은 수(水)의 운기(運氣)가 많은 장소이기에 꽃을 한두 송이 놓아두는 것이 좋다. 꽃은 수의 기운(氣運)을 흡수하는 역할을 한다.

영화나 연속극에서 가끔 욕조에 꽃을 뿌려 목욕하는 것이 겉으로는 보기 좋고, 피부 미용에도 좋다.

생활 풍수 인테리어 기법으로는 수(水)의 기운(氣運)을 흡수하여 운(運)을 상승시키는 효과가 있으며 재물, 건강, 애정(愛情) 운(運)이 따라온다.

욕실은 물을 많이 사용하는 공간으로 습기가 많고, 세균이 발생하기 쉬운 곳이다. 지나친 장식보다는 청결과 정리 정돈에 심혈을 기울려야 하며, 밝은 느낌이 들도록 조명과 인테리어를 하여야 한다.

너무 화려하고 고급스럽게 꾸미거나 개성 있게 꾸민다고 흑백의 대조를 너무 강하게 한다거나 원색을 강조하는 등의 인테리어는 좋지 않다.

욕실은 집안의 어느 곳보다 조명을 밝은 것으로 설치하는 것이 풍수인테리어 기본으로 습기가 가득하고 음침한 기운(氣運)을 해소 시킬 수 있는 방안으로 조명이 밝아야 한다.

가정에 욕실이 여러 곳에 있다면, 가끔 사용하는 욕실이라도 사용 시에는 조명을 밝게 하여 사용하여야 한다.

욕실 소품으로 붉은색 계열이 좋다.

욕실에 창문이 있다면 창문 모서리에 붉은 꽃이 핀 작고 화사한 화분을 두면 음(陰)의 기운(氣運)을 양(陽)으로 전환하여 인체에 유익한 기운(氣運)을 받을 수 있다.

욕조나 샤워기 등의 욕실 기구는 밝은 계통이나 녹색 및 하늘색 계통이 좋다.

또한, 슬리퍼나 변기 커버 등도 연한 녹색으로 선택하면 좋은 운(運) 작용에 도움이 된다.

**' 욕실에 비누통은 플라스틱 제품을 피하고
도자기나 유리 제품을 사용해야 운(運) 상승 '**

욕실에서 사용하는 수건은 흰색이 좋으며, 생활 풍수 인테리어 기법으로 흰색 수건은 사용자의 건강 운(運)에 도움을 줌으로, 흰색 수건을 사용하는 것이 좋다. 베이지색이나 연한 그린 블루 등 옅은 계열의 색상은 무난하다.

그러나 화려한 색상은 음양(陰陽)의 기운(氣運)이 강해서 좋고 나쁨의 영향을 많이 받으므로 가능하면 사용하지 않는 것이 좋다.

수건을 너무 오랜 기간 사용이나 축축한 수건은 잘 건조 시켜 사용하여야 가족 구성원들의 건강과 부부 애정(愛情) 운(運)이 좋아진다.

욕실의 용품은 최소한으로 줄이고 노출되지 않게 보관하여야 기(氣)의 분산을 막을 수 있다.

샴푸와 세제 등 여러 가지 소모품은 한군데 정리하여 수납하는 것이 좋다.

그러나 선반 같은 것을 너무 지나치게 많이 설치하고 커튼 등으로 인테리어를 하는 것인 피하는 것이 좋다.

좁은 욕실에 화장품과 세제 등이 가득 놓여있으면 욕실의 기운(氣運)을 떨어뜨리는 원인이 된다.

매일 쓰는 제품만 놓아두고 사용하지 않는 용품은 별도로 보관하고 욕조나 세면대 주위는 가급 적 공간을 비워두는 것이 좋은 운(運) 작용에 도움을 준다.

샴푸와 세제 등 여러 가지 소모품은 한군데 정리.

**' 욕실에는 매일 쓰는 제품만 놓아두고 사용하지 않는 용품은 별도로 보관 '**

욕실에 샤워나 목욕을 하기 전에는 항상 깨끗하고 물기가 없는 상태를 유지하여서 사용하는 것이 좋은 운(運) 작용에 도움을 준다. 욕실은 습기가 많이 찰 수 있는 공간이기 때문에 욕조에 물이 고여 있는 상태를 유지하는 것은 좋지 않다.

안방이나 침실 안에 욕실을 설치 시에는 일반적으로 바람이 외부와 차단이 되는 경우가 많아 불쾌한 냄새가 많이 날 경우에는 가족 구성원의 건강(健康), 애정(愛情), 금전(金錢) 운(運)에 영향을 받아 부부 불화나 가족 간에 불화가 자주 일어날 수 있다.

욕실 세면대 위나 주위에 화장품이나 세안제 등이 많이 놓여 있다면 좋은 기운(氣運)을 막을 수 있다.

또한 욕실의 거울에 불필요한 소품이나 물건이 비추지 않아야 하며, 항상 반짝거리게 유지 하여야 좋은 운기(運氣)가 작용한다.

욕실의 전체적인 인테리어와 분위기로 물(水)의 기운(氣運)과 좋은 밝은 계통이나 파스텔 칼라의 타일의 색상이 좋으며, 비누를 놓는 소품이나 물건은 플라스틱 제품보다는 도자기나 유리 제품으로 된 것을 사용하면 운(運) 상승에 도움을 준다.

### ˚ 건강이나 금전적인 고통을 받고 있다면, 화장실이나 욕실은 청결해야 운(運) 상승 ˚

욕실 생활 풍수 인테리어 기법으로 욕실 문을 열었을 때 변기가 마주 보이지 않도록 설치하여야 한다. 이미 설치가 되어 있다면 조명은 밝게 하고 작은 화분을 놓아두면 흉한 기운(氣運)을 좋은 기운(氣運)으로 전환하는 역할을 한다.

욕실 가구는 밝은색이나 연녹색 및 하늘색으로 선택하고, 벽에 별도의 조명을 설치하고 창문이 있다면 창문에 녹색 계통의 커튼을 설치한다.
욕실의 조명은 밝은 것이 좋으며, 욕실에 창이 없다면 일반 램프보다 백열등이 생활 풍수 인테리어 기법으로 길하다.

욕실을 가정에서 가족 공동이 화장실과 같이 욕실의 사용 할 경우에는 욕실이 너무 춥거나 냄새가 나고 어두우면 물의 기운(氣運)에서 발생하는 음(陰)의 기운(氣運)이 발생하여 가정에 건강 운(運)이나 부부 불화가 자주 일어날 수 있다.

겨울에는 히터를 자주 틀어 냉기를 없애주고, 감귤계의 향을 사용하여 악취가 나지 않도록 하고, 항상 깨끗하게 유지하면 좋은 운기(運氣)가 발생하여 가정이 화목하고 가족의 건강(健康) 운(運)에도 도움을 주는 인테리어 기법이다.

욕실 생활 풍수 인테리어 기법으로 안방이나 침실에 설치된 욕실은 좀 더 청결하게 유지하여야 안방이나 침실의 사용자가 건강(健康), 애정(愛情), 재물(財物) 운(運)이 상승한다.
또한, 안방이나 침실의 출입문을 닫으면 외부와 완전히 차단되므로 관리를 제대로 하지 않으면 불쾌한 냄새가 날 뿐만 아니라 음(陰)의 기운(氣運)이 발생하여 금전 운(運)을 저하시킨다.

거실이나 주방 현관 등에서 충만 된 금전 운(運)이 떨어질 수 있다.

욕실을 다른 공간과 똑같은 비중을 두어 정리 정돈을 하여야 운(運)이 상승한다. 욕실에 습기와 더러움을 없애고 타일과 욕조는 물론 수도꼭지도 반짝반짝 빛나게 하여야 한다.

샤워 후에는 환풍기나 창문이 있으면 문을 열어 환기시키고, 욕조에 고인 물은 사용 후 바로 빼내어야 한다.

비누나 샴푸 용품은 고급품을 사용하면 사회적으로 인정을 받을 수 있으며, 부부간에 애정(愛情) 운(運)도 높아진다.

> **• 욕실에 초록 식물은 운(運)을 높이는 역할
> 거울은 항상 깨끗하게 닦아야 운(運) 상승 •**

욕실 매트는 밝은색으로 선택하고, 너무 진한 색상의 꽃무늬의 매트는 풍수인테리어 기법으로 좋지 못하며, 부부 불화나 금전적인 부분과 인간관계 등으로 가족 구성원이 업무 상이 아닌 경우 귀가 시간이 늦어질 수도 있다.

욕실 매트는 항상 잘 세탁하여 보송보송하게 말려 사용하여야 운(運)이 상승한다.

욕실 생활 풍수 인테리어 기법으로 욕실은 물(水)의 기운(氣運)을 가지고 있으며, 욕실은 가족의 건강 운(運)과 관련이 매우 높다.

욕실의 문은 밝은색으로 하며, 공간이 허용 한다면 문 옆에 난 화분을 두면 운(運)이 상승한다.

창문이 없는 욕실에서는 좋은 운(運)을 불러들이기 위해서는 붉은 계열의 꽃 화분을 두거나, 꽃 그림이나 사진을 걸어 두면 운(運)을 상승시킨다.

욕실 생활 풍수 인테리어로 좁고 막힌 공간인 욕실에 샤워 커튼을 다는 것은 기(氣)의 흐름을 차단 시키는 역할을 하므로 달지 않는 것이 좋다.

욕실에서 피해야 할 부분으로 젖은 타월이나 옷을 쌓아 두지 않아야 한다.

또한, 욕실에 배수가 원활하지 않으면 모든 일이 순조롭게 이루어지지 않고 막히게 되므로, 배수가 잘되고 하수구가 막히지 않도록 하여야 운(運)이 상승한다.

생활 풍수 인테리어 기법에서 가정에 가족 구성원이 건강과 연관이 높은 장소로 화장실이나 욕실이다.
현재 가족 구성원이 건강이나 금전적인 고통을 받고 있다면, 화장실이나 욕실을 살펴보면 인테리어 부분에서 많은 문제점을 발견할 수 있으며, 청결 부분에서도 허술하게 관리하고 있는 것을 알 수가 있다.

가정에 다른 장소도 중요 하지만 건강, 애정, 금전적인 부분에 영향을 많이 받는다.
또한, 풍수에서 화장실이나 욕실 배치에 있어서 주택이나 아파트에서 정중앙을 피해야 한다.

집 정중앙에 화장실이나 욕실을 설치하게 되면 집안 전체의 구도가 뒤틀리며, 화장실이나 욕실은 음(陰)의 기운(氣運)이 많이 발생하므로 정중앙을 피해야 한다.
아울러 화장실이나 욕실은 서북쪽이나 정북 방향에 설치하지 않아야 한다.
서북쪽은 8개 방향(동쪽, 서쪽, 남쪽, 북쪽, 동북쪽. 동남쪽, 남서쪽, 서북쪽) 중에서 기(氣)작용이 가장 높은 방향이다. 특히, 주택에서 북쪽은 겨울에 추운 방향으로 화장실이나 욕실은 사람의 건강을 해치기 때문이다.

우리나라 대부분 가정의 욕실은 습도는 높고 온도가 낮으며, 조명도 침침하는 경우가 많다.
화장실이나 욕실은 음(陰)의 기운(氣運)을 많이 발생하므로, 화장실이나 욕실 문을 열어두면 이러한 음(陰)의 기운(氣運)이 집안의 밝은 기운(氣運)을 흩트린다.
가정은 밝은 기운(氣運)이 충만해야 가족 구성원이 하는 일이 잘 풀리고 건강하고 애정이 넘치며, 가족 구성원들의 화목(和睦)을 기대할 수 있다.

> **흑색 인테리어가 너무 지나치면 부부 불화나
> 가정에 금전적인 고통을 많이 발생 할 수가 있다.**

화장실이나 욕실 선정에서 풍수적으로는 집안에서 동쪽으로 위치한 욕실은 목(木)의 기운(氣運)으로 생기(生氣)가 넘치는 방위이다.

목의 기운(氣運)은 금(金)의 기운(氣運)과는 상극(相剋)이므로 화장실이나 욕실에 금속성의 제품을 너무 많이 인테리어를 하게 되면 상극(相剋)이 되어 나쁜 영향을 받을 수 있다.

집안에서 동남쪽으로 위치한 욕실은 온화한 목(木)의 기운(氣運)이 있으며, 바람을 상징하는 방위에 위치하게 된다.

동남쪽 방위의 욕실은 통풍이 잘 안 되면 집안으로 나쁜 기운(氣運)이 퍼져나가게 되므로 환기에 관심을 가져야 한다.

> **' 욕실의 물건은 차분한 색상이 좋다.**
> **베이지색, 연두색, 옅은 청색 등이 무난 '**

젖은 수건은 바로 교체하고 숯을 비롯한 탈수제를 수납장 구석에 놓아두면 좋은 운기(運氣)가 작용한다.

집안에서 남쪽으로 위치한 욕실은 화(火)의 기운(氣運)을 가지고 있으며, 수(水)의 기운(氣運)을 가진 화장실과 욕실은 상극(相剋)이므로, 풍수인테리어 기법으로 좋은 방위로 볼 수가 없다.

그러나 화(火)의 기운(氣運)을 억제하기 위해 작은 화분이나 도자기를 놓아두는 것은 좋은 생활 풍수 인테리어 기법이다.

작은 화분은 木(목)의 기운(氣運)이 있으며, 도자기는 토(土)의 기운(氣運)을 가지고 있으므로, 火(화)의 기운(氣運)을 억제할 수가 있다.

반대로 플라스틱 제품은 화(火)의 기운(氣運)을 더욱 상승시키므로 가능하면 피하는 것이 좋다.

우리나라 대부분 가정에서는 화장실은 욕실을 겸해서 사용하는 경우가 많다. 화장실이나 욕실은 사람의 인체에 있어서, 때나 오염된 부분 및 배설물을 처리하므로 내부가 탁하다.

하루에도 몇 번씩이나 드나들면서 신체에 노출하므로 탁한 기운(氣運)에 직접적인 영향을 받는다. 창문은 작거나 없기 때문에 탁한 기운(氣運)을 없애기가 쉬운 것이 아니다. 때문에 환풍기 등의 물리적인 방법을 활용하여서라도 환기에 각별히 신경을 써야 운(運)이 상승한다.

욕실이나 화장실은 물을 다루기 때문에 깨끗하다고 생각할 수 있으나 그렇지 않은 경우도 많이 있다. 눈으로 보이지 않는 탁한 기운(氣運)이 있을 수 있으므로, 욕실 및 화장실 자체의 흉한 냄새와 탁한 기운(氣運)을 정화할 수 있도록 항상 청결하게 관리하여야 음(陰)의 기운(氣運)을 양(陽)의 기운(氣運)으로 전환하여 좋은 운기(運氣)가 상승한다.

욕실 앞 매트나 화분은 운(運) 상승에 도움이 된다.

욕실이나 화장실은 철저하게 관리해도 흉한 기운(氣運)이 많이 발생한다. 탁한 기운(氣運)이 밖으로 새어 나오지 않도록 항상 출입문을 닫아두는 것이 좋다.

일반 가정에서 특별한 병명이 없이 아프거나 갑자기 금전적인 지출이 많아지면 풍수인테리어 기법으로 욕실 문밖에 작은 거울을 걸어두는 것도 하나의 풍수 인테리어 기법의 방안이다.

욕실은 다른 공간에 비하여 크고 작은 소품들이 많은 공간이다.

물건들을 이곳저곳 놓아두는데 특히, 세면대 주위에는 비워둔다. 세면대 주위가 복잡하면 가정을 책임지고 있는 사람이 가정이나 사회생활에서 체면이 손상되는 일이 많이 발생할 수도 있다.

욕실이나 화장실은 아파트에서는 위치 변경이 불가능 하나 주택의 경우 변기는 출입문에서 가능하면 멀리 떨어진 곳에 설치하는 것이 좋다.

가족의 건강이 좋아지고 또한, 가족 구성원이 사회생활에서 구설수가 적어지는 효과가 있다.

욕실이나 화장실의 물품은 몸에 닿기 때문에 길흉이 빠르게 전달된다.

목욕용품을 구입할 때나 보관할 때는 세심한 신경을 써야 한다. 향이 좋은 제품을 사용하면 대인관계에서 사람들에게 좋은 인상을 심어 줄 수가 있다.

샴푸나 비누의 경우 대형 용기의 제품을 그대로 사용하지 말고 작은 용기에 옮겨서 사용하는 것이 좋다.

욕실 생활 풍수 인테리어 기법으로 욕실의 물건은 차분한 색상이 좋다. 베이지색, 연두색, 옅은 청색 등이 무난하다. 너무 화려한 색상은 기운(氣運)이 강해서 가정에 크고 작은 영향을 받는다.

특히 노약자에게는 매우 흉하다.

> **' 욕실에는 향이 좋은 제품을 사용하면 운(運)이 상승한다.**
> **욕실 풍수 인테리어로 욕실의 물건은 차분한 색상이 좋다. '**

욕실에 청소 도구를 아무렇게 두는 것은 가족 구성원이 신경 쓰는 일이나 구설수가 따르고, 학업 중인 학생이 있다면 성적이 저하되는 경우가 있다.

청소 도구를 보관할 장소가 마땅치 않다면 녹색 식물로 가리면 흉한 기운(氣運)이 저하된다.

욕실 매트는 발바닥과 닿기 때문에 건강에 관련이 있다.

때가 묻은 매트를 사용하면 애정(愛情), 재물(財物), 건강(健康), 컨디션 등이 나빠지므로 자주 세탁을 한다.

수납장에 타월을 너무 많이 넣어두면 음(陰)의 기운(氣運)이 타월에 스며든다.

목욕이나 샤워를 끝낸 후 청결한 상태에서 흉한 기운(氣運)이 몸에 전달될 수 있으므로 가능하면 일주일 정도 사용 가능 분만 보관한다.

> **' 욕실에 청소 도구는 안 보이게 비치하고 수납장에는**
> **사용하지 않는 물건은 장기간 보관하지 않아야 한다. '**

욕실의 조명은 책을 읽을 만한 밝기면 된다.

너무 어두우면 음(陰)의 기운(氣運)이 발생한다. 욕실은 밝아야 하지만 그렇다고 눈이 부시게 밝은 조명은 오히려 나쁜 영향을 준다.

또한 너무 화려한 컬러 등과 너무 요란스런 장식이 달린 호화스런 조명을 다는 것도 피하는 것이 좋다.

거울에 불필요한 소품이 비치지 않아야 운이 상승한다.

욕실 생활 풍수 인테리어 기법으로 방향제를 사용할 경우 향이 너무 강한 것은 좋지 않다. 욕실의 향기가 밖으로 새어 나오면 적은 부분에 신경 쓰는 일이 많아지고 구설수가 따른다.

또한, 욕실에 인형을 두는 것은 좋지 않다. 사람을 연상시키는 조각품이나 소품 등도 좋지 않으며, 인물화나 인형 등이 그려진 포스터 등도 흉하다.

그림을 걸 때 문의 오른쪽에 걸면 재물 운(運)이 좋아진다.

그러나 달력을 거는 것은 스케줄 관리에 차질이 생기거나 관리 소홀로 실수를 할 수 있다.

신문이나 잡지를 두는 것도 좋은 방법은 아니다.

변기는 사람의 생리작용으로 생기는 노폐물을 받는 기구이다.

청결하다고 볼 수 없으며, 특히 뚜껑이 열려 있으면 변기를 통해 나오는 음(陰)의 기운(氣運)이 욕실 전체로 오염될 수 있으므로, 사용 후에는 변기 뚜껑을 닫아 두도록 한다. 또한 변기에 이물질이 장시간 고여 있지 않도록 주기적으로 청소를 하여야 한다.

**❛ 변기 뚜껑은 항상 닫아 두어야
운(運) 작용과 건강에 도움을 준다 ❜**

거울은 물, 습기 등으로 인한 물때가 끼지 않도록 자주 닦아 주는 게 좋다.
문을 닫고 더운물로 샤워나 목욕을 할 때, 거울에 습기가 뿌옇게 끼곤 하는데 거울을 습기 방지 거울로 설치한다면 運(운) 상승에 도움을 준다.

 **운(運)을 부르는 욕실은**

생활 풍수 인테리어가 사람이 생활하는 환경 속으로 깊숙이 파고들어 오는 시점에 욕실 또한 그 한 부분에 불과 할지 모른다고 할지라도 인테리어를 어떻게 활용하는 가에 따라 행운과 재물, 건강 및 애정(愛情) 운(運)에 영향을 미치는 장소이다.

① 욕실은 습하고 눅눅한 느낌을 줄 경우가 있으며, 특히 곰팡이나 다른 세균들이 서식할 수 있는 장소이기에 샤워나 목욕을 한 후에는 환풍기를 가동하여 환기에 신경을 써야 한다.

② 욕실은 수(水)의 운기가 많은 장소이기에 꽃을 한 두송이 놓아두는 것이 좋다. 꽃은 수의 기운을 흡수하는 역할을 한다.
영화나 연속극에서 가끔 욕조에 꽃을 뿌려 목욕하는 것이 겉으로는 보기 좋고 미용에도 좋을지 몰라도 풍수 인테리어 기법으로는 수(水)의 기운(氣運)을 흡수하여 운(運)을 상승시키는 효과가 있으며 재물, 건강, 애정운이 따라온다.

③ 비누통은 욕조 근처에는 될 수 있는 대로 화(火)의 기운(氣運)을 띠는 플라스틱 제품을 쓰지 말며 도자기나 유리 제품 등이 좋다.

④ 욕실은 위치나 구조에 관계없이 문은 항상 닫아 두고 공간이 허용한다면 난 종류의 화분을 놓거나 꽃 그림을 걸어두고 밝고 깨끗하게 유지해야 나쁜 기운(氣運)을 차단한다. 또한 침대는 헤드 방향이 욕실 입구와 같은 방향에 놓지 않아야 운(運)이 상승한다.

## (8) 주방 풍수

❛ 전자레인지와 냉장고는 상충
주방이 좁더라도 멀리 떨어지게 ❜

생활 풍수 인테리어란 바람과 물을 다스림으로써 길한 기운(氣運)을 얻고 흉한 기운(氣運)을 피하는 길흉화복(吉凶禍福)을 돕는 학문이다.

주택에서는 부엌(주방), 아파트에서는 주방으로 부르고 있다. 주방과 부엌의 차이점은 일반 주택의 부엌은 음식 조리가 위주이며, 현대식 주택이나 아파트에서는 주방에서 음식 조리와 식사를 같이 하는 경우를 주방이라 한다.

아파트나 현대식 주택 주방은 거실과 같이 가족이 공동으로 사용하는 공간으로 사용하기 편한 위치에 배치되어야 하며, 주방에서 음식을 만들어 가족과 함께 대화하며 음식을 즐겁게 먹어야 금전 운을 상승한다.

일반 음식점에서는 주방은 요리하는 장소로 보고 있으나, 가정에서 재물 운(運)을 상승시키려면 부엌과 주방에 심혈을 기울여서 풍수 인테리어를 하여야 한다.

식탁에 천을 까는것은 운(運) 상승에 도움을 준다.

주방 생활 풍수 인테리어 기본은 실내는 밝고 신선한 기운(氣運)을 돌게 함으로서 행운과 건강을 부른다.

먼저 가스레인지나 전기레인지 주위가 지저분하지 않게 하여야 하며, 조미료 통은 플라스틱 제품 보다는 유리나 도자기 용기에 보관하는 것이 좋다.

기름 종류는 전자레인지 밑에 보관하고, 쌀통은 목재나 도자기 통을 사용하면, 운(運)을 상승시키는 데 도움이 된다.

주방 생활 풍수 인테리어 기법으로 식탁의 소재로는 일반적으로 나무(원목), 대리석, 유리, 플라스틱, 등이 있으나 생활 풍수 인테리어로 운(運)을 상승시키는 재료는 원목이 좋으며, 유리나 기타 제품일 때는 밝은색의 식탁보나 천을 까는 것이 좋다.

식탁의 형태로는 사각이나 타원형이 좋으며, 식탁을 놓는 위치로는 가능하면 동쪽이나 창가, 앞이 트인 곳에 두고, 좌석 배치는 연장자가 서쪽이나 북쪽에 앉고, 자녀 및 나이가 적은 사람은 동쪽에 앉도록 한다.

### ❝ 가스레인지 주위가 지저분하지 않게
### 조미료 통은 유리나 도자기 제품으로 ❞

생활 풍수 인테리어 기법으로 좌석 배치가 적절치 못하면, 가족 구성원들의 위계질서가 무너져 사소한 일로 가정에 불화가 일어날 경우도 있다.

또한, 주방 구조 및 크기에 따라 식탁을 벽에 붙여두는 경우가 있는데 이런 경우에는 운을 막는 역할을 한다.

식탁의 의자는 팔걸이가 있는 의자는 연장자로, 젊은 사람이나 자녀들은 팔걸이가 없는 것으로 하여도 무방하다.

식탁의 색상은 밝은 계통이나 나무색, 베이지, 그린 등이 무난하다.

전자 제품은 목(木)의 운기(運氣)를 가지고 있기에 가능하면, 동쪽에 배치하는 것이 좋으나, 주방의 구조상 동쪽에 둘 수 없거나, 흑색 계통의 전자 제품이 있다면 주방에 관엽식물을 두면 운(運)을 상승시키는 데 도움이 된다.

가스레인지나 전기레인지는 냉장고와 상극(相剋)으로 멀리 두는 게 좋다. 풍수인테리어 기법으로 물(水)과 불(火)은 상극의 관계로 가까운 곳에 배치하는 것은 좋지 않아서 서로 멀리 떨어지게 설치하거나, 나무를 사이에 두어 보완하는 방법을 활용하기도 한다.

냉장고와 전자레인지를 가까이 두면 냉기와 화기가 충돌하여 불필요한 지출이 생길 수 있다.

공간이나 구조가 가능하다면 냉장고는 동쪽에 전자레인지는 북쪽에 설치하는 것이 좋으며, 부득이하게 같은 방향으로 설치하여야 한다면 냉장고와 전자레인지 사이에 관엽식물을 놓아두면 흉(凶)이 길(吉)로 바꿔 주는 역할을 한다.

생활 풍수 인테리어 기법으로 주방에 무분별하게 칼이나 가위 등을 내놓은 상태로 두면, 부부 불화를 유발하고, 가정에 금전적인 고통을 받을 수 있다.

재물 운을 높이려면 주방 인테리어 원리에 맞아야 한다.

주방의 창은 작게 하는 것이 좋으며, 창가에 작은 화분을 두면 재물 운(運)을 높일 수 있는 생활 풍수 인테리어 기법이다.

식탁 위 조명은 밝을수록 좋으며, 전반적인 주방 인테리어 색상은 밝고 따뜻한 색으로 꾸미고 밝고 화사한 그림이나 가구로, 주방 생활 풍수 인테리어를 하면 가정에 화목과 금전 운(運)이 상승한다.

금전 운(運)에 많은 영향을 받는 주방은 가능하면 흰색이나 밝은색으로 인테리어를 한다.

생활 풍수 인테리어 원리로 흰색은 오행(五行)으로 금(金)이고, 방위로는 서쪽이다.

순수함과 청결을 의미하고 깨끗함을 뜻한다.

또한, 싱크대는 은은함이 느껴지는 색상도 좋다. 나무색이나 연한 핑크, 연한 그린 등을 사용하여도 된다.

싱크대의 개수대 및 그릇장 앞에 놓는 매트의 경우에는 황색 계열이나 그린 컬러를 사용하면 남편의 출세나 성공을 도와주고 금전 운(運)이 상승한다.

꽃이나 과일, 풍경의 그림이 좋으며, 높이는 사람의 눈높이 정도가 좋다.

혹, 종교 물에 관련된 종교성 물품을 놓거나 부착할 경우, 원숭이띠생. 쥐띠생. 용띠생은 동쪽 방향이 좋으며, 돼지띠생. 토끼띠생. 양띠생은 남쪽 방향이 좋고, 범띠생. 말띠생. 개띠생은 서쪽 방향, 뱀띠생. 닭띠생. 소띠생은 북쪽 방향에 놓거나 걸어 두어야 가정에 행운과 재물 운(運)에 도움이 된다.

식기는 가능하면 흰색 도기 제품이 청결을 나타내므로 무난하다.

금속으로 된 수저나 포크 등을 제대로 정돈해 두지 않으면, 가족 간의 불화가 생기기 쉬우며, 식탁에 약을 두는 것도 좋지 않다. 약 먹을 일이 자주 생기기 때문이다.

또한 일부 가정에서는 주방에 지갑을 두는 경우가 있는데 이런 경우 지출이 늘고 금전 운(運)이 나빠진다.

> ❝ 칼이나 가위 등을 사용하지 않을 경우
> 내놓은 상태로 두면, 부부 불화 유발
> 소형 칼은 칼집에 넣어두어 보관 ❞

설거지한 그릇은 엎어두지 않는 게 좋다.

그릇은 음식도 담지만, 주방으로 들어온 좋은 기운(氣運)도 담기 때문에 설거지가 끝나면 곧바로 물기를 닦아 바로 놓아두도록 한다.

간혹 먼지가 쌓인다고 그릇을 행주로 덮어두기도 하는데, 이 같은 경우 좋은 운(運)을 덮어버리는 역할을 한다.

식탁 위나 주방에 꽃이나 식물, 풍경화 등으로 인테리어를 하면 강한 재물 운(運)을 불러오며, 꽃은 운기(運氣)를 좋게 하는 효과가 있다.

유리컵이나 도자기로 된 꽃병에 꽂아두면 더욱 좋다.

주방 생활 풍수 인테리어 기법으로 주방의 형태는 ―일자형보다 ㄱ자형이 좋다. ㄱ자형은 운기(運氣)를 불러일으켜 인간관계가 좋아지는 것 뿐만 아니라, 가족의 화목 및 건강과 재물 운에도 도움이 된다.

싱크대의 위치는 주방 생활 풍수 인테리어에서 가장 중요시 하는 부분으로 물(水)과 불(火)의 기운(氣運)이 정면으로 마주 보지 않도록 하여야 한다.
수도꼭지가 있는 싱크대와 가스레인지가 정면으로 마주 보게 되면, 부부 사이에 다툼과 사소한 일로 불화가 자주 생겨 정신 건강에도 나쁜 영향을 준다.

하수도 위에 화기가 있는 가스레인지나 전기레인지 오븐 등을 두면 가정에 지출이 심하는 경우도 있다.
즉, 가스레인지나 전기레인지가 개수대나 수도꼭지 등과 일렬로 붙어 있거나 서로 마주 보는 구조를 피해야 한다.
보통 ㄱ자 형태의 싱크대가 개수대와 연소기구가 마주 보는 구조를 피할 수 있다.
ㄱ자 형태의 싱크대는 주부의 동선을 고려했을 때 가장 편리한 형태기도 한다.

주방에서 음식을 만들면서 음악을 들을 때는 음악 관련 전자 제품을 등 뒤에 두는 것이 운(運) 상승에 도움이 되며, 시계는 주방에 꼭 필요한 아이템이다.

전자레인지와 냉장고는 가까이 두지 않아야 운이 상승한다.

주방 생활 풍수 인테리어 기법으로 안방이나 침실과 주방이 접해 있거나, 현관에서 주방이 마주 보이는 위치에 있는 것은 좋지 않다.

이런 경우 공간이 허용한다면 너무 지나치지 않은 범위 내에서 나무 화분이나 관엽식물을 흰색(밝은색) 도자기로 된 화분을 놓아두면 운(運)이 상승한다.

운(運)을 부르는 주방 생활 풍수 인테리어로 주방의 방향에 따라 주의해야 할 부분도 있다.

동쪽 방향의 주방은 주부(여성)는 건강하고 활동적인 부분이 많으며, 대인 관계에서도 원만하다.

동쪽 주방의 창문은 아침 햇살을 받아들일 수 있어 크면 클수록 좋으며, 창문 옆에 관엽식물을 함께 두면 좋은 운(運)을 상승한다.

남쪽의 주방은 채광이 좋으며, 가족 구성원 중에서 사업가나 상업을 하는 경우 판단력이 좋은 방위로 획기적인 사업 구상과 왕성한 추진력을 발휘할 수 있다.

단, 투기성이 있는 분야는 가능한 피하는 것이 좋다.

또한, 남쪽에 주방이 위치한 경우는 가족 구성원들이 마음이 밝아지고 가정에서나 사회생활에서 항상 웃는 표정이 많으며, 깨끗하고 화려한 것을 좋아하고 활동적인 성격을 지닌 경우가 많다.

**' 종교 물에 관한 용품은 사람에 따라
놓는 위치가 약간씩 다르게 작용 '**

남쪽 주방의 경우 인테리어 색상으로 타일이나 벽지는 너무 화려하지 않은 무늬나 원색으로 인테리어를 권한다.

주방의 위치도 남쪽이고 거실도 남쪽에 위치하고 있으면 이상적인 방위는 되지만 식탁은 햇빛을 적당히 차단하여 주는 것도 생활 풍수 인테리어 기법이다.

남쪽의 창문에는 베이지나 실버, 흰색 등의 단색 커튼이나 블라인드를 설치하는 것이 운(運) 상승에 도움을 준다.

남쪽의 주방 바닥은 마루판보다는 그린이나 베이지색 계열의 합성수지 바닥재가 좋으며, 천장은 옅은 그린이나 흰색(밝은색)으로 인테리어를 하면 운(運)이 상승한다.

주방은 가족의 원만한 대인 관계와 금전 운(運)과 더불어 가족의 건강에 많은 영향을 받는 공간이다.

또한, 주방은 가족들의 식사와 음식을 만드는 장소이며, 물(水), 불(火), 칼 등 대조적인 기운(氣運)이 공존하는 공간인 만큼, 풍수 인테리어에 맞게 인테리어를 하면 운(運)이 상승한다.

주방은 음(陰)의 기운(氣運)이 강한 곳이라서 양(陽)의 기운을 불러 음양(陰陽)의 조화를 맞추어야 운이 상승한다.

어둡고 침침한 주방은 흉해 보이며, 밝은 분위기의 주방은 가족의 건강 운(運)과 재물 운(運)을 상승시켜준다.

주방 생활 풍수 인테리어에서 가장 중요한 것은 불필요한 물건이나 사용하지 않는 물건은 정리하여야 한다.

사용하지 않는 물건이 주방에 많이 있으면 좋은 기(氣)를 차단하기 때문에 정리하는 것이 좋으며, 꽃이나 식물은 자연의 좋은 기운을 주므로 주방에 놓아두면 기(氣)가 상승한다.

주방이 어지럽거나 정리가 되어있지 않으면, 가족의 건강 문제가 생기거나 금전 운이 상승하지 않으므로, 항상 깨끗하게 정리 정돈하여야 한다.

식기는 많이 끄집어 내놓지 말고, 그때그때 사용한 식기는 설거지한 후 바로 물기를 닦아 엎어두지 않아야 한다.

주방 생활 풍수 인테리어로 구조상 가능하면 햇볕과 통풍이 잘되어야 식기, 도마, 칼 등이 자연 살균 및 건조가 용이하며, 운(運)이 상승한다.

" 행주 등 깨끗해야 부부가 원만
  과일·풍경 담은 그림이 좋아 "

식탁 위에 있는 조명을 밝을수록 좋다. 일부 가정에서는 은은한 분위기를 연출하기 위해 어두운 조명을 인테리어 하는 경우가 있는데 이는 좋지 않다. 되도록 밝은 백열등이나 샹들리에를 설치하여 주방 전체를 밝게 하여야 가정에 건강 운(運)이나 재물(財物) 운(運)이 상승한다.

가스레인지나 전기레인지는 모서리나 귀퉁이에 설치하지 않아야 하며, 쌀통은 공간이 허용한다면 가능한 주방의 동쪽에 둔다.

식탁 위에 있는 조명을 밝을수록 좋다.

주방을 생활 풍수 인테리어 기법에 맞게 인테리어를 하면, 좋은 기(氣)가 상승하여 가정이 화목하고 가족의 건강에도 도움을 주어 재물도 모이게 된다.

주방(부엌)은 밥을 짓고 반찬을 조리하는 장소로, 전통 가옥의 경우 주방(부엌)은 보편적으로 안방 벽에 연결되어, 남쪽으로 위치하여 있으며, 무쇠솥이 적게는 2개 많게는 5개까지 놓인 형태였으나, 사용하기 편한 현대식 주거 문화로 바뀌면서 내부도 입식 싱크대와 개수대를 설치하여 사용하기 편리한 방향으로 바꾸어 부엌에서 주방으로 부르고 있다.

꽃은 운을 상승시키는 생활 풍수 인테리어 방법이다.

요즈음은 거실을 겸한 주방 즉, 리빙키친(livingKitchen)이라는 새로운 주방 공간이 생기고도 있다. 주방은 금전(金錢) 운(運)에 많은 영향을 받는 장소로 항상 청결하게 관리하고, 살균 소독 등으로 깨끗하게 하여야 한다.

> **주방은 금전 운(運)에 많은 영향을
> 받는 장소로 항상 청결하게 관리**

싱크대 주변의 물때나, 더러운 얼룩들은 금전 운을 상승시키는 데 나쁜 영향을 준다. 주방에 커튼을 설치 시에는 얇은 커튼이나 발란스, 블라인드 같은 것이 좋다.

색상은 밝은색 계통이 좋으며, 두꺼운 소재의 커튼은 피해야 한다.

생활 풍수 인테리어는 어떤 장소나 공간에 생활 풍수 인테리어 기본 원리에 맞게 인테리어를 하여야 운(運)이 상승한다.

주방은 가족의 건강(健康)뿐만 아니라 금전(金錢) 운(運)에 좋고, 나쁨의 영향을 많이 받는 장소로 풍수 인테리어 맞게 인테리어를 하여야 나쁜 기운(氣運)을 몰아낼 수 있다.

주방은 사람이 살아가는데 필요한 생명의 수단인 음식을 조리하는 장소로 물(水)과 불(火)을 많이 사용하는 곳이다.

주방의 관리나 인테리어 및 음식 조리에 따라 가족의 건강이 좌우되며, 또한 위치에 따라 운기(運氣)가 좌우되고 재물(財物)의 영향을 받는다.

주방을 새로 인테리어를 한다면, 찬장은 식기에 태양의 기운(氣運)이 닿을 수 있도록 찬장 문이 열리는 방향이 동쪽이나 남쪽이 되도록 배치한다.

찬장은 식기에 운(運)을 저장한다는 의미에서 튼튼하고 약간 고급스럽게 인테리어를 하는 것도 필요하다.

식기는 건조대에 넣어둔 채 두지 말고 수시고 제자리에 정리하는 것이 길하다.

식기에는 소금이나 설탕, 과일, 식품 등과 함께 두지 않아야 하며, 찬장 문을 열었을 때 불이 켜지게 인테리어를 하면 운(運)이 상승한다.

생활 풍수 인테리어의 기본은 통풍이 잘되고 좋은 기운(氣運)을 돌게 하여, 나쁜 기운(氣運)이 머물지 못하도록 늘 청결하고 밝고 화사한 분위기로 만들어 가족의 건강과 행운을 북돋아 주는데 의미와 목적이 있다.

주방은 일반적으로 음식 조리와 식사를 하는 장소로 너무 단조롭다면, 인테리어는 아름답게 꾸미는 것도 중요하지만, 나무로 된 액자에 꽃 그림이나 과일 그림 자연풍경의 그림이나 사진을 걸어 두면 운(運)이 상승한다.

> **식기는 식기 건조대에 넣어둔 채 두지 않아야 한다.**
> **주방 바닥이 차가우면 재물 운에 도움을 주지 않는다.**

대부분 가정의 주방에 사용하는 타올은 흰색을 많이 사용하고 있으나 풍수 인테리어 원리로는 황색의 타올이 금전(金錢) 운(運)을 상승시키는데 도움이 된다.

주방 바닥이 차가우면 재물 기운과 건강(健康) 운(運)이 저하하므로 매트를 놓아두고, 색상은 주방 타올과 같은 황색 계통이나 따뜻한 소재가 운(運) 작용에 도움을 준다.

주방 생활 풍수 인테리어 기법으로 불(火)은 금전 운(運)을 불러오는 성질을 가졌지만 화기(火氣) 가까이 지갑을 놓아두면 금전 운(運)이 쇠퇴한다. 나무는 풍수적으로 좋은 기(氣)를 가지고 있으며, 주방에 원목 제품으로 인테리어를 하면 기(氣)가 상승한다.

즉, 원목의 재료로 싱크대 및 식탁, 그릇장 등으로 주방 인테리어를 하면 대인관계에 있어 좋은 기운(氣運)이 상승한다.

> **꽃은 운기(運氣)를 좋게 하는 효과가 있으며**
> **가정에 계획에 없던 지출이 많이 발생하면 활용**

주방의 색상은 한 가지 톤을 정해서 포인트를 주는 기법으로 인테리어를 하면, 재산 증식에 운(運)을 상승시킨다.

꽃은 운기(運氣)를 좋게 하는 효과가 있다.

주방에 스테인레스 제품은 항상 깨끗하게 닦아 놓고, 가스레인지 주위에 더러운 이물질은 즉시 청소하고, 냉장고 문이나 옆에 메모지나 광고지 등은 붙이지 않아야 운(運)이 상승한다.

식기는 가능하면 흰색 도기 그릇을 선택하여, 좋은 기운(氣運)을 원만하게 수용할 수 있도록 하여야 한다.

운(運)을 부르는 주방 생활 풍수 인테리어로 생활 속에서 쉽게 할 수 있는 방법으로. 식탁 및 싱크대 위에는 사용하지 않는 물건을 두지 않아야 한다. 음식을 만드는 싱크대 및 식탁이 정리 정돈이 잘 되어있지 않으면 가족의 건강에 나쁜 영향을 받는다.

일반 가정에 주부나 가족 중에 충동구매를 자주하고, 남에게 돈을 자주 빌리는 가정을 보면 가스레인지나 전기레인지 주변에 기름때가 끈적이며, 지저분한 그릇을 그대로 방치하는 경우가 많다.

가정에 유리 제품은 낭비를 의미한다. 돈을 모으고 싶다면 유리컵이나 유리그릇 등을 그릇장 안에 놓아두거나 엎어 놓아야 운(運)이 상승한다.

단, 유리 제품이 아닌 그릇은 운(運)을 담아내는 효과가 있기 때문에 위를 향하도록 해놓아야 한다.

그릇 장 안의 그릇 밑에 초록색 계열의 매트를 깔아 놓으면 가정에 수입 운(運)을 상승시킨다.

초록색 계열은 안정과 운(運)을 높이는 힘을 가지고 있기 때문에 초록 계열의 색상 매트를 식기 주변에 놓아두는 것만으로 좋은 기운(氣運)을 발생시킨다.

건강과 재물 운(運)에 좋고 나쁨의 많은 영향이 작용하는 주방에는 소형 칼은 칼집에 넣어두어 보관하여야 운(運)이 상승하며, 조미료통이 널려있다면, 작은 바구니나 선반에 넣어 보이지 않게 보관하여야 운(運)이 상승한다.

또한 요리용 술이나 간장 및 액체 조미료는 물(水)의 기운(氣運)을 가지고 있으므로 선반 안에 보관한다.

벽에 후라이팬, 국자 및 주방 용품을 걸어 두지 말고 보이지 않는 장소에 보관하여 필요할 때만 꺼내 쓰는 것이 운(運) 상승에 도움을 준다.

일부 가정에서 식탁 위에 유리를 얹어 놓아두는 경우도 있는데, 유리를 얹어놓으면 가족 구성원이 불화가 자주 일어나는 경우도 있다.

생활 풍수 인테리어 기법으로 노란색이나 초록색 식탁보를 활용하면 가족 구성원의 관계가 원만하며, 금전 운(運)도 상승한다.

식탁의 의자 숫자는 가족 구성원의 숫자대로 놓아두어야 가정이 화목하고 운(運)도 상승한다.

냉장고 위에 공간이 있다면 붉은색 또는 주황색 등으로 인테리어를 하면 운(運)이 상승한다.

가정에 계획에 없던 지출이 많이 발생하면, 조미료 통을 흰색(밝은 색) 도자기로 바꾸어 놓으면 지출을 줄일 수 있다.

냉장고 안팎을 항상 깨끗하게 하여야 기(氣)의 순환이 원활해져 건강 및 재물 운이 상승한다.

금속으로 된 숟가락이나 젓가락 및 포크 등은 가능하면 사용하지 않을 때는 보이지 않게 보관하여야 운(運) 상승에 도움을 준다.

주방은 불(火)의 기운(氣運)이 강한 가스대와 물(水)의 기운(氣運)을 가지고 있는 싱크대가 공존하고 있으며, 음양(陰陽)의 조화가 깨어지기 쉬우므로 음양의 조화를 맞추는 풍수 인테리어가 필요하다.

플라스틱 소재의 제품은 사용하지 않을 시 밖으로 내놓지 말고 수납장 안에 넣어 놓는 것이 좋다.

주방 바닥이 차가우면 매트를 깔고, 쓰레기통은 쓰레기에서 발생하는 음(陰)의 기운(氣運)을 차단하기 위해 반드시 뚜껑이 있는 것을 사용한다.

주방이 어두우면 금전 운(運)에 나쁜 영향을 받게 되므로, 밝은 계통의 인테리어와 조명을 밝게 설치한다.

주방의 소품은 사용 가능한 소품을 놓아두는 것이 좋으며, 문이 없는 식기 선반에는 식기를 반드시 엎어 놓는다.

주방에서 수(水)의 기운(氣運)을 많이 받는 싱크대 아래쪽은 수(水)의 기(氣)와 상생(相生) 하는 금속 냄비나 조리 기구를 수납하는 것이 좋으며, 포크와 수저를 함께 놓아두면 금전(金錢) 운(運)이 저하되므로 나누어 보관하는 것이 좋다.

> **주방에는 나쁜 기운(氣運)이 머물지 못하도록 청결하여야 하며, 밝고 화사한 분위기로 만든다.**

> **도자기 종류의 식기는 바로 하여 놓아두고, 유리그릇은 따로 수납하고 유리컵은 엎어놓는다.**

가족의 건강과 재물을 부르는 주방 풍수인테리어 기법을 정리하면 아래와 같다.

① 주방에 큰 창이 있으면 작은 화분을 놓아두면 재물 운(運)이 상승한다.
② 주방은 밝아야 하며, 가스레인지나 전기레인지 깨끗하게 관리한다.
③ 냉장고와 까스렌지나 전자레인지는 가까이 두지 않아야 한다.
④ 주방이 지저분하거나 더러워진 슬리퍼가 있으면 금전 운(運)을 저하한다.
⑤ 식칼이나 날카롭고 뾰족한 조리도구는 보이지 않는 곳에 보관한다.
⑥ 식탁의 자리 배치를 올바르게 하고, 식탁 위에는 약을 두지 않는다.
⑦ 쌀통 위치는 가능하면 동쪽에 두어야 생기(生氣)를 많이 받는다.

▲ 쌀통의 위치는 가능하면 동쪽에 두면 운(運) 상승에 도움을 준다.

⑧ 식기와 조미료, 설탕, 소금 등은 별도로 보관하는 것이 좋다.
⑨ 이(파손)가 나간 식기를 놓아두면 성공 운(運)을 방해한다.
⑩ 도자기 종류의 식기는 엎어두면 복이 들어오는 것을 막는다.
⑪ 도자기와 유리그릇은 따로 수납하고 유리컵은 엎어놓는다.
⑫ 나무 소재가 아닌 식탁은 식탁보(천)를 깐다.
⑬ 붉은 계열의 과일 그림이나 사진은 의욕과 식욕을 증진 시킨다.

## ■ 주방의 중요성

1. 풍수지리는 양택(陽宅)과 음택(陰宅)으로 나누어진다.
2. 주택의 3요소는 대문, 안방, 부엌을 말한다.
3. 아파트에서는 앞 발코니, 안방, 주방을 아파트 3요소라 한다.
4. 풍수지리에서는 물(水)을 재물(財物)로 본다.

즉, 주방에는 물(水)과 불(火)을 많이 사용하므로 재물(財物) 운(運)에 많은 영향을 받는 장소이다.

주택이나 아파트에서 주방이나 부엌에 가족에게 활력의 근원이 되는 음식을 만드는 공간으로 대부분 가정에서는 주부가 항상 머무는 곳이라는 점에서 중요하게 여긴다.

## (9) 공부방 풍수

' 책상 위 필요 없는 소품 두면
정신 집중 안 되고 공부 방해 '

부모라면 자녀가 모두 열심히 공부하길 바란다. 그러나 모든 학생이 다 공부를 잘할 수는 없다. 타고난 성격이나 소질이 다르고 목표가 다르기 때문이다.

학생이 책상에 앉기 싫어하고 공부에 취미가 없다면 책상 배치를 옮겨, 공부할 수 있는 여건을 만들어 줄 수 있다.

이것이 운(運)을 부르는 생활 풍수 인테리어 기법이고 운(運)을 높이는 방법이다.

학생의 경우 책상 위에는 필요 없는 물건은
두지 않아야 성적이 향상된다.

책상은 밝은 톤의 나무 제품이 좋다. 책상 위에 필요 없는 소품을 올려놓으면 정신 집중이 안 되고 공부에 방해된다.

또한 의자는 성장에 따라 높낮이를 조절할 수 있고 편안한 색상이 좋다. 적색 계통의 색상은 피한다.

‘ 의자는 적색 계통 색상 피해야
  책상은 출입문 쪽 향하면 좋아 ’

방의 출입문에서 보았을 때 출입문 쪽으로 등지고 앉는 책상 배치는 좋지 않다. 책상이 출입문과 정면으로 마주 보는 것도 피하고 문 쪽을 향하는 것이 좋다.

■ 띠별로 책상 놓는 위치는

▶ 원숭이, 쥐, 용띠는 남서
▶ 돼지, 토끼, 양띠는 북서
▶ 범, 말, 개띠는 북동
▶ 뱀, 닭, 소띠는 남동 방향을 권한다.

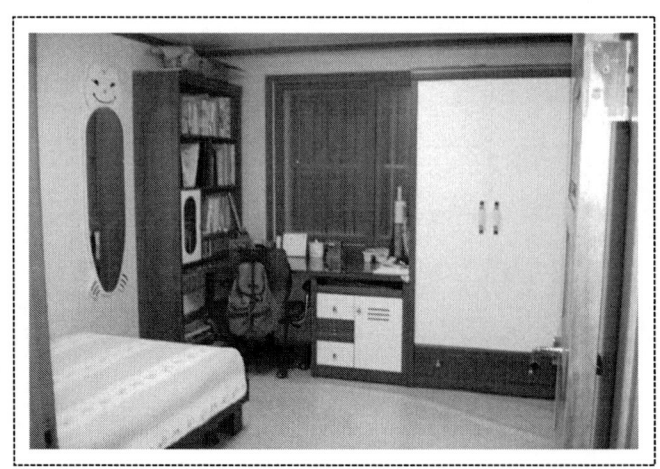

책상 놓는 위치에 따라서 운 작용이 매우 다르다.

조명은 전체 조명과 부분 조명을 함께 사용하는 것이 효과적이다.

책상 등의 위치는 오른손잡이는 책상의 왼쪽 앞, 왼손잡이는 오른쪽 앞에 놓고 높이는 40㎝ 정도가 적당하다.

그래야 눈의 피로를 덜어주고 그림자가 생기지 않는다.

공부방은 동쪽에 있거나 동쪽에 창이 있으면 좋다.

창이 없다면 동쪽에 적색 계통 소품이나 물건을 두면 운(運)을 좋게 할 수 있다. 단, 부득이하게 서쪽에 방이 있다면 서쪽 창문에 붉은색 계통의 커튼을 하는 것이 좋다.

공부방은 통풍이 잘돼야 한다.

사람이 없으면 기(氣)의 흐름이 정지되기 때문에 문을 열어둬 나쁜 기운(氣運)이 빠져나가고 좋은 기운(氣運)을 받아들이도록 한다.

침대 머리 방향은 일반적으로 동쪽이나 창가 쪽이 좋다.

만약 서쪽에 침대를 둬 자녀가 정신 집중이 안 되고 너무 소극적이거나 산만하다면 바꿔 줄 필요가 있다.

### ❛ 침대 머리 방향은 동쪽·창가 쪽
### 벽지는 밝은 계통·녹색 계통으로 ❜

창문이 너무 크면 커튼을 이용해 약간 가려 둔다.

커튼은 빛이 통과할 수 있는 옅은 베이지, 흰색, 핑크 등으로 한다.

그림이 들어간 것보다 단색의 은은한 것이 좋다. 침대 커버와 조화를 이루는 색상을 고르면 음양(陰陽)의 조화가 이뤄져 좋다.

벽지를 밝은 계통이나 녹색 계통 색상으로 하면 스트레스 해소, 집중력 강화, 신경과 근육의 긴장 완화에 도움이 된다.

책상에 앉았을 때 정면으로 게임기나 컴퓨터가 보이면 정신 집중이 안 되며, 또한 전자 제품은 목(木)의 운기가 있으므로 방안의 동쪽이나 동남쪽에 두고 책상과 분리한다.

관엽식물은 나쁜 기운(氣運)을 몰아내고 좋은 기운(氣運)을 불러들이는 아이템이므로 컴퓨터나 게임기 옆에 대나무 종류를 놓아두면 좋다.

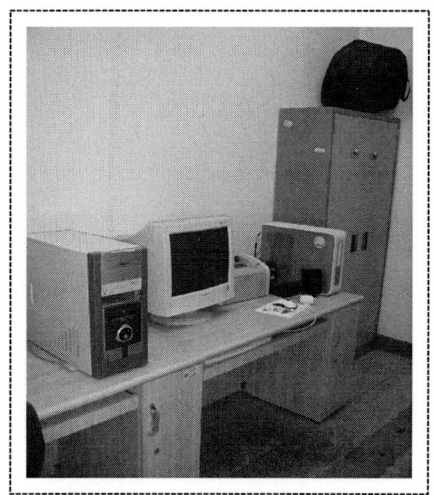

컴퓨터는 학생인 경우 공부하는 책상과 분리시켜야 성적이 향상된다.

※ 학생 성적 향상을 위한 생활 풍수 인테리어 기법
① 인내심이 부족한 학생은 돌이나 바위 그림이 좋다.
② 용기가 부족한 학생은 숲이나 나무 그림이 좋다.
③ 너무 활동적인 학생은 흰색이나 밝은 그림이 좋다.
④ 성격이 급한 학생은 물과 관련된 그림으로 인테리어 소품으로 활용하면 기(氣)가 상승하여 성적 향상에 도움이 된다.

※ 띠별로 학생의 좋은 생활 풍수 인테리어 소품은
① 원숭이, 쥐, 용띠는 어항이나 소형 수족관 등 물과 관련된 것
② 돼지, 토끼, 양띠는 목재로 된 소품이나 분재
③ 범, 말, 개띠는 양초나 조화
④ 뱀, 닭, 소띠는 쇠로 만든 장식품 등이다.

생활 풍수 인테리어 기법은 좋고 값비싼 것을 요구하는 것이 아니라 주어진 환경에서 나에게 맞는 물건이나 소품 등을 적절한 장소에 비치하거나 소지하여 운(運)을 상승시키는 것을 주된 목적으로 삼는다.

우리나라에서도 최고의 학문을 연구하는 대학과 대학원에서 풍수지리 관련 학과들이 개설되어 있으며, 대학의 부동산 관련 학과와 건축 관련 학과, 철학 관련 학과에도 풍수지리(風水地理), 음양오행(陰陽五行), 풍수(風水) 인테리어 관련 과목이 전공과목으로 개설되어 있는 학교도 있다.

세계의 선진국 및 여러 국가에서 이미 풍수 원리를 접목하여 건축물 신축이나 생활 환경에 풍수 인테리어를 활용하고 있는 것이 현실이다.

> 저자 저 김기범 교수가 회원국으로 있는 IFSA. International Feng Shui Association. 세계 33개국 중국(홍콩), 미국, 독일, 일본, 영국, 프랑스, 오스트레일리아, 루마니아, 폴란드, 인도네시아, 필리핀, 인도, 말레이시아, 베트남, 캐나다, 우크라이나, 브루나이, 터키, 스위스, 크로아티아, 쿠웨이트, 태국, 캄보디아, 노르웨이, 이란, 모리셔스, 카자흐스탄, 이탈리아, 멕시코, 슬로바키아, 노르웨이, 싱가포르, 대한민국 등이다.

## (10) 정원(庭園) 풍수

' 큰 석등·인물 석상은 피하고
연못 물은 고이지 않고 흐르게 '

주택의 경우 연못에 고인 물은 나쁘다.

주택의 외부 공간을 꾸민 정원은 주거 문화를 반영한다. 아쉽게도 요즘 도시 주택에서 제대로 된 정원을 갖기란 쉽지 않다.

정원의 크기는 건물의 크기와 조화를 이뤄야 한다. 정원 면적은 건물 크기의 1.5~2.5배가 적당하다.

주택의 정원은 대문보다는 약간 높게 수평을 이뤄야 한다.
정원의 모양은 정사각형이나 직사각형이 좋으며 사각형의 네 귀퉁이에 수목(樹木)이나 기타 조형물로 연출하여 내부가 원형으로 보이는 구조가 바람직하다.

정원에 돌을 놓을 때는 작고 둥글고 색상이 좋은 돌을 수목(樹木)보다 적은 수로 조금만 놓아야 운(運)이 상승한다.
큰 석등(石燈)이나 인물 석상(石象)은 될 수 있는 피한다.

정원에는 연못이 없는 것이 좋으며 있더라도 물이 고이지 않고 흐르게 하여야 한다.
연못이 있으면 그곳에 고여 있는 물이 정원의 생기(生氣)를 흡수한다. 생기(生氣)를 잃으면 주택에 거주하는 사람들이 건강을 잃을 수 있다.

정원의 나무는 건물의 높이보다 3분 2 이상 높은 것은 심지 말아야 한다. 건물 높이보다 키가 큰 나무는 주택의 기를 누르기 때문이다.

단, 유실수는 예외이며 뒤틀림이 심한 나무도 심지 않는 것이 좋다. 전경은 앞이 탁트이고 밝아야 정신 건강과 육체 건강에 좋다.

정원의 나무는 건물 높이보다 작아야 한다.

정원수는 산소를 배출하고 탄산가스를 흡입해 사람에게 신선한 공기를 공급한다. 그렇지만 밤에는 그 반대로 사람과 마찬가지로 산소를 흡입하고 탄산가스를 배출한다. 나무가 침실 가까이 있는 것이 좋지 않은 이유는 나무가 배출하는 탄산가스가 침실로 들어와 수면 중인 사람에게 나쁜 영향을 주기 때문이다. 너무 큰 나무는 햇빛을 가려 채광에도 지장을 줄 수 있다.

또한 나무에 가려 습하고 음지가 되어 집안을 침울하게 만들 수 있다.

## ❛ 정원수는 향나무·소나무가 적합
## 담장 덩굴은 음기 발산해 안 좋아 ❜

정원수는 활엽수와 상록수인 향나무, 계절마다 꽃이 피는 나무 등으로 조화를 이뤄야 한다.

향나무나 소나무 등이 오염된 공기를 정화하는 기능이 있고, 향을 뿜고 정신을 맑게 해 줌으로 정원수로서 적합하다.

정원수로 피해야 할 품종으로는 연약함을 안겨주는 나무, 가시가 있는 나무나 잎이 너무 억센 나무는 정원수로는 좋지 않다.

담장에 덩굴이 올라가는 것도 좋지 않다.

정원에 정원수는 적당하게 조성하여야 한다.

그 이유는 주택에 달라붙는 덩굴은 양기(陽氣)를 받아야 하는 곳에 습기를 유지해 음기(陰氣)를 발산하기 때문이다.

이와 함께 정원에는 외부 화장실을 만들지 않는 것이 좋다.

정원의 모양은 정사각형이나 직사각형이 좋다.

외부 화장실을 둘 때는 언제나 깨끗한 기운(氣運)이 있어야 하는 정원에 탁한 기운(氣運)이 묻어서 집 안으로 들어오기 때문이다.

정원의 하수구는 서북쪽이나 서남쪽으로 설치하는 것은 좋지 않으므로 이 두 방위는 될 수 있으면 피해야 한다.

정원에 돌은 작고 둥근 돌로 수목보다 적은 수로 놓는다.

주역팔괘(周易八卦)는 건(乾) 서북, 진(震) 동, 감(坎) 북, 간(艮) 동북, 곤(坤) 서남, 손(巽) 동남, 이(離) 남, 태(兌) 서, 이다.

서북쪽은 건(乾) 방위이며 서남쪽은 곤(坤) 방위로 8개 방위 중에서 기(氣)작용이 강한 방위이므로 하수구를 피한다.

담장이나 건물 벽면에 줄기 식물은 좋지 않다.

# 제 2 장

# 사무실 및 점포 풍수

## 1. 좋은 사무실의 조건

❝ 사무실 내부 정·직사각형이 좋아
ㄱ·ㄷ형은 화분으로 기(氣) 부드럽게 ❞

사무실 내부구조는 정사각형이나 직사각형이 좋다.

ㄱ자나 ㄷ자, 또는 △형의 구조는 사무실 구성원의 신경이 지나치게 예민해질 수가 있다. 이럴 때는 모서리 부분에 화분을 놓아 흉한 기운을 부드럽게 만들어 준다.

사무실 자리는 출입문을 중심으로 안쪽에서부터 대표, 중역, 자금담당 등으로 배치한다.

남성 대표는 서북쪽, 여성 대표는 서남쪽에 대표실을 두기를 권한다.

남성 대표는 서북쪽 여성 대표는 서남쪽 대표실이 좋다.

주역팔괘(周易八卦) 이론에 의하면 ▷건(乾) 서북쪽 ▷진(震) 동쪽 ▷감(坎) 북쪽 ▷간(艮) 동북쪽 ▷곤(坤) 서남쪽 ▷손(巽) 동남쪽 ▷이(離) 남쪽 ▷태(兌) 서쪽으로 나뉜다.

건괘는 방위로는 서북쪽, 남성을 뜻하고, 곤괘는 방위로는 서남쪽, 여성을 뜻한다. 또한 서북쪽은 8개 방위 중에서 기(氣)작용이 매우 강하므로 출입문이나 화장실을 피한다. 가능하면 자리 배치는 남성 직원은 서북, 동, 북, 동북쪽으로, 여성 직원은 서남, 동남, 남쪽, 서쪽으로 배치한다. 아울러 사무실 중앙에서 사장, 중역, 자금담당의 자리를 동·동남·남·북쪽에 있으면 좋다. (단, 이 같은 경우 사장실을 서북쪽에 두지 말 것)

' 안쪽부터 대표, 중역 등으로 배치
  남성 대표 서북쪽, 여성 대표 서남쪽
  직원 책상은 서로 얼굴 마주 보게 '

대표자의 책상은 출입문에서 멀고 사무실의 중앙을 바라보도록 배치한다.
대표자의 책상을 배치할 때 막힌 벽을 등지고 앉는 것이 이상적이다.
이는 일의 성과를 높이고 성공 운(運)을 부른다.

■ 띠별로 좋은 책상 배치는(사무실 내부 중심에서 봤을 때)
▸ 원숭이, 쥐, 용띠 남서
▸ 돼지, 토끼, 양띠 북서
▸ 범, 말, 개띠 북동
▸ 뱀, 닭, 소띠 남동 방향이다.

대표자의 책상은 벽을 등지고 앉도록 배치하는 것이 좋다.

직원의 책상 배치는 유리창을 바라보고 벽을 등지고 앉으며 서로 얼굴을 마주 볼 수 있도록 배치한다.

■ 띠별로 좋은 방향의 출입문은(사무실 내부 중심에서 봤을 때)
▶ 원숭이, 쥐, 용띠는 동 및 서남
▶ 돼지, 토끼, 양띠는 남 및 북서
▶ 범, 말, 개띠는 서 및 동북
▶ 뱀, 닭, 소띠는 북 및 남동이다.

직원들의 책상은 서로 얼굴을 마주 볼 수 있도록 배치한다.

■ 띠별로 피해야 할 출입문은(사무실 내부 중심에서 봤을 때)
▶ 원숭이, 쥐, 용띠는 동남이나 서북
▶ 돼지, 토끼, 양띠는 서남 및 동북
▶ 범, 말, 개띠는 서북 및 동남
▶ 뱀, 닭, 소띠는 동북 및 서남이다.

단, 불가피하게 위와 같은 방향을 피할 수 없다 하더라도
▶ 원숭이, 쥐, 용띠는 북쪽
▶ 돼지, 토끼, 양띠는 동쪽
▶ 범, 말, 개띠는 남쪽
▶ 뱀, 닭, 소띠는 서쪽이 막혀 있으면 크게 문제는 없다.

사무기구나 가구 가운데 냉장고 복사기 TV등은 한 곳에 모아 배치하는 것이 안정감을 준다.

소파는 ㄱ자, ㄴ자, ㄷ자 형태로 놓는다.

남쪽이나 동남 방향에 화(火)를 상징하는 스탠드나 조명을 밝혀두면 더욱 활동적이고 정보력이 높아진다.

> **' 전자 제품은 한곳으로
> 소파는 ㄱ자, ㄴ자, ㄷ자 형태로 배치
> 남쪽 동남 방향에 스탠드 놓아두면 좋아 '**

직사각형이나 원주 형의 물체를 동쪽에 배치하면 성공이나 출세의 운(運)을 높여준다.

사무실 건물 뒤는 높고 앞은 낮은 전저후고(前低後高) 지형이 좋다.

건물 뒤에는 산이나 언덕, 앞에는 물이나 도로가 있으며 평탄해야 햇볕이 잘 들고 통풍과 배수가 원활해 밝은 기운을 얻을 수 있기 때문이다.

이와 함께 사무실은 하천이나 도로가 감싸준 안쪽을 선택한다.

좋은 기(氣)는 물이 감싸주는 안쪽에 모이고, 바깥쪽은 기가 흩어진다.

경사가 심한 도로가 있는 곳은 피한다.

경사가 심하면 기(氣)가 모이지 않으므로 재물이 모이지 않는다.

주변에 높은 건물이 있어 응달이 지는 곳은 좋지 않다.

도로가 T자나 Y자 모양으로 된 곳 맞은편에 있는 건물은 피한다.

건물이 위치한 터는 직사각형이나 정사각형으로 반듯한 것이 좋다.

또한 사무실을 구할 때는 사람마다 차이는 나지만 선천 운(運)이 좋지 못한 사람은 출입문은 동북쪽과 남서쪽 피하고 전문가의 조언을 받는 것이 바람직하다.

## 2. 좋은 점포의 조건

' 출입문, 앞이 좁고 뒤가 넓어야
고객들 편안해지고 안정감 느껴 '

점포의 출입문은 전착후관(前窄後寬 : 앞이 좁고 뒤가 넓음)이 좋다.

점포 전면 길이보다는 출입문에서 마주보는 끝 부분의 길이가 훨씬 길다는 점을 알 수 있다.

출입문을 열고 들어가면 출입문 바로 안쪽에
공간이 많고 넓은 것이 좋다.

고객은 이런 점포에 들어서면 마음이 편안해지면서 안정감을 갖게 된다고 한다. 아울러 안쪽이 넓음으로 점포 내부에 기운이 모여 성공하는 요인이 되기도 한다.

또 점포의 중앙에서 출입문을 중심으로 주된 자리가 동·동남·남·북쪽이나 서·서남·서북·동북쪽에 있으면 매출 증가에 도움이 된다.

출입문 방향도 무시할 수 없는 요소이다.

■ 띠별로 좋은 방향의 출입문은(점포 내부 중심에서 봤을 때)
▶ 원숭이, 쥐, 용띠는 동 및 서남
▶ 돼지, 토끼, 양띠는 남 및 북서
▶ 범, 말, 개띠는 서 및 동북
▶ 뱀, 닭, 소띠는 북 및 남동이다.

■ 띠별로 피해야 할 출입문은(점포 내부 중심에서 봤을 때)
▸ 원숭이, 쥐, 용띠는 동남이나 서북
▸ 돼지, 토끼, 양띠는 서남 및 동북
▸ 범, 말, 개띠는 서북 및 동남
▸ 뱀, 닭, 소띠는 동북 및 서남이다.

문이 나야 할 방향과 막혀야 할 방향이 사람마다 차이가 있다.

단, 불가피하게 위와 같은 방향을 피할 수 없다 하더라도
▸ 원숭이, 쥐, 용띠는 북쪽
▸ 돼지, 토끼, 양띠는 동쪽
▸ 범, 말, 개띠는 남쪽
▸ 뱀, 닭, 소띠는 서쪽이 막혀 있으면 크게 문제는 없다.

앞쪽 출입문과 반대 방향에 문이 있으면 기(氣)가 점포 안에 머물지 않고 흘러버릴 수 있다.

이때는 화분이나 인테리어 장식으로 기(氣)를 연결해야 하며, 관상수 화분 어항 등을 사업자의 띠에 맞추면 효과적이다.

특히 관상수는 돼지, 토끼, 양띠에게 더욱 좋다.

수족관이나 어항은 원숭이, 쥐, 용띠에게, 수석은 뱀, 닭, 소띠에게 이롭다.

인테리어 재료들도 운(運)을 부를 수 있다. 우선 거울이나 조명, 장식용 유리구슬 등 빛을 반사하거나 내는 기구를 활용한다. 거울은 고객이 들어오는 정면에는 걸지 않도록 한다.

조명은 부족한 운기(運氣)를 보충하는 도구로 스테인리스강 제품보다 갓이 있는 천이나 한지 제품이 좋다.

장소와 사람에 따라 인테리어 소품은 차이가 있다.

점포 구석진 곳은 항상 희미하게 조명을 밝혀 놓는다.
유화, 묵화, 서예 액자나 사진 등 색상이나 글씨가 있는 장식품도 권장할 만하다.
이와 함께 TV, 컴퓨터, 오디오, 에어컨, 등도 인테리어 소재로 활용할 수 있다.

' 거울, 고객 들어오는 정면 안돼
  조명, 갓 있는 천·한지 제품 좋아
  전자 제품은 서·북서쪽은 피해야 '

텔레비전이나 전자 제품은 양기(陽氣)를 발산하므로 동쪽, 동남, 남서쪽에 두며 서, 북서쪽은 피한다.

텔레비전 주변에 관엽식물을 놓아두기를 권한다. 운(運)을 부르는 인테리어는 기(氣)의 힘을 활용한 환경학으로 사람의 선천(先天) 운(運)에 약간의 차이는 날 수 있다.

## 3. 생활 풍수 인테리어 원리

### (1) 생활 풍수 인테리어 불변의 법칙

① 아버지는 건(乾)방위인 서북쪽, 어머니는 곤(坤)방위인 서남쪽, 장남은 가급적 동쪽이 기(氣)를 상승시키는 좋은 곳이다.
② 장롱은 될 수 있는 대로 안방의 서남쪽에 배치하면 좋다.
③ 잠을 잘 때 남쪽이나 북쪽에서는 북쪽에서 남쪽으로 맞추어 눕는 것이 지기를 많이 받기 때문에 풍수지리 이론상 좋다. 따라서 침대를 배치할 때는 이에 따라야 한다.
④ 방이나 집 밑에 수맥이 흐르면 동판이나 은박지로 수맥을 차단한다.
⑤ 황색은 오행상 중앙에 해당하는 색상이다.
⑥ 대문과 현관이 일직선일 때는 직선은 기를 흘러 보내기 때문에 피하는 것이 좋다.
⑦ 집터에서는 음(陰)이 양(陽)을 지배하기 때문에 나쁘게 판단한다. 따라서 대문이 넝쿨식물이나 나무로 형성되어 있거나, 집안의 정원에 호수나 너무 큰 나무가 있는 경우는 좋지 않다. 이러한 원칙에 합당한 주택이나 사무실, 안방 등에는 손댈 필요가 없지만, 합당하지 않은 주택이나 사무실일 때는 각종 풍수 인테리어 소품을 활용하여 복을 부르는 기법으로 활용하는 것이 바람직하다.

집 안에 너무 큰 나무는 가급적 피하는 것이 좋다.

## 4. 생활 풍수 인테리어 기법

### (1) 운세를 상승시키는 생활 풍수 인테리어 기법

① 집안의 구조가 어느 한쪽 방향이면 기(氣)가 집 안에 머물지 않고 흘러 가버릴 수 있다. 이럴 경우 때는 화분이나 어항 등 집안의 인테리어 장식을 통하여 기를 연결해야 하며, 본인이나 가족들 간에 어떤 소품이 필요한가를 풍수지리 전문가에게 자문을 구하는 것이 좋다.
② 주변 환경과 조화를 이루어야 한다. 방이나 물건을 사용하는 사람과의 조화를 이루어야 하며, 주택과 가족 또는 사무실 구성원들과 동반으로 운세를 상승시켜야 한다.
③ 꺼진 곳을 살려서 기를 상승시켜야 좋다.

### (2) 운세를 상승시키는 5가지 물품

① 빛을 반사하거나 내는 기구 활용 : 거울, 조명, 장식용, 유리구슬 등
② 생명력이 있는 물체 : 관상수, 화분, 꽃, 수족관, 어항 등
③ 중량감 있는 물체 : 돌, 석고, 조각물 등
④ 색상이나 글씨가 있는 물체 : 유화, 묵화, 서예 액자, 사진 등
⑤ 기타 장식이 될 수 있는 기구 : TV, 컴퓨터, 오디오, 에어컨 등

서예 액자의 경우

## 5. 오행의 색상과 생활 풍수

### (1) 오행과 풍수지리

| 오 행 | 목 | 화 | 토 | 금 | 수 |
|---|---|---|---|---|---|
| 색 상 | 청색 | 빨간색 | 노란색 | 흰색 | 검은색 |
| 방 위 | 새쪽(동) | 마쪽(남) | 중앙 | 하늬쪽(서) | 노쪽(북) |
| 계 절 | 봄 | 여름 | 사계 | 가을 | 겨울 |
| 오 장 | 간 | 심장 | 비장 | 폐 | 신장 |
| 오 부 | 담 | 소장 | 위 | 대장 | 방광 |
| 오 관 | 눈 | 혀 | 입/입술 | 코 | 귀 |
| 오 주 | 근육 | 혈맥 | 기육 | 피부 | 뼈/정(精) |
| 오 지 | 손톱 | 얼굴색 | 입술 | 솜털 | 머리털 |
| 오 미 | 신맛 | 쓴맛 | 단맛 | 매운맛 | 짠맛 |
| 오극맛 | 매운맛 | 짠맛 | 신맛 | 쓴맛 | 단맛 |
| 오악기 | 바람(풍) | 더위(열) | 습기 | 건조 | 한랭 |
| 오 상 | 인(仁) | 예(禮) | 신(信) | 의(義) | 지(知) |

### (2) 생활 풍수 원리에 입각한 색상의 힘

#### 1) 흰색

① 오행으로는 금이고, 방위로는 서쪽이다.
② 순수함을 나타내므로 깨끗한 친구, 좋은 친구를 찾고 싶을 때 활용하는 색이다.
③ 회사원이 이 색상의 블라우스를 입고 업무를 보거나 안내를 하면 운세가 상승한다.
④ 영업하는 남녀는 이 색상의 옷을 입고 거래처를 방문하는 일은 삼가해야 한다. 너무 깨끗함은 오히려 무의식중에 부담감을 갖도록 하는 인간의 심리작용이 발동할 수 있기 때문이다.
⑤ 우리 민족에게는 상복의 색상이라는 점도 의식하고 활용해야 한다.

## 2) 회색

가능한 속옷 이외는 사용하지 않는 것이 좋다.

## 3) 베이지색

① 풍수지리학적 측면에서 보면 무엇인가 자신이 없을 때, 도전하고 싶을 때 사용하는 색이다.
② 기획 계통에 일하는 사람이 입으면 무난하다. 하지만 영업부 직원이 이색의 유니폼을 입으면 뭔가 고전하고, 영업이 부진하다는 인상을 줄 수 있다. 따라서 가능한 피해야 할 색상이다.

## 4) 분홍색

① 부드러움과 사랑스러움을 나타내고 애정운을 높이는 색상이다. 이 색은 어떤 경우라도 어울리는 색이므로, 청소년에게는 베스트 컬러이자 행운의 색상이다.
② 우리 조상들도 즐겨 사용했으며 근래 운동선수들이 이 색상의 팬티를 입고 경기를 벌여 승리했다는 통계가 외국에서 종종 흘러나온다.

## 5) 노란색

① 노란색은 방위로 중앙을 뜻하며 오행으로는 토이다.
② 노란색은 금전운과 사업운을 상승시키고자 할 때 필요하다.
③ 의복으로서 남성은 상의나 손수건 정도가 적당하며 여성은 상·하의 모두 가능하다.

## 6) 빨간색

① 오행으로 화에 해당하고 방위로는 남쪽이다.
② 자신의 능력이나 주장을 강력하게 나타내고자 할 때 사용한다.
③ 남자가 빨간색 옷을 입으면 경계의 대상이 되기도 한다.
④ 빨간색 계통의 스탠드를 남쪽에 놓으면 운세가 상승한다.

### 7) 갈색

회사를 그만두고 독립하고 싶은 느낌을 안겨준다. 따라서 부하 직원이 사장 앞에서 이 색상의 옷을 입으면 자신이 운영하는 회사를 떠나 독립하겠거니 하는 인상을 풍길 수 있어서 좋지 않다.

### 8) 남색

연꽃 색으로 특정 종교(석가모니)를 연상시키는 색이다. 아주 고귀함이라는 힘을 가진 색상이므로 제대로 격식을 갖출 때라야 고귀한 운세가 나올 수 있다. 이로 인해 매우 조심스럽게 활용해야 하는 색상이다. 풍수지리학적으로 길함과 흉함의 운세를 극명하게 드러내는 색상인 탓에 가급적 사용을 피하라고 권유하고 싶다.

### 9) 녹색

① 안정과 건강을 관장하는 색이다.
② 운동선수나 고령자의 운동복에 이 색상이 많다.
③ 병원 인테리어에 많이 활용하는 색상이다.

### 10) 청색

① 오행으로는 목에 해당하며, 방위로는 동쪽 방향이다.
② 친밀감과 안정감을 주기 때문에 직장에서 상사에게 인정받을 수 있는 색상이자 협력의 기를 상승시키는 색상이다.

### 11) 검은색

① 오행으로 수이고, 방위로는 북쪽 방향이다.
② 무난하면서 고급스런 분위기를 자아내는 색이다. 한때는 검은색 승용차에 검은 양복이 최고 신사, 고급 관리, 부자로 통한 적이 있다는 점에 유의하면서 이 색상을 활용하면 큰 도움을 받을 수 있다.
③ 누구에게나 잘 어울리는 색이란 누구에게나 본심을 감출 수 있다는 의미가 내포되어 있다. 따라서 기획 계통의 일을 추진하는 사람은 이 색의 옷을 입고 일을 한다면 운세의 상승, 즉 기가 일어나지 않기 때문에 각별히 조심해야 한다.

④ 생활 풍수 인테리어에 흑색이 적절히 배합된 경우에 아주 고급스러운 분위기를 연출할 수 있다.
⑤ 이 색상의 겉옷에는 대조를 이루는 빨간색이나 노란색 계통의 적절한 무늬가 있는 넥타이가 운세를 상승시킨다.
⑥ 여성이 사무실에서 이 색상의 옷을 입으면 한결 고급스런 분위기를 연출함으로써 운세를 상승시킬 것이다.

■ 색상의 분류

오행에 색상 : 목은 청색, 화는 적색, 토는 황색. 금은 백색, 수는 흑색이다.

| 무채색계<br>(無彩色界) | 백색(白色), 흑색(黑色), 회색(灰色), 구색(鳩色), 치색(緇色), 연지회색(臙脂灰色), 설백색(雪白色), 유백색(乳白色), 지백색(紙白色), 소색(素色) |
|---|---|
| 황색계<br>(黃色界) | 황색(黃色), 유황색(乳黃色), 명황색(明黃色), 담황색(淡黃色), 유황색(乳黃色), 명황색(明黃色)담황색(淡黃色), 송화색(松花色), 자황색(紫黃色), 행황색(杏黃色), 두록색(豆綠色), 적황색(赤黃色), 토황색(土黃色), 지황색(芝黃色), 토색(土色), 치자색(梔子色), 홍황색(紅黃色), 자황색(紫黃色), 금색(金色). |
| 청록색계<br>(靑綠色界) | 청색(靑色), 벽색(碧色), 천청색(天靑色), 담청색(淡靑色), 취람색(翠藍色), 양람색(洋藍色), 벽청색(碧靑色), 청현색(靑玄色), 감색(紺色), 남색(藍色), 연람색(軟藍色), 벽람색(碧藍色), 숙람색(熟藍色), 군청색(群靑色), 녹색(綠色), 명록색(明綠色), 유록색(柳綠色), 유청색(柳靑色), 연두색(軟豆色), 춘유록색(春柳綠色), 청록색(靑綠色), 진초록색(眞草綠色), 초록색(草綠色), 흑록색(黑綠色), 비색(翡色), 옥색(玉色), 삼청색(三靑色), 뇌록색(磊綠色), 양록색(洋綠色), 하엽색(荷葉色), 흑청색(黑靑色), 청벽색(靑碧色). |
| 자색계<br>(紫色界) | 자색(紫色), 자주색(紫朱色), 보라색(甫羅色), 홍람색(紅藍色), 포도색(葡萄色), 청자색(靑磁色), 벽자색(碧紫色), 회보라색(灰甫羅色), 담자색(淡紫色), 다자색(茶紫色), 적자색(赤紫色) |
| 적색계<br>(赤色界) | 적색(赤色), 홍색(紅色), 적토색(赤土色), 휴색(烋色), 갈색(褐色), 호박색(琥珀色), 추향색(秋香色), 육색(肉色), 주색(朱色), 주홍색(朱紅色), 담주색(淡朱色), 진홍색(眞紅色), 선홍색(鮮紅色), 연지색(臙脂色), 훈색(纁色), 진분홍색(眞粉紅色), 분홍색(粉紅色), 연분홍색(軟粉紅色), 장단색(長丹色), 석간주색(石間朱色), 흑홍색(黑紅色) |

## 6. 생활 풍수 인테리어 활용 기법

| 구분 | 신자진<br>申子辰 | 해묘미<br>亥卯未 | 인오술<br>寅午戌 | 사유축<br>巳酉丑 | 비고 |
|---|---|---|---|---|---|
| 1 | 동(甲卯) | 남(丙午) | 서(庚酉) | 북(壬子) | 종교물(출입문) |
| 2 | 북(壬子) | 동(甲卯) | 남(丙午) | 서(庚酉) | 장롱(문 폐쇄) |
| 3 | 북동(癸丑) | 동남(乙辰) | 남서(丁未) | 서북(辛戌) | 침대 헤드 방향 |
| 4 | 남서(丁未) | 서북(辛戌) | 북동(癸丑) | 동남(乙辰) | 책 상 |
| 5 | 서남(坤申) | 북서(乾亥) | 동북(艮寅) | 남동(巽巳) | 출입문 |
| 6 | 백색, 적색 | 흑색, 백색 | 청색, 흑색 | 적색, 청색 | 보호 색상 |
| 7 | 흑색, 청색 | 청색, 적색 | 적색, 백색 | 백색, 흑색 | 나쁜 색상 |

**[참고]** 나경24방위 참조

- 子(자) : 쥐
- 丑(축) : 소
- 寅(인) : 범
- 卯(묘) : 토끼
- 辰(진) : 용
- 巳(사) : 뱀
- 午(오) : 말
- 未(미) : 양
- 申(신) : 원숭이
- 酉(유) : 닭
- 戌(술) : 개
- 亥(해) : 돼지

※ 음택에서는 13층 나경의 경우 5층을 많이 활용하며, 양택에서의 13층 나경의 경우 1층, 5층, 13층을 많이 활용한다. (바늘의 적색 표시가 북쪽인 나경)

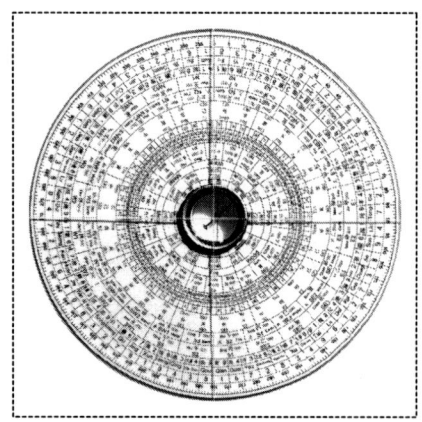

김기범 교수가 사용하는
한자, 영어 표시의 13층 나경

※ 좌측 나경을 '풍수전문가'가 많이 사용하는 국가로 IFSA. International Feng Shui Association (국제풍수협회) 회원국인 정회원 세계 33개국 중국 (홍콩). 미국. 독일. 일본. 영국. 프랑스. 오스트레일리아. 루마니아. 폴란드. 인도네시아. 필리핀. 인도. 말레이시아. 베트남. 캐나다. 우크라이나. 브루나이. 터키. 스위스. 크로아티아. 쿠웨이트. 태국. 캄보디아. 노르웨이. 이란. 모리셔스. 카자흐스탄. 이탈리아. 멕시코. 슬로바키아. 노르웨이. 싱가포르, 대한민국으로 대한민국에서는 김기범 교수가 유일하게 사용하고 있다.

# 제 3 장

# 수맥과 생활 풍수

## 1. 수맥이란?

땅속에 흐르는 물의 줄기를 수맥(水脈)이라 한다. 수맥의 깊이는 토질에 따라 지표면에서 깊이의 차이가 난다. 수맥의 생성은 땅 위의 빗물이 땅속으로 스며든 것으로 이 물이 다시 땅 위로 나오고 이것이 증발되어 하늘로 올라가 구름이 되고 비가 되어 다시 땅으로 내려온다.

그러면 다시 땅속으로 들어가 수맥이 된다. 결국 수맥이란 땅속에 흐르는 물로서 어떤 것은 큰 냇물처럼 흐르는가 하면 또 어느 것은 흙에 스며있는 듯 흐르기도 한다.

## 2. 수맥의 파장과 인체

모든 물체에는 파장이 있다. 물($H_2O$)도 당연히 파장이 있다. 광물이나 흙에도 파장이 있는데, 물의 파장은 이들과 다소 차이가 있다. 그 이유는 물은 흐르기 때문에 흐르는 운동 파장과 물의 고유파장이 함께 있기 때문이다.

## 3. 수맥 탐지용 도구

수맥은 눈으로 볼 수 없고, 그 진동을 피부로 느끼기도 거의 불가능하지만 두뇌의 송과체가 발달 된 사람은 수맥의 진동파를 감지할 수 있다.

그러나 연습을 하면 이를 피부로 느낄 수 있다.

연습하는 데 필요한 기구로는 탐지봉 또는 나무, 은, 신주 등 여러 가지가 있다. 가장 많이 사용되는 것은 봉과 추이다.

봉은 ㄱ자형과 Y자 형이 있고, 추는 탄환같이 생겼으며 줄로 매달아져 있다.

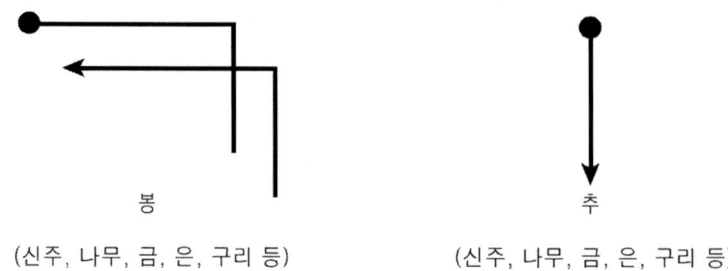

지시 대와 손잡이가 ㄱ자 같이 되어있다. 때로는 손잡이와 지시 대가 자유롭게 움직이도록 손잡이 부분을 2중으로 만들 수 있다.

손잡이 부분을 제외한 30~40cm 길이와 3~4mm 굵기의 동사(동사 줄은 쇠줄이나 추와 동일한 자료로 만들어진 줄이면 충분하다).

너무 가벼워도 너무 무거워도 좋지 않다. 무게는 10~30g 정도, 추의 길이는 10cm 정도가 좋다. 줄은 쇠줄, 노끈 정도가 좋다)로 되어있다.

## 4. 수맥 탐지용 봉과 추의 사용법

① 탐지용 봉을 2개 준비한다.
② 두 손에 탐지용 봉을 쥐고 허리에 손목을 대고 어깨너비만큼 벌린다.
③ 정신을 집중하고 잡념 없이 걷는다.
④ 탐지용 봉이 서로 'X'자가 되게 겹친다. 이곳에는 얼마만큼의 깊이에 수맥이 흐른다.
⑤ 다시 봉을 나란하게 하고 걷는다. 또한 위의 ④와 같이 서로 겹치는 곳이 나오면 그곳에 수맥이 있다.
⑥ 위의 ④와 ⑤사이가 2m라면 수맥이 흐르는 폭이 2m라는 말이다.
⑦ 추는 10~20㎝ 정도의 길이로 잡고 지나면 수맥이 있는 곳에서 추가 빙빙 돈다. 추는 봉보다 어렵다. 미리 봉으로 연습을 한 후 추로 한다.
⑧ 지맥이 있을 때는 봉이 서로 겹치는 것이 아니라 한쪽으로 모아진다.

※지맥(地脈)
풍수지리(風水地理)에서 땅속의 기(氣)가 순환한다는 줄기나 갈래를 말한다.

## 제 4 장

# 명당 지기(地氣) 탐지기

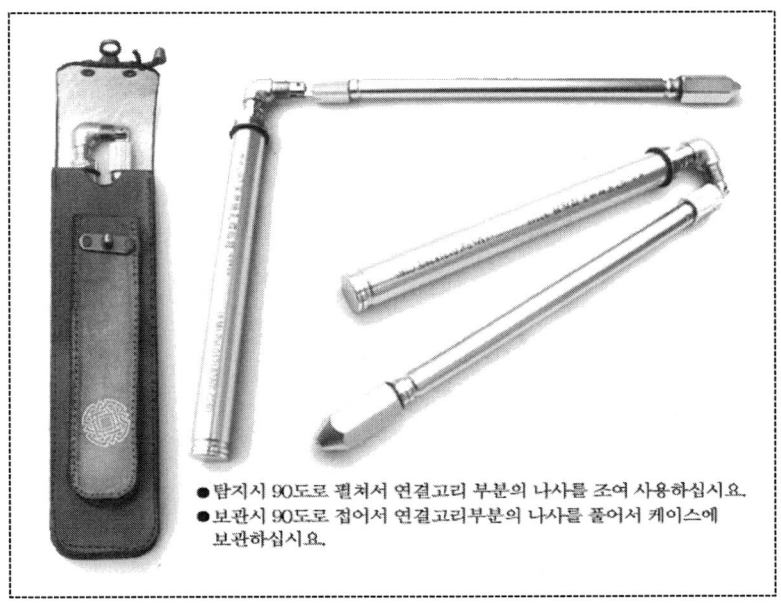

발명특허원 - 대 194293(Earheck, Energy Charge Check Rod)
[실용신안 출원번호 (20-1998-0008100)]

명당 지기 탐지기는 신기하고 정묘한 지기(地氣) 탐지기이다.
풍수학에 의하여 지리의 토지 형상을 보고 길흉을 점치는 것과, 반듯시 산 좋고, 물 맑은 곳과 바람을 막고 기가 모이는 곳, 토질이 견고하고 윤택한 곳에 터를 만들어 이용하고 있으나 과연 이 터에 정말 기(氣)(에너지)가 있는지 없는지에 대해서는 감각적으로 확정키 어렵다.
과학적 방법으로 검증하여 또 전문가 및 학자와의 다년간 연구를 거쳐 그 에너지를 측정하는 기기가 바로 천연 지기 탐지기이다.
모든 기(氣)가 있는 곳에는 이 기기의 회전해(회전수=에너지 량과 방향)가 그 곳에 지기(地氣)가 있음을 나타내고, 그렇지 않으면 움직이지 않는다.

현대건축설계사, 풍수지리 관련 종사자, 연구가, 터에 대한 의심되는 장소에 지기 탐지기를 사용하여 진위를 증명할 수 있고, 지기가 있는 곳에 1분가량 지기를 받아서 혈류량이 왕성하여 생체 활성화로 신체에서 발산되는 파를 지기 탐지기로 신체 주위까지 검진하면 氣의 발산을 탐사봉이 움직여 O-링 시험을 해 봄으로 생체 에너지의 충만한 감을 느낄 수가 있다.

천연 지기 탐지기는 지기(地氣) 파(波)와 수맥 운동파의 혼동을 막기 위한 과학적으로 증명하는 기기이다.

즉, 땅의 기운(氣運)을 측정하는 데 있어 길지인지 아닌지 추측하기 어려울 경우 천연 지기 탐지기를 사용하여 과학적으로 증명하는 기구이다.

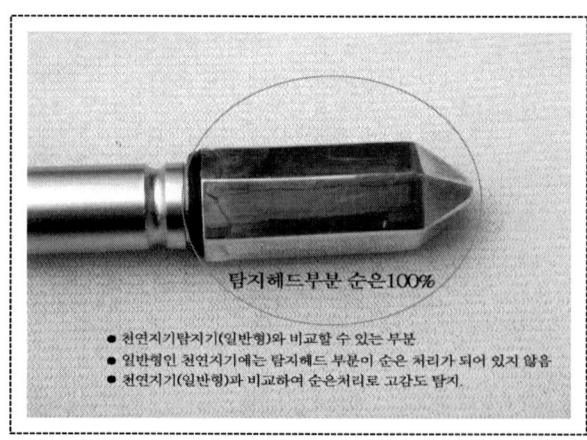

명당탐지기 탐지헤드부분 100% 순은처리

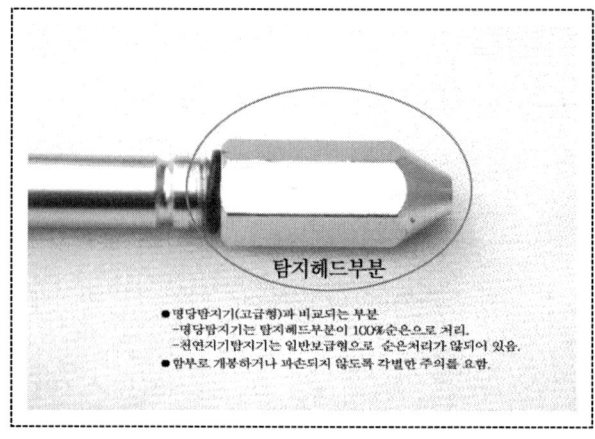

천연지기탐지기(일반형) 일반헤드부분

천연 지기 탐지기보다 명당 지기 탐지기가 헤드 부분의 100% 순은(純銀) 처리로 탐지 시 고감도 탐지 능력이 우수할 수 있으나, 사용자의 기감에 따라 차이가 날 수 있다.

## 1. 탐지기의 효과

- 지기(地氣)가 있으면 집안이 부유해지고 인간이 현명해진다.(특히 학생 공부방, 임산부 방 경우 증명이 쉽다).

- 흉한 파를 피하고 복을 부름이 확실한 사실은 절대 미신이 아니다. : 묘역, 집터, 주거지, 업무지, 생활공간 등.

## 2. 탐지기의 용도

수맥 운동 탐사는 명량한 인간 생활을 즐기기 위해 현대 오염 환경 속에 가장 위험하고 많은 시간을 지(地) 전파에 시달리고 있는 상황을 방지하기 위함과 해로운 기운(氣運)을 피하는 것을 목적으로 한다.

탐지기는 과학적인 이론을 근거로 비 자성체 합금 물질로 구성된 1995년 발명특허 중인 상품 중의 한 가지로 현재 각 지역단체에서 사용하고 있으며 호평을 받고 있다.

양택의 경우는 천연 기(氣)를 받으면 생체 활성화로 뇌파가 안정되고 활기찬 신체가 되며 이것은 천기(양기)가 지구 표면에서 만나 조화를 부려 생겨난 것이라고 생각 할 수 있는 것과 같이 천기(天氣)는 우리 주위에 항상 존재하나 지기는 발견이 현재까지 일반인들이 발견할 수 없었다.

그래서 장소를 선택하는데 이런 반응이 있는지 없는지 길지인지 아닌지 추측하기 어려워 감정할 수 있는 과학적 감정법을 응용하여 연구한 지기 탐지기가 탄생하였다.

# 제 II 편
# 음택 풍수

제1장 풍수지리란 무엇인가?
제2장 나경 보는 방법

# 제 1 장

# 풍수지리란 무엇인가?

## 1. 풍수지리의 본질

　풍수지리(風水地理)의 본질은 생기(生氣)와 감응(感應)에 그 바탕을 두고 있으며, 풍수지리(風水地理)의 지침서라 할 수 있는《청오경(靑烏經)》에서는 이렇게 전하고 있다:

　"사람이 늙어서 죽는다는 것은 가화합체(假和合體)인 사람의 형태가 분리하여 화합 이전의 진체(眞體)로 되돌아간다.
　그 진체(眞體)는 정신과 골체(骨體)이나 정신은 우주의 영계(靈界)인 하늘로 되돌아가고, 골체(骨體)는 땅으로 돌아간다."

　즉, 그 골체가 지모(地母)의 길기(吉氣)에 감응하면 그 자손에게 행복이 미친다고 했으며, 마치 동산(東山)에서 굴이 무너지면 서산(西山)에서 소리가 나는 것과 같이 동기상응(同氣相應)하므로, 부모의 유해를 길기(氣)가 충만한 온혈(溫血)에 매장하면 그 자손이 부귀연금(富貴延錦)하고, 만일 이에 반하면 그 자손은 도리어 쇠미해진다는 뜻이다.

　또한 중국 동진(東晉)의 곽박(郭璞)의 저서,《장경(藏經)》에서는 다음과 같이 말하고 있다.
　"장(葬)은 생기(生氣)에 승(乘)하는 법이다.
　오행(五行)의 기(氣)는 지중(地中)에서 흐르고. 아들은 부모의 유체(遺體)이니 아들의 본해(本骸)인 부모의 체골이 지중(地中)의 오기(五氣)에 감응하면 부모와 자손은 동기 감응하므로, 본해(本骸)의 수기(受氣)는 유체인 자손에게 발복(發福)한다."

　음양의 원기(元氣)는 그 발양(發陽) 여하에 따라 바람이 되고 구름이 되고, 비가 된다는 것이다.

그 기(氣)가 땅속에서 돌아다니면 곧 생기(生氣)가 된다. 그러나 음양의 원기가 발현할 때 반드시 오행(五行)으로 나타나는 것이니, 이를 오기(五氣)라고 부른다.

음양(陰陽)의 원기(元氣)를 그 바탕에서 논하면 오기가 되고 그 쓰임에서 논하면 생기(生氣)라고 하는 것이니 오기(五氣)와 생기(生氣)는 동일한 것이다.

따라서 풍수지리의 본질은 생기감응(生氣感應)과 친자감응(親子感應)이라는 두 가지의 작용에 귀착한다고 할 수 있다.

## 2. 풍수지리의 개념

풍수지리는 바람·물·땅과 인간이 생활공간에서 어울리는 이치(理致)를 과학적으로 조명하는 학문으로서, 그 기원을 4세기경 중국 동진(東晋)의 풍수 대가인 곽박(郭璞)의 저서《장경(葬經)》에서 찾을 수 있다.

즉 '기승풍즉산(氣乘風則散) 계수즉지(界水則止)'에서 기(氣)란 "바람을 만나면 흩어지고 물에 닿으면 머문다"라고 일렀던 바, 이것이 자연 속에 흐르는 기(氣)의 흐름뿐 아니라 풍수지리(風水地理)의 용어(用語)의 기원이라 본다. 여기에《장경》의 '장풍득수(藏風得水)'도 그 기원(起源)에서 빼놓을 수 없는 말이다.

즉 '풍수지법(風水之法) 득수위상(得水爲上) 장풍차지(藏風次之)'라고 했는데, 이 말은 풍수에서는 물을 만나는 것이 최상이요, 기(氣)를 간직하고 갈무리하는 것이 그 다음이라는 뜻으로서, 물과의 만남을 득수(得水)라고 하고, 기(氣)의 갈무리를 장풍(藏風)이라 한다.

여기서 물과의 만남, 즉 득수(得水)란 산줄기를 흐르는 기(氣)가 물을 만나면 멈추게 되는데 물이 무덤을 중심으로 하여 포근하게 감싸 안듯이 흘러야 명당(明堂)이 된다는 의미이다.

또한 장풍(藏風)이란 바람을 감추거나 간직한다는 말로서 바람이 직접 통한다는 상태가 아니라 고요하게 머물거나 막아진 정적(靜的)인 상태를 말한다.

따라서 혈(穴), 즉 명당(明堂)을 둘러싸고 있는 전후 사방의 산들이 혈(穴)을 포근하게 감싸주어서 맑고 순한 기(氣)가 잘 갈무리되는 상태를 뜻하는 것이다.

풍수에서 물은 재물로 보며 룡(龍) 거북이 및 자라 등의 산의 경우 물이 보이면 좋게 판단한다.

이때 기(氣)를 단순하게 흐르는 바람이나 공기처럼 생각하면 곤란하다. 우주의 질서인 음양오행(陰陽五行)의 이치에 의해 생성되는 기(氣)는 우리의 눈으로 보거나 만질 수 없지만, 우주 만물을 형성하는 근원으로 모든 사물에 내재하고 있을 뿐만 아니라 하늘을 흘러 다니기도 하며, 땅 속을 흘러 다니며 지층을 움직이기도 한다.

우리가 말하는 이른바 생기(生氣)·사기(死氣)·토기(土氣)·음기(陰氣)·양기(陽氣)·기맥(氣脈) 등은 모두 기(氣)의 변화된 형태를 의미하고 있다.

또한 감여(堪輿)·지리(地理)·형가(刑家) 등으로 불리기도 한다.

## 3. 풍수지리의 역사

풍수지리학의 역사는 중국 후한 시대에 살았던 청오(靑烏)의 《청오경(靑烏經)》에서 그 시작을 찾고, 한국으로의 전수는 확실한 기록은 없지만, 당나라의 선사(禪師) 장일행(張一行)으로부터 통일신라의 도선국사(道詵國師)가 받아들인 것으로 전해지고 있다.

신라 시대에 싹튼 풍수지리학이 고려 시대에 이르러 국교를 불교로 정함으로써 승려들에 의하여 도입된 이 학문이 마침내 사원 건립과 도읍지 선정에 크게 기여 하면서 눈부신 발전을 거듭하였다. 고려를 세운 태조 왕건은 훈요 10조 중 제2항을 통하여

"전국의 사원은 도선이 산수 순역을 살펴서 개창 한 곳 이외는 세우지 말라"고 자손에게 전언까지 했다.

조선 초기에는 무학대사, 정도전 등 풍수 대가들의 진언에 따라 도읍을 개성에서 한양으로 천도하였으니, 경복궁과 사대문 등은 풍수지리학의 원리에 준하여 건립되었다.

또한 유명한 지리서인 《택리지》의 〈팔도총론편〉에서 한양을 논하기를 "백악(白岳)은 현무(玄武:주산), 인왕(仁旺)은 백호(白虎), 낙산(駱山)(옛 서울대 동쪽의 편의산)은 청용(靑龍), 남산(南山)은 주작(朱雀)"이라 했다.

조선시대 풍수지리학은 또한 음택(陰宅)에 큰 비중을 두었는데, 효와 조상숭배를 강조하는 유교사상(儒敎思想)과 부합하여 거의 신앙화 되기까지 했다.

비극의 식민지 시대에는 일제가 한국인의 풍수 사상을 역이용하여 길지에 철주를 박고 지맥(地脈)을 파괴함으로써 우리 민족의 정신적 자포자기를 유도하는 민족말살정책을 폈다.

얼마 전부터 일본이 박은 쇠말뚝을 뽑아내고 민족의 정기를 바로 잡으려는 운동은 풍수지리학에 바탕을 둔 우리의 정신세계에서 비롯된 것이다.

조선시대(朝鮮時代)는 계급사회로써 천민은 글과 풍수를 배울 수 없었으므로 명문가와 명신(名臣)중에서 풍수지리사가 많이 나왔고, 불교계에서는 입산수도하는 고승이 풍수에 통달하여 덕을 쌓은 사람에게 혈(穴)을 찾아주었다는 덕담이 많이 전해오고 있다.

풍수로 인하여 민간에서는 산송(山訟)도 많이 발생했지만 탐욕이 없었던 명인·명사와 불교계의 고승이 풍수학을 통달 전승시킨 것이 전통 풍수의 맥이 되었다고 본다.

아울러 조선시대(朝鮮時代) 풍수지리학자로서는 유교계에서는 정도전(鄭道傳), 남사고(南師古), 이지함(李芝函), 맹사성(孟思誠), 채성우(蔡成禹), 안정복(安鼎福) 이외에도 많은 명사가 있었고, 불교계에서는 도선국사(道詵國師), 무학대사(無學大師), 사명대사(泗溟大師), 서산대사(西山大師), 일지대사(一指大師), 일이대사(一耳大師), 진묵대사(眞黙大師) 외에도 많은 명사의 일화가 전해지고 있다.

최근 우리나라에서는 1995년을 기점으로 풍수지리학이 학문으로서 최고의 학문을 연구하는 대학과 대학원에서도 풍수 관련 강좌가 개설되고 있으며, 학과가 생겨 전문 풍수학을 연구하며, 또한 대학 부동산 관련 학과에도 풍수지리를 응용하여 활용하고 있는 상황이다.

## 4. 풍수지리학의 이론적 배경

### (1) 장풍득수론(藏風得水論)

풍수지리란 자연환경의 요소인 바람(風)·물(水)·땅(地)이 서로 어울릴 때 하나의 법도가 있으니 이를 일컫는 말이다.

여기서 법도란 음양오행(陰陽五行)과 주역팔괘(周易八卦)를 근거로 바람·물·땅과 조화를 이루는 것을 말하며, 또한 장풍득수(藏風得水)는 일반적으로 인식 하기는 음택(陰宅) 풍수(風水) 즉, 묘소에서만 해당 되는 줄 알고 있으나 양택(陽宅) 풍수(風水)에서도 많이 활용하는 학문이다.

### (2) 취길피흉론(取吉避凶論)

풍수지리는 자연의 다양성과 변화에 대한 경험적 이해이며, 형상에서의 길흉과 감상에서의 유·무정에 관한 이론이다.

이는 인간과 자연의 조화를 추구하는 방법에서 이론적 전개를 비교 설명하는 것이며, 기본은 음양오행(陰陽五行)의 기본사상을 배경으로 취한다.

인간은 본성적으로 길(吉)을 취하고 흉(凶)을 버리며, 선을 선호하고 악을 피하며, 아름다운 것을 얻고 추한 것을 버린다. 풍수지리에서는 길흉이 분류된다. 풍성하고 둥글둥글하며 아름답고 윤택하면 길하며, 또한 변화(움직인 듯한 것)가 있고 다소곳하며 자기를 향하여 보호하려는 듯하면 길하며, 방위에서는 음양오행(陰陽五行)으로 상생(相生) 관계는 길 하지만 상극(相剋) 관계는 흉하다.

길이 정해지면 그 반대개념은 흉한 것이다. 즉 메마르고, 빈약하며, 직선적이고, 침하며, 습하거나 음침하면 흉하다. 또한 배반하는 형태이거나 위압적이면 역시 흉하다.

도시공간의 구조적 측면에서도 고층 빌딩 숲이 있는 상업용·업무용 지역이 있는가 하면, 저층의 주민거주지역이 있어서 도시의 균형을 유지 시킨다.

그러나 최근 고층 아파트나 고층빌딩 등이 난 개발로 인하여 도시에서는 인심이 야박하고 범죄가 많이 일어나는 것이 인구 밀집 현상이 아니라 풍수지리와 무관하다 할 수 없다.

### (3) 좌향론(坐向論)

좌향론은 방위와 관계된 술법으로 가장 어려운 풍수지리학 상의 기술이다. 음택(陰宅)이나 양택(陽宅)에서 좌향이 매우 중요한 역할을 하며 길흉에 큰 영향을 미치며, 또한 좌향(坐向)은 국면의 전반이 일정한 형국으로 좌정 되었을 때 전개후폐(前開後閉), 즉 혈의 앞쪽으로 트이고 뒤쪽으로 기댈 수 있는 선호성 방위를 선택하는 원칙이다.

음택(陰宅)에서는 관 속의 망자의 머리 부분이 좌(坐)이고 다리 부분이 향(向)이며 주택에선 현관이 향(向)이며, 아파트에서는 앞 발코니가 향(向)이다.

### (4) 물형론(物形論)

물형론(物形論)은 형국론(形局論)이라고도 하며 산의 형세(形勢)를 사물이나 짐승 등에 비유하여 하는 말로 산의 정기가 주위의 영향을 미친다고 할 수 있으며, 형세론(形勢論) 또한 형국(形局論)론과 비슷한 의미로 땅의 형세(形勢)를 보아 길흉화복(吉凶禍福)을 논하는 학문이다.

예를 들어 뱀의 형태의 산이라고 가정하고 산소를 조성하고자 한다면 산소는 조성하되 비석이나 석물 등을 과다하게 하지 않는 것이 바람직하며, 용이나 거북이 형상의 산이라면 앞이나 주위에 물이 있어야 길하며 물이 없다면 용이 승천 할 수 있도록 인공적인 연못 등을 조성하는 경우도 있다.

또한 풍수지리학에서는 어느 한 가지 방법론만 가지고 길흉을 판단 할 수 없으며 주위 환경과 조화를 이루어야 한다.

물형론(物形論)은 보는 장소나 위치에 따라 약간의 차이는 있다. 예로 뱀을 용으로 볼 수도 있으며 자라를 거북이로 볼 수 있으므로 전문가의 조언을 받는 것이 바람직하다.

동의대학교 뒷산이 거북이 형상의 산이므로 인공 연못을 조성하여, 건물도 거북이 형상으로 설계하여 풍수 원리에 맞게 건축하였다.

### (5) 이기론(理氣論)

나경으로 수구(水口)의 방향으로 혈의 국(局)을 정하고 국에 따라 내룡(來龍)과 수구(水口)의 좌향(坐向)을 보는 풍수의 이론이며, 득수론(得水論) 좌향론(坐向論)이라고도 한다.

즉, 이기론(理氣論)은 땅의 기운을 포태법(胞胎法) 등을 나경을 이용하여 길흉을 판단하기도 하며, 땅속의 기(氣)의 흐름이나 돌, 물, 흙 등의 눈에 보이지 않는 자연 현상을 관찰하는 학문으로 좌향론(坐向論)과도 밀접한 관계가 있다.

또한 이기론은 옛날에 도읍지나 마을을 정하는 데도 사용한 방법론이다.

## 5. 산을 사물에 비유한 물형론

### (1) 물형론의 개념

물형론(物形論)이란 산의 모양이나 혈장(무덤)이 형성된 주변 땅의 형세(形勢)를 사람이나 동물 혹은 여러 종류의 물체와 비유하여 그 모습을 구분한 것이다.

이렇게 산세와 지세의 독특한 모습을 바탕으로 하여 풍수론적인 길흉(吉凶)을 따지는 것을 물형론(物形論)·형국론(形局論)·물형규국론(物形規局論) 등으로 지칭한다.

우리가 흔히 듣는 맹호출림형(猛虎出林形: 호랑이가 숲에서 나오는 형국)인, 구룡쟁주형(九龍爭珠形: 아홉 마리의 용이 여의주를 가지고 다투는 형국)이니 하는 것들은 모두 물형론적 풍수지리의 용어이다.

그러나 풍수지리를 이용하여 술수적 측면을 부각시켜 대중을 현혹하려는 몇몇의 상업풍수가를 제외하고는 물형론이 마치 풍수지리의 전부인 양 과장하는 것은 결코 옳은 일이 아니라고 주장하고 있다.

현대에 쏟아져 나오는 풍수지리 이론서나 풍수 이론을 소재로 하여 쓰여진 소설이 자칫 범하기 쉬운 잘못이 바로 이 물형론(物形論) 강조함으로써 결과적으로는 조상의 유골이 편히 보존될 만한 땅을 찾자는 데서 출발하여 자연과의 조화를 중시하는 음택(陰宅) 풍수의 진의를 퇴색 변질시킨다는 지적이다.

따라서 중국 당나라 시대나 조선시대(朝鮮時代) 실학자들에 의하여 쓰여진 고전(古典)의 지리서(地理書)에는 이 물형론(物形論)에 관하여 그 폐해를 지적하는 한편, 다른 풍수 이론을 습득하는 가운데 이론의 일부로 연구할 것을 권하고 있다.

물형론(物形論)은 보통 혈장(무덤), 주변의 국세(局勢), 즉 사신사(四神砂)나 각종 사격(砂格), 내룡(來龍)의 용세(龍勢), 주산(主山: 현무) 등에 적용되어 산세(山勢)와 지세(地勢)를 한눈에 관찰 하도록 되어 있으나 여기에서는 가장 일반적인 방법으로써 사람·동물·사물 유형의 정도로 구분하여 보기로 한다.

제 1 장 풍수지리란 무엇인가? · 165

유엔기념 공원으로 연화만개형(蓮花滿開形)으로 볼 수 있다.

물론 물형(物形)의 3형(三形: 사람·동물·사물 유형)을 산의 5형산(五形山), 즉 5성(五星)으로 간단하게 파악하는 방법도 있다.

예를 들어 사람에 비유한 물형론적인 산세를 보면 5성 가운데 목성(木星: 목형산)과 화성(火星: 화형산)의 형국이 뚜렷한데, 이 경우의 정혈처(무덤자리)는 산을 사람으로 가정하였을 때 배꼽 부위나 음부라는 것이다.

또한 동물 가운데 날짐승(학이나 기러기 등)에 비유한 형국을 보면 금성(金星: 금형산)이 많다는 것이다. 이 경우의 정혈 처는 날짐승의 날개에 해당하는 부분이나 둥지라고 한다.

부산 녹산산업단지 애초엔 사슴록(鹿)의 녹산(鹿山)이었다.

## (2) 물형론의 종류

### 1) 사람에 비유한 형국

#### 가. 예쁜 여인에 비유한 형국

• 옥녀단장형(玉女端粧形) : 예쁜 여인이 곱게 화장하는 듯한 형국.

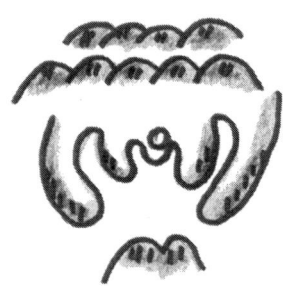

⇦ 옥녀단장형

• 옥녀세족형(玉女洗足形) : 예쁜 여인이 발을 씻는 듯한 형국.
• 옥녀산발형(玉女散髮形) : 예쁜 여인이 긴 머리를 늘어뜨린 듯한 형국.
• 옥녀탄금형(玉女彈琴形) : 예쁜 여인이 거문고를 타는 듯한 형국.
• 옥녀격고형(玉女擊鼓形) : 예쁜 여인이 북을 치는 듯한 형국.
• 옥녀무수형(玉女舞袖形) : 예쁜 여인이 춤을 출 때 보이는 고운 소맷자락과 같은 형국.
• 옥녀직금형(玉女織錦形) : 예쁜 여인이 비단을 짜는 듯한 형국.
• 옥녀등공형(玉女登空形) : 예쁜 여인이 하늘에 오르는 듯한 형국.
• 옥녀개화형(玉女開花形) : 예쁜 여인이 활짝 피어난 꽃처럼 아름다운 자태를 드러내는 듯한 형국. 혹은 옥녀가 자신의 음부(陰部)를 살짝 드러내고 수줍어하는 듯한 형국.
• 미녀헌화형(美女獻花形) : 예쁜 여인이 꽃을 꺾어 바치는 형국 또는 자신의 다리를 살짝 벌리는 듯한 형국.
• 천녀등천형(天女登天形) : 선녀가 하늘에 올라가는 듯한 형국.
• 삼녀동좌형(三女同坐形) : 시어머니, 며느리, 딸이 함께 앉은 듯한 형국.
• 아미명수형(蛾眉明秀形) : 아름다운 여인의 반달형 눈썹과 같은 형국.

### 나. 신선에 비유한 형국

- 오선위기형(五仙圍碁形) : 다섯 신선이 바둑판에 둘러앉아 바둑을 두는 듯한 형국.
- 선인독서형(仙人讀書形) : 신선이 책을 읽는 듯한 형국.
- 선인격고형(仙人擊鼓形) : 신선이 북을 두드리는 듯한 형국.
- 선인무수형(仙人舞袖形) : 신선이 춤을 출 때 드러나는 소매 자락과 같은 형국.
- 선인대좌형(仙人對坐形) : 신선이 단정하게 앉은 듯한 형국.
- 선인앙장형(仙人仰掌形) : 신선이 손바닥을 바라보는 듯한 형국.
- 쌍선망월형(雙仙望月形) : 두 명의 신선이 높게 솟아오른 달을 우러러보는 듯한 형국.
- 선인과마형(仙人跨馬形) : 신선이 말에 걸터앉은 듯한 형국.
- 무선형(舞仙形) : 춤을 추고 있는 신선과 유사한 형국.

### 다. 용감한 장군에 비유한 유형

- 장군대좌형(將軍對坐形) : 여러 장군이 서로 작전을 의논하는 듯한 형국.

⇦ 장군대좌형

- 장군무검형(將軍武劍形) : 장군이 적진에서 용감하게 칼을 휘두르는 듯한 형국.
- 장군출진형(將軍出陣形) : 장군이 적진으로 나아가는 듯한 형국.
- 장군전마형(將軍戰馬形) : 장군이 지친 말을 쉬게 하고 새로운 말로 갈아타는 듯한 형국.
- 장군패검형(將軍佩劍形) : 장군이 칼을 차고 있는 듯한 형국.

⇦ 장군패검형

- 장군만궁형(將軍彎弓形) : 장군이 활시위를 당기는 듯한 형국.
- 장군전기형(將軍展旗形) : 장군이 깃발을 펼쳐 나열하고 진을 치는 듯한 형국.
- 장군격고월적형(將軍擊鼓越敵形) : 장군이 북을 두드리며 적을 추격하는 듯한 형국.

### 라. 승려와 어부에 비유한 유형

- 호승배불형(胡僧拜佛形) : 나이를 먹은 승려가 예불을 드리는 듯한 형국.
- 유승예불형(遊僧禮佛形) : 떠돌이 승려가 예불을 올리는 듯한 형국.
- 어옹철망형(漁翁鐵網形) : 늙은 어부가 그물을 거둬들이는 듯한 형국.
- 어부설망형(漁父設網形) : 어부가 그물을 치는 듯한 형국.
- 어옹수조형(漁翁垂釣形) : 늙은 어부가 낚시를 드리우고 고기를 잡는 듯한 형국.

## 2) 동물에 비유한 형국

### 가. 용이나 뱀에 비유한 유형

- 갈룡심수형(渴龍尋水形) : 목마른 용이 물을 찾아다니는 듯한 형국.
- 비룡함주형(飛龍含珠形) : 용이 구슬을 머금고 날아오르는 듯한 형국.
- 회룡고조형(回龍顧祖形) : 용이 처음 떠났던 곳을 되돌아오는 듯한 형국.

⇐ 회룡고조형

- 잠룡입수형(潛龍入首形) : 속에 숨은 용이 머리를 드러내고 나타난 형국.
- 갈룡고수형(渴龍苦水形) : 목마른 용이 물을 기다리는 듯한 형국.
- 오룡쟁주형(五龍爭珠形) : 다섯 마리의 용이 여의주를 갖고 다투는 형국.
- 용마음수형(龍馬飮水形) : 용마가 물을 마시는 듯한 형국.
- 와룡형(臥龍形) : 용이 길게 드러누운 듯한 형국.

- 회룡입수형(回龍入首形) : 용이 되돌아보면서 머리를 드러낸 듯한 형국.
- 비룡승천형(飛龍昇天形) : 용이 날아오르며 하늘 높이 솟는 듯한 형국.
- 여룡롱주형(女龍弄珠形) : 여룡이 여의주를 가지고 노는 듯한 형국.
- 황룡도강형(黃龍渡江形) : 황금빛을 발하며 용이 강을 건너는 듯한 형국.

⇦ 황룡도강형

- 황룡출수형(黃龍出水形) : 황룡이 물 밖으로 나오는 듯한 형국.
- 회룡은산형(回龍隱山形) : 용이 산에 돌아와 숨는 듯한 형국.
- 초사토설형(草蛇吐舌形) : 뱀이 수풀에서 혀를 날름거리는 듯한 형국.
- 생사청와형(生蛇聽蛙形) : 큰 뱀이 개구리를 뒤쫓아 가는 듯한 형국.
- 사두형(巳頭形) : 뱀의 머리와 흡사한 형국.
- 용사취회형(龍蛇翠會形) : 용과 뱀이 서로 만나 화합을 여는 듯한 형국.

### 나. 거북이에 비유한 유형

- 금구음수형(金龜飮水形) : 금 거북이가 물을 마시는 듯한 형국.

⇦ 금구음수형

- 금구몰니형(金龜沒泥形) : 금 거북이가 흙 속에 묻힌 듯한 형국.
- 영구하산형(靈龜下山形) : 영험한 거북이가 산을 내려오는 듯한 형국.
- 부해금구형(浮海金龜形) : 금 거북이가 바닷물 위로 떠오르는 듯한 형국.

- 금구입수형(金龜入首形) : 금 거북이가 불쑥 머리를 내미는 듯한 형국.
- 구미형(龜尾形) : 거북이 꼬리와 같은 형국.
- 금구하전형(金龜下田形) : 금 거북이가 밭을 내려오는 듯한 형국.

충무공 이순신장군 묘역으로
영구하산형으로 볼 수 있다

※형국론
    산을 물체나 동물에 비유하여 그 물체의 기운이 가장 많이 받는 부분에 혈이 있다고 본다. 즉, 용(龍), 혈(穴), 사격(沙格), 물(水)과 자연에 부합하는 원리로 보아야 한다.

### 다. 호랑이에 비유한 유형

- 맹호출림형(猛虎出林形) : 호랑이가 숲에 나와 사냥감을 쫓는 듯한 형국.
- 맹호하산형(猛虎下山形) : 호랑이가 산을 내려오는 듯한 형국.
- 맹호하전형(猛虎下田形) : 맹호가 밭으로 내려오는 듯한 형국.
- 노호하산형(老虎下山形) : 늙은 호랑이가 산에서 내려오는 듯한 형국.
- 갈호음수형(渴虎飮水形) : 목마른 호랑이가 물을 마시는 듯한 형국.
- 복호형(伏虎形) : 호랑이가 엎드려 먹이를 노리거나 기다리는 듯한 형국.

### 라. 말에 비유한 유형

- 옥마형(玉馬形) : 아주 잘생긴 말과 닮은 형국.

- 갈마음수형(渴馬飮水形) : 목이 마른 말이 물을 마시는 듯한 형국.

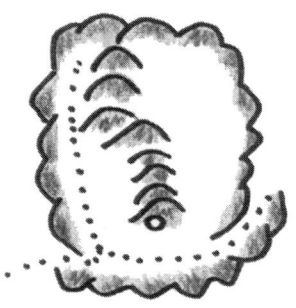

⇦ 갈마음수형

- 천마시풍형(天馬嘶風形) : 천마가 울부짖으며 바람을 가르고 달리는 듯한 형국.
- 주마탈안형(走馬脫鞍形) : 말이 안장을 벗고 쉬는 듯한 형국.

⇦ 주마탈안형

### 마. 소나 토끼 등에 비유한 형국

- 와우형(臥牛形) : 소가 한가롭게 누워 먹이를 되새김질하는 듯한 형국.

⇦ 와우형

- 우면형(牛眠形) : 소가 잠자는 듯한 형국.
- 옥토망월형(玉兎望月形) : 토끼가 달을 우러러보는 듯한 형국.

- 노서하전형(老鼠下田形) : 늙은 쥐가 먹이를 찾아서 밭으로 내려오는 듯한 형국.
- 복구형(伏狗形) : 개가 먹이를 노리면서 엎드린 듯한 형국.
- 지주포란형(蜘蛛抱卵形) : 거미가 다리로 알을 품는 듯한 형국.

⇐ 지주포란형

- 갈록음수형(渴鹿飮水形) : 목마른 사슴이 물을 마시는 듯한 형국.

### 바. 봉황에 비유한 형국

- 비봉쇄익형(飛鳳刷翼形) : 봉황이 날개깃을 쓰다듬는 듯한 형국.
- 비봉포란형(飛鳳抱卵形) : 봉황이 알을 품고 나는 듯한 형국.
- 봉소포란형(鳳巢抱卵形) : 봉황이 둥지에서 알을 품는 듯한 형국.
- 비봉귀소형(飛鳳歸巢形) : 봉황이 둥지로 돌아오는 듯한 형국.
- 단봉전서형(丹鳳傳書形) : 붉은 빛의 봉황이 편지를 물어오는 듯한 형국.
- 단봉어서형(丹鳳御書形) : 붉은 빛이 감도는 봉창이 임금님의 서신을 물고 가는 듯한 형국.

### 사. 새에 비유한 유형

- 앵소유지형(鶯巢柳枝形) : 꾀꼬리가 버들가지에 둥지를 튼 듯한 형국.
- 앵소포란형(鶯巢抱卵形) : 꾀꼬리가 둥지에서 알을 품는 형국.
- 금계포란형(金鷄抱卵形) : 닭이 알을 품는 듯한 형국.
- 금계함적형(金鷄含跡形) : 닭이 한쪽 발을 감추고 서 있는 듯한 형국.
- 금계욕수형(金鷄浴水形) : 닭이 목욕을 하는 듯한 형국.
- 선학하전형(仙鶴下田形) : 학이 밭으로 내려오는 듯한 형국.
- 연소형(燕巢形) : 제비집과 닮은 형국.

⇦ 연소형

• 평사하안형(平沙下雁形) : 개펄에 기러기가 사뿐히 내려앉은 듯한 형국.

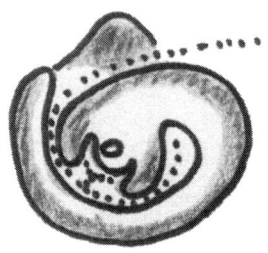

⇦ 평사하안형

• 비안도잠형(飛雁度岑形) : 기러기가 날아서 산봉우리를 넘는 듯한 형국.
• 청학포란형(靑鶴抱卵形) : 청학이 둥지에서 알을 품는 듯한 형국.

### 3) 사물에 비유한 형국

#### 가. 연꽃에 비유한 유형

• 연화출수형(蓮花出水形) : 연꽃이 수면 위로 떠오르는 듯한 형국.
• 연화도수형(蓮花滔水形) : 연꽃이 수면 위로 넘쳐흐르는 듯한 형국.
• 연화부수형(蓮花浮水形) : 연꽃이 수면 위에 떠 있는 형국.

⇦ 연화부수형

### 나. 달에 비유한 유형

- 반월형(半月形) : 반달처럼 생긴 형국.
- 만월형(彎月形) : 보름달처럼 생긴 형국.
- 초월형(初月形) : 초승달처럼 생긴 형국.
- 완사명월형(浣紗明月形) : 비단처럼 밝고 고운 달의 형국.

### 다. 여러 가지 꽃에 비유한 유형

- 모란반개형(牡丹半開形) : 모란꽃이 반쯤 핀 듯한 형국.

⇦ 모란반개형

- 매화낙지형(梅花落地形) : 매화꽃이 땅에 떨어진 듯한 형국.

⇦ 매화낙지형

- 작약반개형(芍藥半開形) : 작약꽃이 반쯤 핀 듯한 형국.
- 이화낙지형(梨花落地形) : 배꽃이 땅에 떨어진 듯한 형국.
- 도화낙지형(桃花落地形) : 복사꽃이 땅에 떨어진 듯한 형국.
- 도화만개형(桃花滿開形) : 복사꽃이 활짝 핀 듯한 형국.

### 라. 기타 물체에 비유한 유형

- 괘등형(掛燈形) : 등불을 매달아놓은 듯한 형국.
- 옥적형(玉笛形) : 옥으로 만든 피리의 형국.
- 풍취나대형(風吹羅帶形) : 비단같이 아름다운 대를 찬 듯한 형국.
- 비아부벽형(飛蛾附壁形) : 누에나방이 벽에 붙은 듯한 형국.
- 잠두형(蠶頭形) : 누에의 머리와 닮은 형국.
- 행주형(行舟形) : 배가 떠나는 듯한 형국.
- 보검출갑형(寶劍出匣形) : 보검을 칼집에서 꺼내는 듯한 형국.
- 금반옥대형(今般玉臺形) : 금 쟁반처럼 생긴 누각과 같은 형국.
- 금차낙지형(金釵落地形) : 금비녀가 땅에 떨어진 듯한 형국.
- 옥병저수형(玉甁貯水形) : 옥으로 만든 화병에 물을 채워둔 듯한 형국.
- 괘벽금차형(掛劈金釵形) : 금비녀를 벽에 걸어놓은 듯한 형국.
- 복종형(伏鍾形) : 종을 거꾸로 엎어놓은 듯한 형국.
- 사중옥립형(沙中玉笠形) : 모래 가운데 옥으로 된 삿갓을 쓴 듯한 형국.

## 6. 혈의 연구

혈의 형체는 천태만상이나 크게 나누면 음양(陰陽)의 원리에 의한 것이다. 즉, 음(陰)으로 오면 양(陽)으로 받고, 양(陽)으로 오면 음(陰)으로 받는 것이며, 마치 요철과도 같다. 그러나 그 형체로 볼 때는 양구빈이 분류한 와·겸·유·돌의 네 종류이니 그 많은 종류가 모두 여기에 수렴될 것이다.

유혈이나 돌혈(突穴)에서 와혈(窩穴)을 찾으면 두 유혈(有穴)이 만나는 곳에 결혈(結穴)이 있으며, 와혈(窩穴)이나 결혈(結穴)에서도 유나 돌이 있을 때 입혈(入穴)되는 것이 음양(陰陽)의 조화를 이룬 것이다.

1) 와형혈(窩形穴) : 오목하게 들어가 제비집과 같은 모양을 하고 있는 혈(穴).
2) 겸형혈(鉗形穴) : 고산(高山)이나 평지(平地)에 모두 있다. 마치 두 다리를 벌린 상태로 혈옥(穴屋)이 이루어진 것.
3) 유형혈(乳形穴) : 양팔을 벌리고 가운데 늘어진 젖무덤과 같은 형이며, 젖꼭지와 같이 볼록한 것을 말한다.
4) 돌혈(突穴) : 평지(平地)와 고산(高山)에 다 있는 것으로 높은 산(山)에 더욱 많다.

## 7. 음택의 기본도

① 혈(穴)
② 입수룡(入首龍)
③ 주산(主山)
④ 조산(祖山)
⑤ 좌청룡(左靑龍)
⑥ 우백호(右白虎)
⑦ 안산(安山)
⑧ 조산(朝山)
⑨ 마당(明堂이라고도 함)
⑩ 득수(得水)
⑪ 파구(破口)

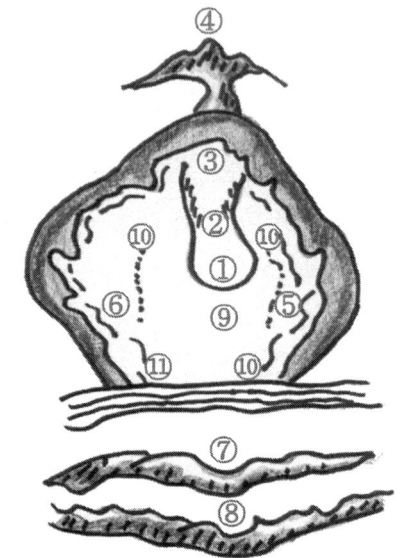

## 8. 혈의 성립조건

혈(穴)은 생기(生氣)가 모이는 장소이다. 생기(生氣)가 주변으로 퍼져나가 만들어지는 곳이 명당(明堂)이 된다. 이름난 곳이 곧 좋은 땅은 아니며, 밝은 곳이 좋은 기(氣)를 가진 땅이며, 음랭하고 습한 곳은 좋지 못한 땅으로, 밝고 따뜻한 곳이 좋은 땅이다.

우리나라에서는 볕이 잘 드는 남향집을 선호하는 이유도 밝고 따뜻한 장소이기 때문에 선호하는 것이다.

① 주산(主山)이 있어야 좋다.
② 입수룡(入水龍)이 있어야 좋다.
③ 입수룡은 끝나는 자락에 흙이 넉넉해야 좋다.
④ 좌우(左右)에 좌청룡(左靑龍)과 우백호(右白虎)가 있으면 좋다.(어느 한쪽이 없고 강물이 있으면 그 강물로 대치할 수 있다)
⑤ 마당은 평평해야 좋다.(밭보다 논이 더 좋은 까닭은 물이 재물이기 때문이다)

⑥ 안산(案山)이 있으면 좋다.(좌청룡(左靑龍) 안산은 길하지만, 우백호(右白虎) 안산(案山)은 그리 좋다고 보지 않는다)
⑦ 조산(祖山)과 조산(朝山)이 있으면 좋다.

 **혈이 성립될 수 없는 지형**

- 흙이 거름을 많이 주고 난 후처럼 거무칙칙한 색상은 그리 좋지 않다. 습한 땅일 것이기 때문이다.
- 자갈이나 자갈보다 약간 큰 돌이 혈 자락에 뒹굴면 좋지 않다. 산이 밀려오면서 자갈이 밖으로 빠져나왔고, 혈맥이 파괴되어 버렸을 것이다. 단, 바위는 경우가 다를 수 있다.
- 바위 밑은 절대 혈이 될 수 없다. 빗물이 바위 옆으로 스며든다.
- 갈대, 대나무, 나무가 쭉쭉 뻗어나가서 수풀이 너무 잘 자라면 수분이 많은 땅이라 본다.
- 흙이 힘이 없는 땅은 피한다. 단, 마사나 모래가 많은 땅은 예외가 될 수 있다. 이런 땅은 20~30cm 가량 더 파내려 가면 혈토가 있을 수 있다.

## 9. 주의해야 할 좌청룡 우백호와 혈의 위치

① 좌청룡(左靑龍)이 되받아치면 좋지 않다. 가정·관청·회사에서 하극상이 일어날 수 있다.
② 좌청룡(左靑龍) 우백호(右白虎)가 있기는 있되, 자락이 밖으로 빠져나가면 없는 것이나 마찬가지이다.
③ 한쪽이 푹 꺼지면 후손이 한 번 절손 또는 파멸을 겪는다.
④ 좌청룡(左靑龍) 우백호(右白虎)가 입수룡(入水龍)의 혈보다 낮으면 좋지 못하다. 좌청룡(左靑龍), 우백호(右白虎)는 입수룡(入水龍)의 혈(穴)보다 약간 높아야 한다.
⑤ 너무 높은 곳에 혈(穴)을 잡으면 재물이 보관될 수 없고 사방팔방에서 오는 바람·비·눈을 막을 수 없게 된다. 따라서 이런 지형은 물이 너무 속사포로 빠지면 재물이 빨리 빠지는 형이다.
⑥ 좌청룡(左靑龍) 우백호(右白虎)의 입구가 너무 높으면 항상 눌려서 기를 펴지 못한다.

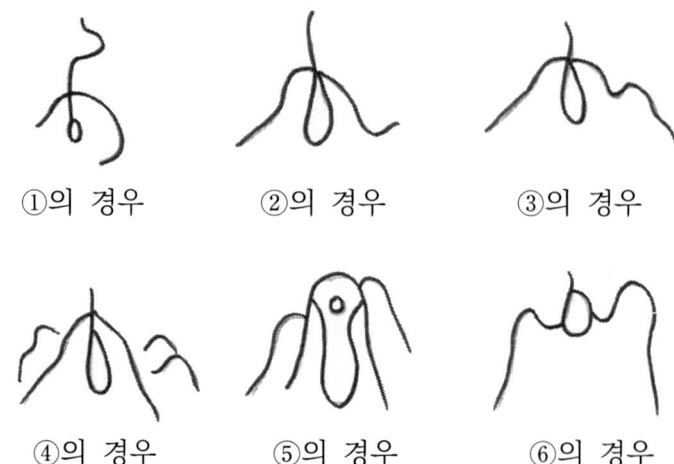

①의 경우　　②의 경우　　③의 경우

④의 경우　　⑤의 경우　　⑥의 경우

## 명당(明堂)이란?

명당(明堂)은 지기(地氣)에 따라 좌우되며 땅의 형태나 구조는 부차적인 문제이다. 일부에서는 좌청룡(左靑龍), 우백호(右白虎), 사신사(四神砂) 구조(構造)가 명당(明堂)인 줄 알고 있다. 사신사(四神砂) 구조를 갖추었다 해도 지기(地氣)가 생기(生氣)로서 응결하지 못한 땅은 명당(明堂)이 될 수 없다.

가족 묘지의 사례

# 제 2 장

# 나경 보는 방법

## 1. 나경의 개요

### (1) '나경' 이란?

① 나경(羅經)은 우리나라에서 패철(佩鐵)·지남철(指南鐵)·나침반(羅針盤)·윤도(輪圖) 등으로 불리고 있다.
② 패철(佩鐵)이란 지관(地官)이 몸에 지남철을 지니고 있음을 말함이니 적절한 표현이라 보기 어렵고, '포라만상 경륜천지(包羅萬象 經倫天地)'에서 '나'자와 '경'자를 따서 조합한 말이 나경이다.
③ 생성 원리는 사서오경(四書五經)의 하나인《주역(周易)》에 따르고 있다.
④ 주(周)나라 문왕(文王) 때부터《주역》의 후천팔괘(後天八卦)를 응용하여 사용하였다. 이때부터 사용하기 시작한 나경(羅經)이 세월을 거듭하면서 점차 발전되어 현재에 이르렀다.
⑤ 방위를 측정하는 데 필수품이다. 360도를 24방위로 나눠서 그와 역학관계를 살펴본다.
⑥ 5층부터 9층, 13층, 36층, 52층 등 여러 가지이다. 이 책에서는 음택(陰宅)과 양택(陽宅) 연구에 적용시킬 때 편리하도록 13층으로 만들었다.
⑦ 시중에는 5층, 9층이 통용되고 있으나 지관이 가지기에는 부족하다. 여기서는 13층을 각층별로 사용법을 설명하고자 한다.
⑧ 나경 이론은 풍수지리학의 형기론(形氣論)과 이기론(理氣論)에서 이기론(理氣論)에 속한다.

※ 이기론[理氣論] 이(理)와 기(氣) 범주를 사용하여 우주 현상과 인간의 도덕 실천의 문제에 관한 체계적인 해명을 추구하는 이론이다.

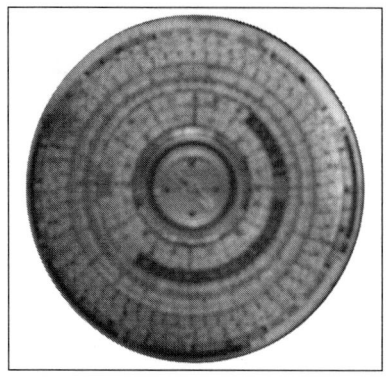

[13층 나경]

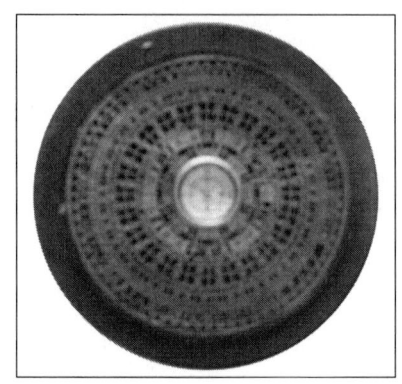

[선조들이 사용하던 나경]

## (2) 13층 나경 그림

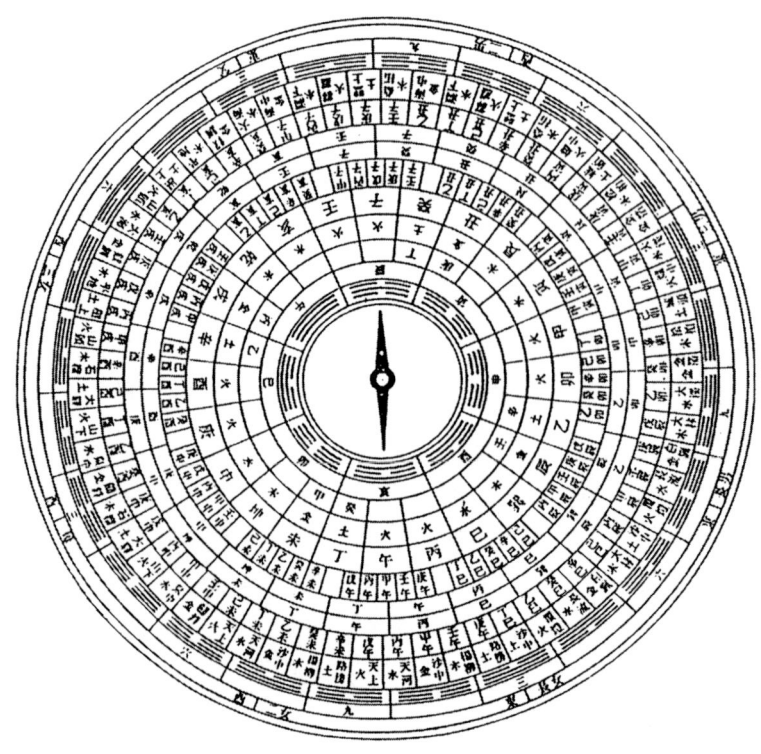

※ 음택에서는 5층을 많이 활용하며, 양택에서는 1층, 5층, 13층을 많이 활용한다.(바늘의 적색 표시가 북쪽인 나경)

## (3) 나경의 방위(方位)

① 나경(羅經)은 방위를 측정하고자 하는 위치에서 나침의 방위가 5층에 있는 자(子)와 오(午)에 오도록 맞추어 놓는다.
② 이는 나침반의 사용원리와 같으나 나침반 중 구멍이 있거나 특별한 표시를 한 쪽이 자(子: 北)에 오도록 한다.
③ 지관(地官)이 알고자 하는 물체의 위치를 보고, 그 위치에 나경의 자(子)·오(午)·선 중심을 지나도록 일직선으로 했을 때의 표시가 바로 방위이다.
④ 즉, 집 중앙이나 묘에서 나경(羅經)의 자(子)와 오(午)에 침을 일치시킨다.
⑤ 묘를 쓴다고 가정하면 지관이 산을 등지고 앉아서 볼 때 나경(羅經)의 중앙에서 풍수지리사 쪽이 좌(坐)이고 건너편 즉 앞산 쪽이 향(向)이다. '자좌오향(子坐五向) 계좌정향(癸坐丁向) 술좌진향(戌坐辰向)…' 식으로 된다.

## (4) 나경 사용법

① 가운데 바늘의 어느 한 부분이 표시한 쪽이 북쪽이며, 나침판 바늘이 24방위 중 임·자·계(북쪽)중 자(子)에 오도록 맞추면 반대 부분은 자동적으로 오(午)에 온다. 이것이 바로 남북을 맞춘 것이다.
② 나경(羅經)을 그림으로 나타내고자 할 때는 자 방위가 밑에 오도록 한다. 이는 일반적으로 북쪽이 위라고 생각하는 것과는 정반대이니 착오가 없도록 주의한다. 이는 북(北)은 음(陰)이고, 음에서 시작됨을 나타내기 위함이다.
③ 양택에서의 나경 사용법
  ▶ 나경을 놓는 위치 : 단독주택이나 아파트 구분 없이 건물의 중앙에 놓는다. 또한 한 부분을 보고자 할 때는 보고자 하는 그 장소 한 가운데 놓는다.
  ▶ 대문·안방·부엌 등이 나경 1층, 즉 주역팔괘의 어디에 속하는지를 살핀다.
  ▶ 나경 13층의 동·서사택 조견도를 참고한다.
  ▶ 나경을 정 위치에 놓고 ① 대문, ② 안방, ③ 부엌의 배치가 어느 사택에 있는지를 보고 흉한지 길한지를 판별한다. 아파트에서는 앞 발코니, 안방, 주방을 관찰한다.
④ 양택 풍수에서는 13층 나경의 경우는 나경 1층, 5층, 13층을 사용하여 양택의 길, 흉을 판별한다.

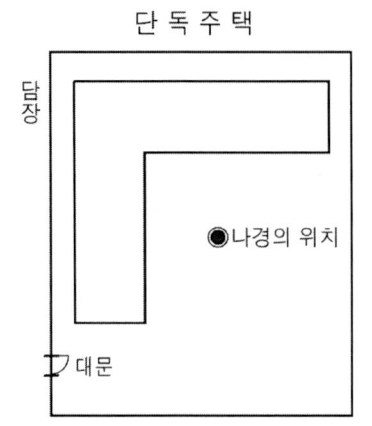

주택에서는
대문, 안방, 부엌(주방)을 중요시 한다.

아파트에서는
앞발코니, 안방, 주방을 중요시하며 또한, 거실, 화장실도 운(運)의 작용에 많은 영향을 받는다.

## (5) 나경(羅經) 13층

① 양택 풍수의 기본인 동서사택법(東西四宅法)을 표시해 놓았다.
② 나경(羅經)의 흑색 부분은 동사택이고, 금색 부분은 서사택으로서 기준은 1층 8괘에 따른 것이다.

- 동사택 :　　진하련(동)　　손하절(동남)　　이허중(남)　　감중련(북)

- 서사택 :　　태상절(서)　　곤삼절(서남)　　건삼련(서북)　　간상련(동북)

③ 주택에서는 대문, 안방, 부엌(주방)이 동사택이나 서사택에 위치하는 것이 좋다.
④ 아파트에서 앞 발코니, 안방, 주방이 동사택이나 서사택에 위치하는 것이 좋다.
⑤ 빌라형 주택이나 주거용 오피스텔인 경우 앞 발코니가 없는 경우는 현관을 대문으로 본다.
⑥ 점포나, 사무실인 경우는 주된 자리와 출입문을 동·서사택 원리에 맞추어 본다.

13층 나경으로 13층에 흑색 부분은 동사택, 금색 부분은 서사택으로 표시 되어 있다.

## (6) 나경 5층

① 나경(羅經) 5층은 지반정침(地盤正針)을 나타낸다.
② 5층인 지반정침은 좌향(坐向)의 방위를 결정하고 입수룡의 방위를 결정하는 데 사용한다.
③ 5층은 임자(壬子), 계축(癸丑), 간인(艮寅), 갑묘(甲卯), 을진(乙辰), 손사(巽巳), 병오(丙午), 정미(丁未), 곤신(坤申), 경유(庚酉), 신술(辛戌), 건해(乾亥)로 되어 있다.
④ 이는 24방위로써 혈(穴)의 좌(坐)와 향(向)을 결정한다. 좌향(坐向)은 180°대칭이다. 좌향은 혈(穴)의 명칭이므로 주위의 사(砂)나 수(水)가 좌향에 어떻게 영향을 미치는가를 살펴보는 것이 풍수지리이다. 즉 12지지(地支)와 10천간(天干)중에서 무기(戊己)를 뺀 8간(干)과 4유(四維: 乾坤艮巽)를 합하면 24방위가 정해진 것이다.

# 제 III 편

## 음양오행

제1장 음양(陰陽)과 오행(五行)

제2장 십간(十干)과 십이지(十二支)

제3장 좋은 날 택일(擇日)

제4장 초상과 생활 풍수

제5장 이장과 생활 풍수

## 제 1 장

# 음양(陰陽)과 오행(五行)

## 1. 음양(陰陽)

### (1) 음양의 기원

대우주에 삼라만상(參羅萬像)이 형성되기 이전을 태극(太極)이라 하는 데, 그 시기는 어둡고 답답한 기운(氣運)만이 가득하여 사물을 분별할 수 없는 암흑의 상태였다. 그러나 무량의 긴 세월을 지나서 어느 때에 한 기운(氣運)이 엉켰으니, 가볍고 따뜻한 기운(氣運)은 위로 올라가 하늘이 되었고, 무겁고 차가운 기운(氣運)은 밑으로 내려와 굳어지면서 땅이 되었다.

이것이 우주의 공간과 하늘의 운성(運星)이 생성된 이치이자, 음(陰)과 양(陽)이 양분된 이치이다. 즉 양(陽)은 하늘이요, 음(陰)은 땅이다. 또한 음(陰)과 양(陽)은 기(氣)와 체(體)가 있으니 양(陽)은 기(氣)요, 음(陰)은 물질이다. 바꾸어 말하면 기(氣)는 정신이요, 영은 육체인데 기와 체가 합해지면 우주를 움직일 수 있으므로, 기(氣)에서 발생한 강약(强弱)의 작용에 따라 흥하고 망하는 것이다.

### (2) 양과 음의 구별

① 양(陽) : 하늘, 태양, 낮, 사람, 남자, 남편, 불, 수컷, 집, 산천, 긴 것, 높은 것, 홀수, 밝음, 행복 등.
② 음(陰) : 땅, 달, 밤, 귀신, 여자, 아내, 물, 암컷, 묘지, 바다, 작은 것, 낮은 것, 짝수, 어둠, 불행 등

　* 움직이는 것은 양(陽)이요, 움직이지 않는 것은 음(陰)이다. 처음은 양(陽)이지만 끝은 음(陰)이니, 모든 것은 상대성 원리를 가지고 운행하며 그 질서를 지킨다. 또한 음양(陰陽)의 조화는 변화무상(變化無常) 하지만 극도에 달할

때는 대동소이(大同小異)하여 구별하기가 어려울 때가 있어서 이해하기 곤란하다.

비석의 설치에도 음양(陰陽)의 조화를 이루어야 한다.

## 2. 오행(五行)

### (1) 오행의 기원

사상(四象)에서 오행(五行)이 자연적으로 발생하는데, 토(土)는 만물의 모체이며, 우주의 시작이 이루어진 모태라고 여긴다.

> 태역(太易)이 생겨나서 수(水)가 되고,
> 태초(太初)가 생겨나서 화(火)가 되고,
> 태시(太時)가 생겨나서 목(木)이 되고,
> 태소(太素)가 생겨나서 금(金)이 되고,
> 태극(太極)이 생겨나서 토(土)가 된다.

① 토(土)의 생성 : 이때를 토기(土器), 즉 석기시대라고 했는데, 목(木)이 토기를 물리치고 지배한 사회를 목기 시대라고 한다.
② 목(木)의 생성 : 이때를 목기(木器), 즉 목기 시대라고 했는데, 금(金)이 목기를 물리치고 지배한 사회를 철기시대라고 한다.

③ 금(金)의 생성 : 이때를 금기(金器)·철기(鐵器), 즉 철기시대라고 했는데, 화(火)가 철기를 물리치고 지배한 사회를 화기시대라고 한다.
④ 화(火)의 생성 : 이때를 화기(火器), 즉 화기시대라고 했는데, 수(水)가 화기를 물리치고 지배한 사회를 수기시대라고 한다.
⑤ 수(水)의 생성 : 이때를 수기(水器), 즉 수기시대라고 했는데, 토(土)가 수기를 물리치고 지배한 사회를 토기 시대라고 한다.

## (2) 오행의 상생상극 관계

### 1) 상생(相生) 관계

오행이 서로 친하여 도움을 주고받는 것을 말한다.
① 목생화(木生火) : 불은 나무가 없으면 살 수 없다. 나무는 불의 희생자이니 불살개가 된다.
② 화생토(火生土) : 흙은 불이 없으면 형체를 만들 수 없다. 불은 흙의 희생자이니 그릇을 만들어 준다. 불은 흙을 낳고 흙은 불을 먹고 산다.
③ 토생금(土生金) : 쇠는 땅이 없으면 생길 수 없다. 땅은 쇠의 희생자이니 쇠가 땅을 파헤친다. 흙은 쇠를 낳고 쇠는 흙을 먹고 산다.
④ 금생수(金生水) : 물은 돌이나 바위가 아니면 생길 수 없다. 쇠는 물의 희생자이니 물을 그릇에 담는다. 쇠는 물을 낳고 물은 쇠를 먹고 산다.
⑤ 수생목(水生木) : 나무는 물을 먹지 않으면 살 수 없다. 물은 나무의 희생자이니 물을 나무가 먹는다. 물은 나무를 낳고 나무는 물을 먹고 산다.

### 2) 상극(相剋)관계

오행이 서로 다투고 싸우는 것을 말한다.
① 목극토(木克土) : 나무는 땅에 뿌리를 박고 산다. 그 뿌리가 땅을 마음대로 파괴시킨다. 나무나 곡식을 심기 위해 땅을 파낼 수 있다.
② 토극수(土克水) : 흙은 물이 흐르지 못하도록 막아버릴 수 있다. 흙으로 빚은 그릇은 물을 마음대로 담을 수 있다. 흙은 물을 메우고 땅을 만들 수 있다.

③ 수극화(水克火) : 물은 타는 불을 끌 수 있다. 불은 물을 만나면 꺼짐을 당한다. 불은 물을 따뜻하게 할 수도 있다.
④ 화극금(火克金) : 불로 쇠를 녹여 형체를 바꿀 수 있다. 불로 쇠를 제작 가공하면 무엇이든 만들 수 있다. 불로 쇠를 쪼개기도 하고 붙이기도 한다.
⑤ 금극목(金克木) : 쇠로 나무를 베어낼 수 있다. 쇠로 나무 공예품을 제작할 수 있다. 쇠로 어린나무를 없애버릴 수도 있다.

## 3. 천간(天干)과 지지(地支)

사학의 태종이 되는《연해자평(淵海子平)》에는 다음과 같은 기록이 등장한다.

중국 황제(黃帝)때에 천우가 세상에 나와 백성들을 괴롭히고 세상을 어지럽히니 황제가 보고만 있을 수 없어서 마침내 천우와 탁록의 들판에서 싸움을 벌여 그를 쳐 죽였다.

그러나 그의 유혈이 백 리에 뻗쳐 이를 다스리기 어려운 지경에 이르자 황제는 목욕재계하고 하늘에 빌었고, 이에 하늘이 이를 가상하게 여겨 십간(十干)과 십이지(十二支)를 내려주었다.

황제는 십간을 원(圓)으로 싸서 천형(天形)으로 상징하고, 십이지를 방(方)으로 싸서 지형(地形)으로 상징함으로써 그 빛이 직문(職門)에 명하여 이를 널리 퍼지게 하니 그 후 세상이 잘 다스려졌다.

후일 대요씨(大僥氏)가 나와 세상사를 걱정하면서 말했다. "아! 황제가 선인으로서도 오히려 악살을 능히 다스리지 못했거늘 후세에 일어날 재해(災害)를 장차 어찌하면 좋은가?" 이러한 탄식으로 말미암아 십간과 십이지를 합하여 육십갑자(六十甲子)를 배정하였다.

이렇듯 천간(天干)과 지지(地支)는 천지간 대우주의 신비를 푸는 암호로서 인간의 길흉화복(吉凶禍福)을 판단하는 데 널리 사용되고 있다.

## 제 2 장

# 십간(十干)과 십이지(十二支)

## 1. 십간(十干)

　십간(十干)은 천간(天干)이라고도 하며, 다음의 10자를 말한다. 즉 갑(甲), 을(乙), 병(丙), 정(丁), 무(戊), 기(己), 경(庚), 신(辛), 임(壬), 계(癸)가 바로 그것이다.

　① 십간의 오행 구분
　　· 목(木) : 갑, 을.
　　· 화(火) : 병, 정.
　　· 토(土) : 무, 기.
　　· 금(金) : 경, 신.
　　· 수(水) : 임, 계.

　② 십간의 음양 구분
　　· 양(陽) : 갑, 병, 무, 경, 임.
　　· 음(陰) : 을, 정, 기, 신, 계.

## 2. 십이지(十二支)

십이지를 설치한 경우

　십이지(十二支)란? 지지(地支)를 말하는데, 12자인 까닭에 십이지라고 한다. 즉 자(子: 쥐), 축(丑: 소), 인(寅: 범), 묘(卯: 토끼), 진(辰: 용), 사(巳: 뱀), 오(午: 말), 미(未: 양), 신(申: 원숭이), 유(酉: 닭), 술(戌: 개), 해(亥: 돼지)가 그것이다.

① 지지(地支)의 음양(陰陽) 구분
  • 양(陽) : 자, 인, 진, 오, 신, 술.
  • 음(陰) : 축, 묘, 사, 미, 유, 해.

② 지지(地支)의 오행(五行) 구분
  • 목(木) : 인, 묘.
  • 화(火) : 사, 오.
  • 토(土) : 진, 술, 축, 미.
  • 금(金) : 신, 유.
  • 수(水) : 해, 자.

## 3. 숫자의 음양

양(陽)의 수는 1, 3, 5, 7, 9라는 홀수이고, 음(陰)의 수는 2, 4, 6, 8, 10이라는 짝수이다.

## 4. 천간합(天干合)

천간(天干)과 지지(地支)는 각기 다르므로, 천간(天干)은 천간(天干)끼리 지지(地支)는 지지(地支)끼리 서로 합쳐짐으로 인하여 오행(五行)이 서로 변화됨을 일컫는다.

① 천간합(天干合)
  • 갑기(甲己) = 토(土).
  • 을경(乙庚) = 금(金).
  • 병신(丙辛) = 수(水).
  • 정임(丁壬) = 목(木).
  • 무계(戊癸) = 화(火).

③ 지육합(支六合)
  • 자축(子丑) = 토(土).
  • 인해(寅亥) = 목(木).
  • 묘술(卯戌) = 화(火).
  • 진유(辰酉) = 금(金).
  • 신사(申巳) = 수(水).
  • 오미(午未) = 각각.

② 지삼합(支三合)
  • 신자진(申子辰) = 수(水).
  • 인오술(寅午戌) = 화(火).
  • 해묘미(亥卯未) = 목(木).
  • 사유축(巳酉丑) = 금(金).

## 5. 형충파해(刑沖波害)와 원진(元嗔)

① 천간충(天干沖)
갑경(甲庚), 을신(乙辛), 병임(丙壬), 정계(丁癸), 무갑(戊甲), 기을(己乙), 경병(庚丙), 신정(辛丁).

② 지지충(地支沖)
자오(子午), 축미(丑未), 인신(寅申), 묘유(卯酉), 진술(辰戌), 사해(巳亥).

③ 지육파(支六波)
인해(寅亥), 축진(丑辰), 술미(戌未), 자유(子酉), 오묘(午卯), 신사(申巳).

④ 지육해(支六害)
자미(子未), 축오(丑午), 인사(寅巳), 묘진(卯辰), 신해(申亥), 유술(酉戌).

⑤ 지삼형(支三刑)
인사신(寅巳申), 축술미(丑戌未), 자묘(子卯), 진오술미(辰午戌未).

⑥ 형(刑)
인사(寅巳), 사신(巳申), 신인(申寅), 축술(丑戌), 술미(戌未), 미축(未丑.)

⑦ 원진(元嗔)
자미(子未), 축오(丑午), 인유(寅酉), 묘신(卯申), 진해(辰亥), 사술(巳戌).

※ 다음 페이지 도표는 지지(地支)를 비교한 도표이다.

도표 보는 방법은 본인의 연주(年柱)나 일주(日柱) 또는 그날의 일진(日辰)이 갑자(甲子)일 경우에 지지인 자(子)와 마주치는 것을 찾아보면 축(丑)이 합(合)이다. 또한 묘(卯)는 형(刑)이며, 진(辰)과 신(申)은 삼합(三合)임을 알 수 있다.

▶ 지지 비교표

| 구분 | 자子 | 축丑 | 인寅 | 묘卯 | 진辰 | 사巳 | 오午 | 미未 | 신申 | 유酉 | 술戌 | 해亥 |
|---|---|---|---|---|---|---|---|---|---|---|---|---|
| 자子 |  | 합合 |  | 형刑 | 삼합三合 |  | 충冲 | 해원害元 | 삼합三合 | 파破 |  |  |
| 축丑 | 합合 |  |  |  | 파破 | 삼합三合 | 해원害元 | 형충刑冲 |  | 삼합三合 | 형刑 |  |
| 인寅 |  |  |  |  | 형해刑害 | 삼합三合 |  |  | 형충刑冲 | 원진元嗔 | 삼합三合 | 합파合破 |
| 묘卯 | 형刑 |  |  |  | 해害 |  | 파破 | 삼합三合 | 원진元嗔 | 충冲 | 합合 | 삼합三合 |
| 진辰 | 삼합三合 | 파破 |  | 해害 | 형刑 |  |  |  | 삼합三合 | 합合 | 충冲 | 원진元嗔 |
| 사巳 |  | 삼합三合 | 형해刑害 |  |  |  |  |  | 합형파합형파破 | 삼합三合 | 원진元嗔 | 충冲 |
| 오午 | 충冲 | 해원害元 | 삼합三合 | 파破 |  |  |  | 형刑 | 합合 |  | 삼합三合 |  |
| 미未 | 해원害元 | 형충刑冲 | 삼합三合 |  |  | 합合 |  |  |  | 형파刑破 | 삼합三合 |  |
| 신申 | 삼합三合 |  | 형충刑冲 | 원진元嗔 | 삼합三合 | 합형파합형파破 |  |  |  |  |  | 해害 |
| 유酉 | 파破 | 삼합三合 | 원진元嗔 | 충冲 | 합合 | 삼합三合 |  |  |  | 형刑 | 해害 |  |
| 술戌 |  | 형刑 | 삼합三合 | 합合 | 충冲 | 원진元嗔 | 삼합三合 | 형파刑破 |  | 해害 |  |  |
| 해亥 |  |  | 합파合破 | 삼합三合 | 원진元嗔 | 충冲 |  | 삼합三合 | 해害 |  |  | 형刑 |

※ 참고사항

① 형·충·파·해는 특별한 경우를 제외하고는 나쁘다고 판단한다.
② 합과 삼합은 좋다.
③ 합이나 형·충·파·해가 없는 것은 평범한 것이다.
④ 위의 표는 궁합이나 풍수 및 사주팔자와 모든 택일의 기본 방법으로 반드시 사용한다.

# 제3장

# 좋은 날 택일(擇日)

## 1. 일상적으로 좋은 날과 나쁜 날

### (1) 택일하면 좋은 날

① 천사상길일 : 하늘이 모든 잘못을 사면해 준다는 날.
   봄의 무인(戊寅), 여름의 갑오(甲午), 가을의 무신(戊申), 겨울의 갑자(甲子)가 이에 해당된다.

② 천은상길일 : 하늘이 은총을 내린다는 날.
   갑자(甲子), 을축(乙丑), 을유(乙酉), 병인(丙寅), 정묘(丁卯), 무진(戊辰), 기묘(己卯), 경진(庚辰), 경술(庚戌), 신사(辛巳), 신해(辛亥), 임자(壬子), 임오(壬午), 계축(癸丑), 계미(癸未)가 이에 해당된다.

③ 대명상길일 : 하늘과 땅이 밝아진다는 날.
   갑진(甲辰), 갑신(甲申), 을사(乙巳), 을미(乙未), 병오(丙午), 정축(丁丑), 정해(丁亥), 기묘(己卯), 기유(己酉), 경술(庚戌), 신미(辛未), 신해(辛亥), 임인(壬寅), 임진(壬辰), 임오(壬午), 임신(壬申), 계유(癸酉)가 이에 해당된다.

④ 모창살길일 : 신축이나 이사 등에 좋은 날.
   봄의 해(亥)·자(子)일, 여름의 인(寅)·묘(卯)일, 가을의 진(辰)·술(戌)·축(丑)·미(未)일, 겨울의 신(申)·유(酉)일이 이에 해당된다.

⑤ 천지개공일 : 하늘과 땅이 모두 비어 있어 아무런 탈이 없는 날.
   무술(戊戌), 기해(己亥), 경자(庚子), 경신(庚申)이 바로 이 날이다.

⑥ 대공망일 : 약한 기운이 떠나고 없는 날.
   그러나 제사를 지내는 데는 불리한 날로서 갑오(甲午), 갑신(甲申), 갑술(甲戌), 을축(乙丑), 을유(乙酉), 을해(乙亥), 임자(壬子), 임인(壬寅), 임진(壬辰), 계묘(癸卯),

계사(癸巳), 계미(癸未)가 이에 해당된다.

⑦ 천롱지아일: 하늘이 귀가 먹고 땅이 벙어리가 된다는 날.
  을축(乙丑), 을미(乙未), 병자(丙子), 병인(丙寅), 병진(丙辰), 병신(丙申), 정묘(丁卯), 무진(戊辰), 기묘(己卯), 기해(己亥), 경자(庚子), 신축(辛丑), 신사(辛巳), 신유(辛酉), 신해(辛亥), 임자(壬子), 계축(癸丑)이 이에 해당된다.

⑧ 오공일 : 신이 승천하여 땅이 비어 있다는 날과 시.
  무술일(戊戌日)의 오시(午時), 기해(己亥), 경자(庚子), 신축(辛丑)이 이에 해당된다.

⑨ 월가길신일 : 달마다 지정되어 있는 좋은 구실을 하는 지정된 날로서, 다음 장에 표는 월가길신일을 나타내고 있는 도표이다.

⑩ 황도일 : 모든 황도일은 좋은 날이며, 천강살이나 하괴살이 든 날이라도 황도일에 해당하면 살(殺) 작용을 하지 않는다.

모든 택일은 본인의 선천운(사주팔자)과 조화를
이루어야 한다.

※ 택일의 원리

택일은 불경스러운 날을 피하고 추길피흉(趨吉避凶)이 되도록 하자는 것으로 역술적으로 보면, 천기대요(天機大要)의 길·흉일을 이용하여 좋은 날을 택하고, 그 중에서 본인에 가장 잘 맞는 날을 고르는 것이다. 결혼 택일의 경우 가능하면 특정일(국경일이나 임시공휴일)이나 연휴는 피하고 길일을 고르는 것이 하객에 대한 예의다.

▶ 월가길신일

| 월<br>길신 | 1 | 2 | 3 | 4 | 5 | 6 | 7 | 8 | 9 | 10 | 11 | 12 |
|---|---|---|---|---|---|---|---|---|---|---|---|---|
| 월덕일 | 병 | 갑 | 임 | 경 | 병 | 갑 | 임 | 경 | 병 | 갑 | 임 | 경 |
| 월덕합 | 辛 | 기 | 정 | 을 | 辛 | 기 | 정 | 을 | 辛 | 사 | 정 | 을 |
| 천덕일 | 정 | 申 | 임 | 辛 | 해 | 갑 | 계 | 인 | 병 | 을 | 사 | 경 |
| 천덕합 | 임 | 사 | 정 | 병 | 인 | 기 | 술 | 해 | 辛 | 경 | 갑 | 을 |
| 천희일 | 술 | 해 | 자 | 축 | 인 | 묘 | 진 | 사 | 오 | 미 | 申 | 유 |
| 월은일 | 병 | 진 | 경 | 기 | 무 | 辛 | 임 | 계 | 경 | 을 | 갑 | 辛 |
| 삼합일 | 오·술 | 미·해 | 申·사 | 유·축 | 술·인 | 해·묘 | 자·진 | 축·사 | 인·오 | 묘·지 | 진·사 | 사·유 |
| 육합일 | 해 | 술 | 유 | 申 | 미 | 오 | 사 | 진 | 묘 | 인 | 축 | 자 |
| 속세일 | 축 | 미 | 인 | 申 | 묘 | 유 | 진 | 술 | 사 | 해 | 오 | 자 |
| 천부일 | 진 | 사 | 오 | 미 | 申 | 유 | 술 | 해 | 자 | 축 | 인 | 묘 |
| 월공일 | 임 | 경 | 병 | 갑 | 임 | 경 | 병 | 갑 | 임 | 경 | 병 | 갑 |
| 오부일 | 해 | 인 | 사 | 申 | 해 | 인 | 사 | 申 | 해 | 인 | 사 | 申 |
| 만통사 | 오 | 해 | 申 | 축 | 술 | 묘 | 자 | 사 | 인 | 미 | 진 | 유 |
| 천귀일 | 갑·을 | 갑·을 | 갑·을 | 병·정 | 병·정 | 병·정 | 경·신 | 경·신 | 경·신 | 임·계 | 임·계 | 임·계 |
| 찬사신 | 술 | 축 | 진 | 미 | 술 | 축 | 진 | 미 | 술 | 축 | 진 | 미 |
| 천룡일 | 임자 | 계축 | 간인 | 갑묘 | 을진 | 손사 | 병오 | 정미 | 곤申 | 경유 | 辛술 | 건해 |
| 왕 일 | 인 | 인 | 인 | 사 | 사 | 사 | 申 | 申 | 申 | 해 | 해 | 해 |
| 상 일 | 사 | 사 | 사 | 申 | 申 | 申 | 해 | 해 | 해 | 인 | 인 | 인 |
| 해신일 | 申 | 申 | 술 | 술 | 자 | 자 | 인 | 인 | 진 | 진 | 오 | 오 |

▶ 황도일

| 월<br>황도 | 1, 7월<br>(寅,申) | 2, 8월<br>(卯,酉) | 3, 9월<br>(辰,戌) | 4, 10월<br>(巳,亥) | 5, 11월<br>(午,子) | 6, 12월<br>(未,丑) |
|---|---|---|---|---|---|---|
| 청룡황도 | 자 | 인 | 진 | 오 | 신 | 술 |
| 명당황도 | 축 | 묘 | 사 | 미 | 유 | 해 |
| 금궤황도 | 진 | 오 | 신 | 술 | 자 | 인 |
| 천덕황도 | 사 | 미 | 유 | 해 | 축 | 묘 |
| 옥당황도 | 미 | 유 | 해 | 축 | 묘 | 사 |
| 사명황도 | 술 | 자 | 인 | 진 | 오 | 신 |

## (2) 택일하면 나쁜 날

① 천하멸망일 : 무슨 일이든지 행하면 망한다는 날.
   5월과 9월에는 축(丑)일, 6월과 10월에는 진(辰)일, 7월과 11월에는 미(未)일, 8월과 12월에는 술(戌)일이 이에 해당된다.

② 십악대패일 : 당해 연월일에 어떤 일을 행하면 실패한다는 날.
   그러나 오합일과 겹칠 때는 무방하다.

| 연 | 월 | 일 |
|---|---|---|
| 갑, 기 | 3 | 무, 술 |
| 갑, 기 | 7 | 계, 해 |
| 갑, 기 | 10 | 병, 신 |
| 갑, 기 | 11 | 정, 해 |
| 을, 경 | 4 | 임, 신 |
| 을, 경 | 9 | 을, 사 |
| 병, 신 | 3 | 辛, 사 |
| 병, 신 | 9 | 경, 진 |
| 무, 계 | 6 | 축 |

③ 흑도일 : 모든 일에 나쁜 날

| 구 분 | 1, 7월 | 2, 8월 | 3, 9월 | 4, 10월 | 5, 11월 | 6, 12월 |
|---|---|---|---|---|---|---|
| 천형흑도 | 인 | 진 | 오 | 신 | 술 | 자 |
| 주작흑도 | 묘 | 사 | 미 | 유 | 해 | 축 |
| 백호흑도 | 오 | 신 | 술 | 자 | 인 | 진 |
| 천뢰흑도 | 신 | 술 | 자 | 인 | 진 | 오 |
| 현무흑도 | 유 | 해 | 축 | 묘 | 사 | 미 |
| 구진흑도 | 해 | 축 | 묘 | 사 | 미 | 유 |

④ 4폐·리·절일 : 계절 및 절기에 따라 나쁜 날
 ▸ 4폐일 : [봄] 경, 신(辛), 신(申), 유   [여름] 임, 계, 해, 자
       [가을] 갑, 을, 인, 묘   [겨울] 병, 정, 사, 오
 ▸ 4리일 : 춘분 전날, 하지 전날, 추분 전날, 동지 전날
 ▸ 4절일 : 입춘 전날, 입하 전날, 입추 전날, 입동 전날

⑤ 절기왕망일 : 절기를 기준하여 나쁜 날
 입춘 후 7일, 경칩 후 14일, 청명 후 21일, 입하 후 8일, 망종 후 16일, 소서 후 24일, 입추 후 9일, 백로 후 18일, 한로 후 27일, 입동 후 10일, 대설 후 20일 소한 후 30일이 이에 해당된다.

⑥ 대중복일 : 월별로 해당된 날에 장사 및 이장을 하면 5년 이내에 거듭 복을 입게 된다는 날이다.

| 월 별 | 대 중 복 일 |
|---|---|
| 맹 월 (1, 4, 7, 10) | 인, 신, 사, 해 |
| 중 월 (2, 5, 8, 11) | 자, 오, 묘, 유 |
| 계 월 (3, 6, 9, 12) | 진, 술, 축, 미 |

⑦ 삼재살 : 재화(災禍)가 많다는 해이다.

| 출생년 | 인, 오, 술 | 사, 유, 축 | 신, 자, 진 | 해, 묘, 미 |
|---|---|---|---|---|
| 년 지 | 신, 유, 술 | 해, 자, 축 | 인, 묘, 진 | 사, 오, 미 |

※ 참고사항

택일하여 시(時) 잡는 방법 : 혼인, 이사, 안장, 기도, 고사 등(황도시도 됨)

| 날짜 | 갑 | 을 | 병 | 정 | 무 | 기 | 경 | 신 | 임 | 계 |
|---|---|---|---|---|---|---|---|---|---|---|
| 시 | 축,인,묘 | 자,묘,신 | 사,유,해 | 오,유,해 | 진,술,축,미 | 자,축,미,신 | 축,미,신 | 자,신,유 | 자,묘,사 | 묘,사,해 |

## 2. 이삿날 택일

### (1) 이사의 방향과 날짜의 의미

이사 택일을 함에 있어 100% 좋은 날을 택하기 매우 어려우므로 본인이 좋아야 함은 물론이거니와, 어느 부분이 비중이 높은가를 판단해야 한다. 비율이 높고, 흉(凶)일을 피하며, 길일을 선택하여 사주와 맞게 택일(擇日)을 해야 한다.

흔히 이사 방향에 따라 일반적으로 손 있는 날과 손 없는 날을 많이 활용하고 있다. 이것 역시 모든 택일의 기본서인 ≪천기대요≫ 원본에는 나와 있지 않은 사항이었지만, 1983년도 이후 번역판에는 기록되어 있다(현재 편저자는 사망한 상태이다). 참고로 청소년이면 누구나 알고 있는 발렌타인데이가 제과 회사에서 상술로 유행을 시킨 것만 보아도 짐작을 할 수 있다.

일반적으로 알고 있는 방법으로 손 있는 날과 방향은 다음과 같다.
① 11, 21일은 동쪽.
② 12, 22일은 동남쪽.
③ 13, 23일은 남쪽.
④ 14, 24일은 서남쪽.
⑤ 15, 25일은 서쪽.
⑥ 16, 26일은 서북쪽.
⑦ 17, 27일은 북쪽.
⑧ 18, 28일은 북동쪽.
⑨ 10, 19, 20, 29, 30일은 없다(하늘).

## (2) 이사하는 데 나쁜 방위

대장군방(大將軍方)과 삼살방(三煞方)
　대장군방은 팔장신(八將神)의 하나로 길흉의 방위를 맡아본다는 여덟 가지의 신을 말한다. 즉, 팔장신은 태세(太歲) 대장군(大將軍) 태음(太陰) 세형(歲刑) 세파(歲破) 세살(歲煞) 황번(黃幡) 표미(豹尾)이다. 삼살방은 세 가지의 불길한 살이 낀 방위를 말하고 세살(歲煞) 겁살(劫煞) 재살(災煞)이다.

① 대장군방
　▶ 인(寅)·묘(卯)·진(辰)년 : 북쪽.
　▶ 사(巳)·오(午)·미(未)년 : 동쪽.
　▶ 신(申)·유(酉)·술(戌)년 : 남쪽.
　▶ 해(亥)·자(子)·축(丑)년 : 서쪽.

② 삼살방
　▶ 신(申)·자(子)·진(辰)년 : 남쪽.
　▶ 해(亥)·묘(卯)·미(未)년 : 서쪽.
　▶ 인(寅)·오(午)·술(戌)년 : 북쪽.
　▶ 사(巳)·유(酉)·축(丑)년 : 동쪽.

③ 월살방
　▶ 1, 5, 9월 : 축(丑)방위.
　▶ 2, 6, 10월 : 술(戌)방위.
　▶ 3, 7, 11월 : 미(未)방위.
　▶ 4, 8, 12월 : 진(辰)방위.

　일방적으로 대장군방과 삼살방은 무조건 피해야 한다고 주장하고 있다. 이와 관련하여 6·25사변 이후 부산에서 1996, 1997년이 인구이동이 가장 많이 하였는데, 그 방향이 해운대 신도시와 김해 신도시였다. 당시 부산지역의 특성상 대장군방과 삼살방으로 이사를 했으나 해운대 신도시로 이사한 사람들이 최근 부동산 가격상승으로 재산이 늘어난 것을 보면 이러한 주장이 비현실적이라는 사실이 확연하다.

## (3) 이사하기 좋은 날

### 1) 일반 길일

① 갑자, 갑인, 갑신, 갑술, 을축, 을묘, 을미, 을해, 병인, 병오, 정축, 정묘, 정미, 기사, 기미, 경자, 경인, 경오, 경신, 경술, 신미, 신유, 임인, 임진, 계축, 계묘, 계미.

② 천덕일, 월덕일, 천덕합일, 월덕합일, 천은일, 황도일, 모창상길일.

### 2) 일반 입택 통용일

① 갑자, 을축, 을묘, 을미, 을유, 병인, 병진, 병오, 정축, 정사, 기미, 경인, 경오, 경신, 경술, 임인, 임진, 계축, 계묘, 계사.

② 월은일, 사상일.

### 3) 월별 이사 길일

① 인(寅)월 : 병진, 정미, 신미, 임진.
② 묘(卯)월 : 갑자, 갑오, 을축, 을미.
③ 진(辰)월 : 병인, 기사, 경자, 경오, 임인.
④ 사(巳)월 : 갑오, 병오, 경오, 계묘.
⑤ 오(午)월 : 갑신, 경진.
⑥ 미(未)월 : 갑인, 정유.
⑦ 신(申)월 : 갑술, 경술.
⑧ 유(酉)월 : 을해, 신해, 계축.
⑨ 술(戌)월 : 갑오, 갑신, 병오.
⑩ 해(亥)월 : 갑자, 갑오, 무자, 경진, 임오, 계축.
⑪ 자(子)월 : 을축, 을미, 정축, 정미, 신미, 계축.
⑫ 축(丑)월 : 갑인, 을해, 정묘, 기해, 경인, 신해.

### 4) 신축건물 입주 길일

갑자, 을축, 무진, 경자, 경인, 경오, 계축, 계사, 계유.

### 5) 계절별 길일

① 봄 : 인(寅), 묘(卯), 진(辰) - 갑인.
② 여름 : 사(巳), 오(午), 미(未) - 병인.
③ 가을 : 신(申), 유(酉), 술(戌) - 경인.
④ 겨울 : 해(亥), 자(子), 축(丑) - 임인.

▶ 다음은 월별로 이사를 하기에 흉한 날을 표로 정리한 것이다.

| 구분 | 1월 寅 | 2월 卯 | 3월 辰 | 4월 巳 | 5월 午 | 6월 未 | 7월 申 | 8월 酉 | 9월 戌 | 10월 戌 | 11월 亥 | 12월 子 |
|---|---|---|---|---|---|---|---|---|---|---|---|---|
| 수사일 | 유 | 진 | 해 | 사 | 자 | 오 | 축 | 미 | 인 | 신 | 묘 | 유 |
| 귀기일 | 축 | 인 | 자 | 축 | 인 | 자 | 축 | 인 | 자 | 축 | 인 | 자 |
| 왕망일 | 인 | 사 | 신 | 해 | 묘 | 오 | 유 | 자 | 신 | 미 | 술 | 축 |
| 온황살일 | 미 | 술 | 진 | 인 | 오 | 자 | 유 | 신 | 사 | 해 | 축 | 묘 |
| 빙소와해일 | 사 | 자 | 축 | 신 | 묘 | 술 | 해 | 오 | 미 | 인 | 유 | 진 |
| 신호귀곡일 | 미술 | 술해 | 자진 | 축인 | 인오 | 자묘 | 진유 | 사신 | 사오 | 미해 | 축신 | 묘유 |

※ 위의 내용 외의 일반적인 흉일과 본인 사주와 맞지 않을 때도 참고해야 한다.

▶ 다음은 이사나 이동에 영향을 받는 방위와 달을 정리한 내용이다.

| 출 생 띠 | 영향이 미치는 방위 | 가장 변화를 많이 받는 생월 | 이사를 가서는 안되는 달 |
|---|---|---|---|
| 토끼띠 (卯) | 진(동)갑, 묘, 을 | 3(辰)월생 | 2(卯)월 |
| 닭 띠 (酉) | 태(서) 경, 유 辛 | 9(戌)월생 | 7(申)월 |
| 말 띠(午) | 이(남) 병, 오, 정 | 6월(未)월생 | 4(巳)월 |
| 쥐띠(子) | 감(북) 임, 자, 계 | 12월(丑)월생 | 3(辰)월 |
| 소띠(丑), 범띠(寅) | 간(동북) 축, 간, 인 | 1(寅), 2(卯)월생 | 5(午)월 |
| 용띠(辰), 뱀띠(巳) | 손(동남) 진, 손, 사 | 4(巳), 5(午)월생 | 6(未)월 |
| 양띠(未), 원숭이띠(申) | 곤(남서) 미, 곤, 신 | 7(申), 8(酉)월생 | 8(酉)월 |
| 개띠(戌), 돼지띠(亥) | 건(북서) 술, 건, 해 | 10(亥), 11(子)월생 | 10(亥)월 |

이와 관련하여 흔히 2월에는 이사를 하지 말라는 말이 많이 있으나, 2월에 이사를 하지 말라는 뚜렷한 근거를 찾지 못했으며, 시대가 변함에 따라 요즈음 신축 아파트에 2월부터 입주가 시작되면, 90%정도가 2월에 입주하여 무난하게 지내고 있음을 현실에 비추어 볼 때 따르지 않아도 상관없다고 여긴다.

## 3. 혼인날 택일

### (1) 혼인하기 좋은 날

① 음양부장길일 : 월별로 혼인하는 데 좋은 날
- 1월 : 병자, 병인, 정축, 정묘, 무자, 무인, 기축, 기묘, 경자, 경인, 신축, 신묘
- 2월 : 을축, 병자, 병인, 병술, 정축, 무자, 무인, 무술, 기축, 경자, 경인, 경술
- 3월 : 갑자, 갑술, 을축, 을유, 병자, 병술, 정축, 정유, 무자, 무술, 기축, 기유
- 4월 : 갑자, 갑신, 갑술, 을유, 병자, 병신, 병술, 정유, 무자, 무신, 무술, 기유
- 5월 : 갑신, 갑술, 을미, 을유, 병신, 병술, 무신, 무술, 계미, 계유.
- 6월 : 갑오, 갑신, 갑술, 을미, 을유, 임오, 임신, 임술, 계미, 계유.
- 7월 : 갑오, 갑신, 을사, 을미, 을유, 임오, 임신, 계사, 계미, 계유.
- 8월 : 갑진, 갑오, 갑신, 신사, 신미, 임진, 임오, 임신, 계사, 계미.
- 9월 : 경진, 경오, 신묘, 신사, 신미, 임진, 임오, 계묘, 계사, 계미.
- 10월 : 경인, 경진, 경오, 신묘, 신사, 임인, 임진, 임오, 계묘, 계사.
- 11월 : 정축, 정묘, 정사, 기축, 기묘, 기사, 경인, 경진, 신축, 신묘, 신사, 임인, 임진.
- 12월 : 병자, 병인, 병진, 정축, 정묘, 무자, 무인, 무진, 기축, 기묘, 경자, 경인, 경진, 신축, 신묘.

② 관계일 : 남자는 사모관대를 착용하고, 여자는 비녀를 꽂는 날
갑자, 갑인, 갑진, 갑오, 을묘, 을사, 병자, 병인, 병오, 병신, 병술, 정묘, 정사, 정미, 무인, 무진, 경술, 신묘, 신미, 신유, 임진, 임오, 임신, 임술, 계묘, 계사, 천덕, 월덕, 천은, 천희.

③ 오합일 : 영세대길일이라 하여 모든 행사에 쓰이는 날, 즉 월살일·월염살일·사

갑일 등 나쁜 날도 오합일과 겹치면 나쁜 날이 아니라고 한다.

④ 십전대길일 : 혼일 날짜로 통용하는 날로써 을축, 을사, 병자, 정축, 정묘, 기축, 신묘, 임자, 계축, 계묘가 바로 이에 해당된다.

| 일월합 | 음양합 | 인민합 | 금석합 | 강하합 |
|---|---|---|---|---|
| 갑인, 을묘 | 병인, 정묘 | 무인, 기묘 | 경인, 신묘 | 임인, 계묘 |

⑤ 생갑일 : 생갑(生甲)일은 좋은 날임에는 틀림없지만, 장사(葬事)나 이장(移葬)일로는 사용하지 않는다.
- ▶ 자(子)·오(午)·묘(卯)·유(酉)년에는 갑자·갑오일.
- ▶ 진(辰)·술(戌)·축(丑)·미(未)년에는 갑진·갑술일.
- ▶ 인(寅)·신(申)·사(巳)·해(亥)년에는 갑인·갑신일.

⑥ 기타 혼일 길일
- ▶ 천사사길일, 천은상길일, 천덕합일, 월덕합일.
- ▶ 사상일 : (봄) 병·정  (여름) 무·경  (가을) 임·계  (겨울) 갑·을
- ▶ 시덕일 : (봄) 오   (여름) 진   (가을) 자   (겨울) 인

위의 택일 방법은 어디까지나 일반 혼일 길일에 해당된다. 따라서 필자는 혼인 당사자, 특히 여자를 기준으로 본인 사주와 조화를 이루어야 된다고 주장한다. 그 예로부터 불화나 이혼 등 이를 이미 당한 사람은 위의 날짜에 혹시 결혼식을 했는지도 몰라도, 특히 본인 사주와 맞지 않았음은 분명하다고 여긴다. 필자의 경험으로 수 많은 사람들을 감정한 결과, 사주와 조화를 이루어야 한다는 것은 역술인의 한 사람으로서 길일보다는 흉일을 피해야 하고, 간혹 흉일 이라도 당사자의 사주와 조화를 이루면 좋다고 생각함과 아울러 이렇게 혼일을 한 사람도 무난하거나 얼마든지 좋을 수 있음을 밝힌다.

## (2) 혼인하기 나쁜 날

① 살부대기월 : 여자를 기준으로 남편을 여의고 혼자 살게 한다는 달.
② 월렴염대법 : 결혼생활이 순탄하지 못한다는 달.

③ 상부·상처살일 : 남편을 죽게 하고 아내를 죽게 한다는 날.

| 출생년 | 자 | 축 | 인 | 묘 | 진 | 사 | 오 | 미 | 신 | 유 | 술 | 해 |
|---|---|---|---|---|---|---|---|---|---|---|---|---|
| 월 | 1, 2 | 4 | 7 | 12 | 4 | 5 | 8, 12 | 6, 7 | 6, 7 | 8 | 12 | 7, 8 |

▶ 상부살 : (겨울) 임자, 계해.
▶ 상처살 : (봄) 병오, 정미.

④ 가취대흉일 : 계절별, 월별로 좋지 않는 날

| 월 별 | 1, 7 | 2, 8 | 3, 9 | 4, 10 | 5, 11 | 6, 12 |
|---|---|---|---|---|---|---|
| 흉 일 | 진, 술 | 묘, 유 | 인, 신 | 사, 해 | 자, 오 | 축, 미 |

| 계 절 | 흉 일 | 월 | 흉 일 |
|---|---|---|---|
| 봄 | 갑자, 을축 | 1, 5, 9월 | 경 일 |
| 여 름 | 병자, 정축 | 2, 6, 10월 | 임 일 |
| 가 을 | 경자, 신축 | 3, 7, 11월 | 병 일 |
| 겨 울 | 임자, 계축 | 4, 8, 12월 | 계 일 |

⑤ 기타 혼일 흉일
▶ 본명일 : 본인이 출생한 일진.
▶ 화해일.
▶ 절명일.
▶ 해일(亥日).
▶ 십악대패일.
▶ 복단일.
▶ 동지, 하지, 단오, 4월 8일, 4페일, 4리일, 4절일, 월기일.

 **참고사항**

혼인 택일은 남,여 다 같이 선천운(사주팔자)에 좋은 날로 택일하면 좋으나 부득이한 경우에는 남자는 흉일을 피하고 보통인 날로 정하고, 여자를 우선 적으로 길일을 택하여 택일하여야 한다.

▶ 다음은 혼인 흉살(凶殺) 일(日)을 표로 나타낸 것이다.

| 구분 | 1 | 2 | 3 | 4 | 5 | 6 | 7 | 8 | 9 | 10 | 11 | 12 | 비고 |
|---|---|---|---|---|---|---|---|---|---|---|---|---|---|
| 홍사 | 유 | 사 | 축 | 유 | 사 | 축 | 유 | 사 | 축 | 유 | 사 | 축 | |
| 천적 | 진 | 유 | 인 | 미 | 자 | 사 | 술 | 묘 | 신 | 축 | 오 | 해 | |
| 수사 | 술 | 진 | 해 | 사 | 자 | 오 | 축 | 미 | 인 | 신 | 묘 | 유 | |
| 월살 | 축 | 술 | 미 | 진 | 축 | 술 | 미 | 진 | 축 | 술 | 미 | 진 | 오합일가능 |
| 월염 | 술 | 유 | 신 | 미 | 오 | 사 | 진 | 묘 | 인 | 축 | 자 | 해 | |
| 월파 | 신 | 유 | 술 | 해 | 자 | 축 | 인 | 묘 | 진 | 사 | 오 | 미 | |
| 피마 | 자 | 유 | 묘 | 묘 | 자 | 유 | 오 | 묘 | 자 | 유 | 오 | 묘 | |
| 천강 | 사 | 자 | 미 | 인 | 유 | 진 | 해 | 오 | 축 | 신 | 묘 | 술 | 황도일가능 |
| 하괴 | 해 | 오 | 축 | 신 | 묘 | 수 | 사 | 자 | 미 | 인 | 유 | 진 | 황도일가능 |
| 나망 | 자 | 신 | 사 | 진 | 술 | 해 | 축 | 신 | 미 | 자 | 사 | 신 | |
| 멸몰 | 축 | 자 | 해 | 술 | 유 | 신 | 미 | 오 | 사 | 진 | 묘 | 인 | |
| 음착 | 경술 | 신유 | 경신 | 정미 | 병오 | 정사 | 갑진 | 을묘 | 갑인 | 계축 | 임자 | 계해 | |
| 양착 | 갑인 | 을묘 | 갑진 | 정사 | 병오 | 정미 | 경신 | 신유 | 경술 | 계해 | 임자 | 계축 | |

## (3) 혼인 예물 보내기 좋은 날

① 혼인납징정천일 : 납채나 사주를 보내거나 약혼하기 좋은 날
  ▶ 갑인, 갑진, 을축, 을묘, 을미, 병인, 병진, 병오, 병술, 정묘, 정사, 정미, 무자, 무인, 무오, 무술, 기축, 기묘, 경진, 기미, 경술, 신축, 신미, 임자, 임인, 임진, 계축, 계묘, 계사.
  ▶ 황도일, 삼합일, 천보일, 오합일, 육합일, 속세일, 월은일, 천희일.

② 송례천복길일 : 납폐나 예물, 함을 보내는 데 좋은 날
  ▶ 을사, 정사, 기묘, 기해, 경자, 경인, 경신, 신축, 신묘, 임진, 계사,
  ▶ 생기일, 천의일, 복덕일, 천덕합일, 월덕합일.

## 4. 집 짓는 날 택일

### (1) 집을 짓기 좋은 날

① 금루사각법 : 집을 짓는 데 좋고 나쁜 연령

| 구 분 | 궁 | 연 령 | 비 고 |
|---|---|---|---|
| (좋은 해) | 태 | 1, 11, 21, 31, 41, 51, 61, 71, 81 | |
| 부사각 | 건 | 2, 12, 22, 32, 42, 52, 62, 72, 82 | 아버지에게 나쁨 |
| (좋은 해) | 감 | 3, 13, 23, 33, 43, 53, 63, 73, 83 | |
| 잠사각 | 중천건 | 4, 14, 24, 34, 44, 54, 64, 74, 84 | 매우 나쁨 |
| 잠사각 | 중천건 | 5, 15, 25, 35, 45, 55, 65, 75, 85 | 매우 나쁨 |
| 처사각 | 간 | 6, 16, 26, 36, 46, 56, 66, 76, 86 | 아내에게 나쁨 |
| (좋은 해) | 진 | 7, 17, 27, 37, 47, 57, 67, 77, 87 | |
| 자사각 | 손 | 8, 18, 28, 38, 48, 58, 68, 78, 88 | 자손에게 나쁨 |
| (좋은 해) | 리 | 9, 19, 29, 39, 49, 59, 69, 79, 89 | |
| 모사각 | 곤 | 10, 20, 30, 40, 50, 60, 70, 80, 90 | 어머니에게 나쁨 |

② 기조천간길년 : 천간으로 보아서 생년으로 좋은 해

| 생 년 | 좋은 해 |
|---|---|
| 해, 자 | 갑, 기, 정, 임, 무, 계 |
| 축, 인 | 병, 辛, 정, 임, 무, 계 |
| 묘, 진 | 을, 경, 병, 辛, 정, 임 |
| 사, 오 | 갑, 기, 을, 경, 병, 辛 |
| 미, 신, 유, 술 | 갑, 기, 을, 경, 무, 계 |

③ 기조지지길월 : 생년을 기준으로 하여 해당 달을 보는 법

| 생 년 | 좋은 달 |
|---|---|
| 신, 자, 진 | 신(7), 유(8), 술(9), 해(10), 자(11) |
| 해, 묘, 미 | 해(10), 자(11), 축(12), 인(1), 묘(2) |
| 인, 오, 술 | 인(1), 묘(2), 진(3), 사(4), 오(5) |
| 사, 유, 축 | 사(4), 오(5), 미(6), 신(7), 유(8) |

④ 기조전길일 : 기공식을 말하며, 사갑일이나 흉살이 있는 날은 피한다.
▸ 갑자, 갑인, 갑신, 갑술, 을축, 을미, 을해, 병자, 병인, 병진, 병오, 병술, 정축, 정미, 정유, 기사, 기미, 경자, 경인, 경오, 신미, 임인, 임진, 계축, 계묘, 계미, 계유.
▸ 생갑일, 대명상길일.

## (2) 터를 닦거나 담을 쌓는 데 좋은 날

① 갑자, 갑인, 갑진, 갑오, 갑신, 을축, 을묘, 을미, 병오, 병신, 병술, 정묘, 정미, 정유, 무인, 무진, 무술, 기묘, 기해, 경자, 경진, 경오, 경신, 신사, 신미, 신유, 임자, 계축, 계유.

② 천덕일, 월덕일, 월공일, 천은상길일, 황도일.

③ 단지 다음의 표에 나오는 날짜는 사용하지 말아야 한다.

| 구 분 | 1 | 2 | 3 | 4 | 5 | 6 | 7 | 8 | 9 | 10 | 11 | 12 |
|---|---|---|---|---|---|---|---|---|---|---|---|---|
| 토온일 | 진 | 사 | 오 | 미 | 신 | 유 | 술 | 해 | 자 | 축 | 인 | 묘 |
| 토금일 | 해 | 해 | 해 | 인 | 인 | 인 | 사 | 사 | 사 | 신 | 신 | 신 |
| 토온일 | 인 | 사 | 신 | 해 | 묘 | 오 | 유 | 자 | 진 | 미 | 술 | 축 |
| 지낭일 | 경자 경오 | 계축 계미 | 갑자 갑인 | 기축 기묘 | 무진 무오 | 계사 계미 | 병인 병신 | 정묘 정사 | 무자 무진 | 경자 경술 | 신미 신유 | 을미 을유 |
| 지파일 | 해 | 자 | 축 | 인 | 묘 | 진 | 사 | 오 | 미 | 신 | 유 | 술 |
| 천적일 | 진 | 유 | 인 | 미 | 자 | 사 | 술 | 묘 | 신 | 축 | 오 | 해 |

### (3) 정초하는 데 좋은 날

① 갑자, 갑인, 갑신, 갑술, 을축, 을묘, 을미, 을해, 병인, 병오, 정사, 정유, 정해, 무자, 무인, 무진, 무신, 무술, 기축, 기묘, 기사, 기미, 기유, 기해, 경자, 경인, 경오, 경신, 신사, 신미, 신유, 임자, 임인, 임오, 계축, 계묘, 계사, 계미.

② 천덕일, 천부일, 천은상길일, 월덕일, 천덕합일, 월덕합일, 천희일.

③ 단지 사폐일, 천적일, 천화일, 독화일은 피해야 한다.

### (4) 상량하는 데 좋은 날

① 갑자, 갑오, 갑신, 갑술, 을묘, 을사, 을유, 병자, 병신, 병술, 정묘, 정사, 정미, 정유, 무자, 무인, 무진, 무술, 기사, 기미, 기유, 기해, 경자, 경인, 경진, 경오, 신축, 신미, 신유, 신해, 임인, 임오, 임신, 계축, 계묘, 계해.

② 상일, 왕일, 천덕일, 월덕일, 천덕합일, 천희일, 천부일, 천은상길일

③ 단지 월살일, 사폐일, 천덕일, 천화일, 독화일, 빙소와 해일은 피한다.

### (5) 기타 집수리하는 데 좋은 날

일반적으로 생기일, 천덕일, 월덕일, 천은상길일, 사상일, 월공일, 대공망일, 금궤, 옥당황도일, 대명상길일, 천룡지아일이 길일에 속한다.

① 창고를 짓는데 좋은 날
  ▸ 봄 : 정사, 정미, 기사.
  ▸ 여름 : 갑오, 기사.
  ▸ 가을 : 을해, 임오.
  ▸ 겨울 : 을미, 병진, 경인, 신미, 임진.

이외 모창상길일, 천부일, 오부일, 대공망일도 좋다.

② 창고를 수리하는 데 좋은 날
  ▸ 갑자, 갑오, 을축, 을미, 병인, 정묘, 임오.

③ 화장실을 짓는데 좋은 날
▸ 병술, 기미, 경진, 임자, 계사, 천롱지아일
▸ 단지 정월 29일은 피해야 한다.

④ 화장실을 수리하는 데 좋은 날
▸ 을묘, 무오, 기묘, 임자, 임오.
▸ 단지 정월과 6월은 피해야 한다.

⑤ 주방(부엌)을 만드는 데 좋은 날
▸ 갑오, 갑신, 갑술, 을미, 을해, 병신, 정유, 무진, 무신, 기유, 경술, 신해, 임진, 임술, 계축, 계미, 계유.

▸ 다음의 표는 집을 짓거나 수리하는 데 나쁜 날을 나타내고 있다.

| 구 분 | 1 | 2 | 3 | 4 | 5 | 6 | 7 | 8 | 9 | 10 | 11 | 12 |
|---|---|---|---|---|---|---|---|---|---|---|---|---|
| 천화일 | 자 | 묘 | 오 | 유 | 자 | 묘 | 오 | 유 | 자 | 묘 | 오 | 유 |
| 독화일 | 사 | 진 | 묘 | 인 | 축 | 자 | 해 | 술 | 유 | 신 | 미 | 오 |
| 멸몰일 | 축 | 자 | 해 | 술 | 유 | 신 | 미 | 오 | 사 | 진 | 묘 | 인 |
| 월살일 | 축 | 술 | 미 | 진 | 축 | 술 | 미 | 진 | 축 | 술 | 미 | 진 |
| 지낭일 | 경자 경오 | 계축 계미 | 갑자 갑인 | 기축 기묘 | 무진 무오 | 계사 계미 | 병인 병신 | 정사 정묘 | 무자 무진 | 경자 경술 | 신미 신유 | 을미 을유 |
| 빙소와해일 | 사 | 자 | 축 | 신 | 묘 | 술 | 해 | 오 | 미 | 인 | 유 | 진 |
| 은황살일 | 미 | 술 | 진 | 인 | 오 | 자 | 유 | 신 | 사 | 해 | 축 | 묘 |
| 홍사살일 | 유 | 사 | 축 | 유 | 사 | 축 | 유 | 사 | 축 | 유 | 사 | 축 |

▸ 다음은 신축건물의 방위에 맞지 않는 기공 시기를 정리한 내용이다.

| 건물 좌향 | 간, 손 | 유, 건 | 자, 곤 | 오 | 묘 |
|---|---|---|---|---|---|
| 년월일시 | 갑, 기 | 을, 경 | 병, 신 | 정, 임 | 무, 계 |

## 5. 기타 생활에 필요한 택일

### (1) 산신제 지내는 데 좋은 날

갑자, 갑인, 갑오, 갑신, 갑술, 을축, 을묘, 을미, 을유, 을해, 병자, 병술, 정묘, 정미, 정해, 무진, 기묘, 기사, 기유, 경진, 경술, 신묘, 신해, 임인, 임신, 계묘

### (2) 고사 기도에 좋은 날

① 갑자, 갑진, 갑오, 갑신, 을축, 을묘, 을사, 을미, 을유, 을해, 병자, 병진, 병오, 정축, 정사, 정미, 정유, 정해, 무진, 무오, 무신, 기축, 기사, 경술, 신묘, 임자, 임인, 임진, 임오, 임신, 임술, 계미, 계해

② 생기일, 복덕일, 황도일, 천사일, 천덕일, 월덕일

③ 천덕합일, 월덕합일, 모창상길일, 천귀일

---

■ **택일에 있어서 참고사항**

일반적으로 좋은 날과 나쁜 날에 있어서는, 좋은 날을 택하여 택일하면 된다.

그러나 택일에 있어서 행사를 하고자 하는 본인의 선천(先天) 운(運)에 맞아야 한다.

즉, 결혼 택일의 경우 남자나 여자가 다 같이 좋아야 하나, 다 같이 좋은 날이 나오지 않는다면, 여자에게 좋은 날로 택하고, 남자에게는 보통인 날로 택하여 택일하면 된다.

택일에 있어서는 가능하면 택일하고자 하는 본인의 출생 년.월.일.시.를 참고하여 택일하여야 정확한 택일을 할 수가 있다.

# 제 4 장

# 초상과 생활 풍수

## 1. 장례 날짜 잡기

초상이 나면 누구나 할 것 없이 장례를 치르기 마련이다. 옛날에는 5일장, 7일장 또는 그 이상의 장례를 치렀고 신분에 따라서도 많이 결정하였으나 오늘날에는 형편에 따라서 2일장, 3일장, 4일장 등으로 적당히 치르는 사람들도 많다.

그러나 이왕 나쁘지 않은 날에 장례 날짜를 잡는다면 무엇보다 중상일과 중복일 만은 반드시 피해야 한다. 중상일은 초상이 거듭된다는 의미가 있고, 중복일은 같은 일이 중복될 수 있다는 의미의 일진이다. 또한 흔히 3일장을 많이 치르지만, 3일째에 중상일과 중복일이 닿는다면 2일장이나 4일장을 치러야 한다.

| 구분 | 정월<br>인<br>寅 | 2월<br>묘<br>卯 | 3월<br>진<br>辰 | 4월<br>사<br>巳 | 5월<br>오<br>午 | 6월<br>미<br>未 | 7월<br>신<br>申 | 8월<br>유<br>酉 | 9월<br>술<br>戌 | 10월<br>해<br>亥 | 11월<br>자<br>子 | 12월<br>축<br>丑 |
|---|---|---|---|---|---|---|---|---|---|---|---|---|
| 중상일<br>重喪日 | 갑<br>甲 | 을<br>乙 | 기<br>己 | 병<br>丙 | 정<br>丁 | 기<br>己 | 경<br>庚 | 신<br>辛 | 기<br>己 | 임<br>壬 | 계<br>癸 | 기<br>己 |
| 중복일<br>重復日 | 갑경<br>甲庚 | 을신<br>乙辛 | 무기<br>戊己 | 임병<br>壬丙 | 정계<br>丁癸 | 무기<br>戊己 | 갑경<br>甲庚 | 을신<br>乙辛 | 무기<br>戊己 | 병임<br>丙壬 | 정계<br>丁癸 | 무기<br>戊己 |
| 중 일<br>重 日 | 사해<br>巳亥 | 사해<br>巳亥 | 사해<br>巳亥 | 사해<br>巳亥 | 사해<br>巳亥 | 사해<br>巳亥 | 사해<br>巳亥 | 사해<br>巳亥 | 사해<br>巳亥 | 사해<br>巳亥 | 사해<br>巳亥 | 사해<br>巳亥 |

* 예 : 3월에 초상이 났다면 기(己)와 무(戊)일, 사(巳)와 해(亥)일은 피해야 한다.

### ※ 문상할 때 인사말

문상 할 때에는 고인에게 재배하고 상주에게 절한 후 아무 말도 하지 않고 물러나오는 것이 일반적이며 전통적인 예의이다. 상을 당한 사람을 가장 극진히 위로해야 할 자리이지만 그 어떤 말도 상을 당한 사람에게는 위로가 될 수 없다는 뜻이며 오히려 아무 말도 하지 않는 것이 더 깊은 조의를 표하는 것이다.

## 2. 입관(入官)하기 좋은 시간

| 날짜 | 자子 | 축丑 | 인寅 | 묘卯 | 진辰 | 사巳 | 오午 | 미未 | 신申 | 유酉 | 술戌 | 해亥 |
|---|---|---|---|---|---|---|---|---|---|---|---|---|
| 좋은 시간 | 갑경 甲庚 | 을신 乙辛 | 을계 乙癸 | 병임 丙壬 | 정기 丁己 | 을경 乙庚 | 정계 丁癸 | 을신 乙辛 | 갑계 甲癸 | 정임 丁壬 | 경임 庚壬 | 을신 乙辛 |

※ 참고 : 이십사시(二十四時)는 십이시의 간격을 반으로 줄여서 하루를 스물 네 시로 나눈 시간이다.

각 시에 24방위의 이름을 쓰며 자정(0시)을 가운데로 하는 한 시간 동안(23:30 ~ 다음날 00:30에 해당)을 자(子)시로 하고 이후 한 시간씩을 각각 계(癸)·축(丑)·간(艮)·인(寅)·갑(甲)·묘(卯)·을(乙)·진(辰)·손(巽)·사(巳)·병(丙)·오(午)·정(丁)·미(未)·곤(坤)·신(申)·경(庚)·유(酉)·신(辛)·술(戌)·건(乾)·해(亥)·임(壬)시로 부른다.

이십사시 중 십이시 사이에 새로 끼워 넣은 계·간·갑·을·손·병·정·곤·경·신·건·임 시를 간시(間時)라고 한다.

십이시와 마찬가지로 이십사시도 지방시를 기준으로 하기 때문에 옛 기록의 이십사시를 현대 표준시기준으로 환산하려면 해당 지방의 경도와 표준 자오선과의 차이를 고려해야 한다.

동경127.5도인 지점이라면 현용 한국 표준시의 표준 자오선인 동경 135도와의 차이가 7.5도이므로 30분 차이를 고려하면 해당 지방의 자시(이십사시의 자시)는 한국 표준시 0시부터 1시까지이다.

서울의 경우 도심부가 대략 동경 127도이므로 표준시와 지방시의 차이는 약 34분이다.

만약 보다 정밀하게 시간을 계산해야 할 경우 지구의 타원 공전 궤도에 의한 시태양시와 평균 태양시사이의 오차(균시차), 세차 운동에 의한 자전축 변화, 평균 태양시와 항성시의 차이 등을 고려해야 한다. 참고문헌 : 위키백과

## 3. 하관(下官)하기 좋은 시간

### (1) 황도시 사용법

▶ 자·오 일(子午日) : 오·신 시(午申時)
▶ 축·미 일(丑未日) : 사·신 시(巳申時)
▶ 인·신 일(寅申日) : 진·사·미 시(辰巳未時)
▶ 묘·유 일(卯酉日) : 오·미 시(午未時)
▶ 진·술 일(辰戌日) : 진·사·술 시(辰巳戌時)
▶ 사·해 일(巳亥日) : 진·오·미 시(辰午未時)

### (2) 시두법에 의한 방법(납음오행)

| 갑자 을축<br>해중금 | 병인 정묘<br>노중화 | 무진 기사<br>대림목 | 경오 신미<br>노방토 | 임신 계유<br>검봉금 |
|---|---|---|---|---|
| 갑술 을해<br>산두화 | 병자 정축<br>간하수 | 무인 기묘<br>성두토 | 경진 신사<br>백랍금 | 임오 계미<br>양유목 |
| 갑신 을유<br>천중수 | 병술 정해<br>옥상토 | 무자 기축<br>벽력화 | 경인 신묘<br>송백목 | 임진 계사<br>장유수 |
| 갑오 을미<br>사중금 | 병신 정유<br>산하화 | 무술 기해<br>평지목 | 경자 신축<br>벽상토 | 임인 계묘<br>금박금 |
| 갑진 을사<br>북등화 | 병오 정미<br>천하수 | 무신 기유<br>대역토 | 경술 신해<br>채천금 | 임자 계축<br>상자목 |
| 갑인 을묘<br>대계수 | 병진 정사<br>사중토 | 무오 기미<br>천상화 | 경신 신유<br>석류목 | 임술 계해<br>대해수 |

※ 참고 : 여기서 주의해야 할 납음오행은 관성제화 묘법, 즉 상극이 되지만 상생으로 변하는 법이다.

▶ 검봉금, 사중금 : 화(火)를 만나야 모양을 이룬다.
▶ 벽력화, 천상화, 산하화 : 수(水)를 얻어야 복록과 영화가 찾아온다.
▶ 평지목 : 금(金)이 없으면 영화를 취하지 못한다.
▶ 천하수, 대해수 : 토(土)를 만나야 자연이 형통해진다.
▶ 노방토, 대역토, 사중토 : 목(木)이 없으면 평생을 그르친다.

여기서 망자가 신해생(辛亥生)이고 하관일이 갑자일(甲子日)일 때를 예로 들어보기로 한다.
① 망자의 출생 60갑자와 하관일은 시두법으로 정한다.
② 하관시가 망자를 생(生)하도록 한다.
③ 일반적으로 하관시는 사(巳)·오(午)·미(未)시가 편리하다.

신해생은 채천금으로서 시두법에 의하여 사(巳)시는 기사(己巳) 대림목(납음오행), 오(午)시는 경오(庚午) 노방토, 미(未)시는 신미(辛未) 노방토가 되며, 시가 망자를 생(生)화는 토생금(土生金)(오행(五行)의 상생(相生) 참조)이 좋으므로 오(午)시나 미(未)시가 좋다고 판단하며, 앞에서 말한 황도시와 시두법에 의한 시간이 다 같이 좋다면 더 이상 말할 필요가 없다고 본다.

* 망자의 생화는 토생금에 해당하는 오(午)시에서 미(未)시까지가 좋다.

〈1〉 귀인시

| 일간(日干) | 갑술경(甲戌庚) | 을사(乙巳) | 병정(丙丁) | 신(辛) | 임계(壬癸) |
|---|---|---|---|---|---|
| 시(時) | 미(未) | 신(申) | 유(酉) | 오(午) | 사(巳) |

〈2〉 정상기방
하관 이전에 장지에서 상여를 안치해서는 좋지 못하는 방위

| 년 일 | 기방 | 년 일 | 기방 |
|---|---|---|---|
| 사유축(巳酉丑) | 축간인(丑艮寅) | 신자진(申子辰) | 진손사(辰巽巳) |
| 인오술(寅午戌) | 술건해(戌乾亥) | 해묘미(亥卯未) | 미곤신(未坤申) |

〈3〉 제주불복방

| 년 일 | 기방 | 년 일 | 기방 |
|---|---|---|---|
| 신자진(申子辰) | 사오미(巳午未) | 사유축(巳酉丑) | 인묘진(寅卯辰) |
| 인오술(寅午戌) | 해자축(亥子丑) | 해묘미(亥卯未) | 신유술(申酉戌) |

〈4〉 취토 및 사토 길방

묘의 광을 맨 처음 길 방의 흙을 3번 취하여 넣는 것

| 구분 | 正 | 2 | 3 | 4 | 5 | 6 | 7 | 8 | 9 | 10 | 11 | 12 | 비고 |
|---|---|---|---|---|---|---|---|---|---|---|---|---|---|
| 생토방<br>生土方 | 자<br>子 | 사<br>巳 | 묘진<br>卯辰 | 오<br>午 | 갑<br>甲 | 술<br>戌 | 오<br>午 | 미<br>未 | 유<br>酉 | 오<br>午 | 신<br>申 | 술<br>戌 | 취토 |
| 사토방<br>死土方 | 오<br>午 | 해<br>亥 | 술해<br>戌亥 | 오<br>午 | 진<br>辰 | 진<br>辰 | 자<br>子 | 축<br>丑 | 묘<br>卯 | 자<br>子 | 인<br>寅 | 진<br>辰 | 성분 |

〈5〉 장혈심법 : 토질에 따라서 참작 하여야 한다.

| 묘혈 좌 | 장혈 깊이 | 묘혈 좌 | 장혈 깊이 |
|---|---|---|---|
| 자계축(子癸丑) | 1.7~1.9미터 | 오정미(午丁未) | 1.4~1.6미터 |
| 간인갑(艮寅甲) | 0.7~1.0미터 | 곤신경(坤申庚) | 1.7~2.0미터 |
| 묘을진(卯乙辰) | 1.2~1.3미터 | 유신술(酉辛戌) | 0.8~1.3미터 |
| 손사병(巽巳丙) | 1.0~2.3미터 | 건해임(乾亥壬) | 1.8~2.5미터 |

## 4. 하관할 때 피해야 할 사람 : 호충살(呼沖殺)

장례 날의 일진(日辰)을 기준으로 천간(天干)이 같고 지지(地支)가 충(沖)하거나 일진(日辰)의 천간(天干) 지지(地支)가 모두 충(沖)하는 사람은 잠시 자리를 피해야 한다. 예를 들어 장례일이 갑자일 경우에 경오생과 갑오생 등이 이에 해당된다.

| 장례일 | 생년 | 장례일 | 생년 |
|---|---|---|---|
| 갑자일 | 갑오년, 경오년, 신축년 | 정축일 | 정미년, 계미년 |
| 을축일 | 을미년, 신미년, 신사년 | 무인일 | 무신년, 갑신년, 병오년, 갑진년 |
| 병인일 | 병신년, 임신년, 병오년 | 기묘일 | 기유년, 을유년, 정해년, 기미년 |
| 정묘일 | 정유년, 계유년, 갑오년, 갑술년 | 경진일 | 경술년, 갑술년, 무진년, 무술년 |
| 무진일 | 무술년, 갑술년, 계유년, 계미년 | 신사일 | 신해년, 을해년, 기미년 |
| 기사일 | 기해년, 을해년, 갑진년, 기미년 | 임오일 | 임자년, 병자년, 임인년 |
| 경오일 | 경자년, 갑자년, 임술년 | 계미일 | 계축년, 정축년, 갑신년 |
| 신미일 | 신축년, 을축년, 기해년 | 갑신일 | 갑인년, 경진년, 임진년 |

| 장례일 | 생년 | 장례일 | 생년 |
|---|---|---|---|
| 임신일 | 임인년, 병인년, 정사년 | 을유일 | 을묘년, 신묘년, 병자년 |
| 계유일 | 계묘년, 정묘년, 신사년 | 병술일 | 병진년, 임진년, 갑자년 |
| 갑술일 | 갑진년, 경진년, 무자년 | 정해일 | 정사년, 계사년, 정해년 |
| 을해일 | 을사년, 신사년, 을미년 | 무자일 | 무오년, 갑오년, 기묘년 |
| 병자일 | 병오년, 임오년, 정축년 | 기축일 | 기미년, 을미년, 정미년 |
| 경인일 | 경신년, 갑신년, 병신년 | 정미일 | 정축년, 계축년, 기미년 |
| 신묘일 | 신유년, 을유년, 신미년 | 무신일 | 무인년, 갑인년, 경술년 |
| 임진일 | 임술년, 병술년, 임신년 | 기유일 | 기묘년, 을묘년, 경신년 |
| 계사일 | 계해년, 정해년, 갑오년 | 경술일 | 경진년, 갑진년, 신축년 |
| 갑오일 | 갑자년, 경자년, 정유년 | 신해일 | 정사년, 신사년, 을사년 |
| 을미일 | 을축년, 신축년, 병자년, 병신년 | 임자일 | 임오년, 병오년, 을해년 |
| 병신일 | 병인년, 임인년, 기축년 | 계축일 | 계미년, 정사년, 정해년, 갑인년 |
| 정유일 | 정묘년, 계묘년, 정유년 | 갑인일 | 갑신년, 경신년, 계미년, 계사년 |
| 무술일 | 무진년, 갑진년, 계해년 | 을묘일 | 을유년, 기유년, 무자년, 병진년 |
| 기해일 | 기사년, 을사년, 신미년 | 병진일 | 병술년, 임술년, 갑신년, 갑자년 |
| 경자일 | 경오년, 감오년, 을미년 | 정사일 | 정해년, 계해년, 경자년 |
| 신축일 | 신미년, 을미년, 임오년 | 무오일 | 무자년, 갑자년, 신미년 |
| 임인일 | 임신년, 병신년, 갑진년, 정사년 | 기미일 | 기축년, 을축년, 병진년 |
| 계묘일 | 계유년, 정유년, 병진년, 정사년 | 경신일 | 경인년, 갑인년, 신사년, 신유년 |
| 갑진일 | 갑술년, 경술년, 경진년 | 신유일 | 신묘년, 을묘년, 경진년 |
| 을사일 | 을해년, 신해년, 병자년 | 임술일 | 임진년, 병진년, 신축년, 신유년 |
| 병오일 | 병자년, 임자년, 정해년, 정사년 | 계해일 | 계사년, 정사년, 병인년 |

## ▣ 참고사항

옛날에는 초상이 나면 상가 집에 가는 것을 일부 사람은 거부하는 경우도 있었다. 즉, 정충살(正沖殺), 순충살(旬沖殺), 호충살(呼沖殺), 주상압살(主喪壓殺)등을 이유로 들었다.

그러나 시대의 변화에 따라 많이 바뀌어 가고 있다.

상기 호충살(呼沖殺)에 관하여 부모나 직계가족이 상을 당할 경우에는 어떻게 하여야 할지 한번쯤 생각하여 보고 처신하여야 할 것이다.

# 제 5 장

# 이장과 생활 풍수

## 1. 이장 날짜 선택

개장 이장(移葬)은 가능하면 하지 않는 것이 좋겠으나 시신에 물이 들었다면 반드시 이장해야 한다.

우리 사회에서는 망자 또는 자손의 사주로서 이장 연도와 방위와 월일과 하관시를 정하는 방법 또는 사주풀이로 산소를 이장하는 경우도 있으며, 풍수지리 전문가나 역학 전문가의 도움을 받기도 한다.

풍수지리는 미신이 아니라 어디까지나 '생활과학'의 한 분야로서 학문이다. 따라서 지관은 이장할 때 다음과 같은 사항 등을 준수하면 별다른 문제가 없다.

① 이장 연도와 방위는 역서와 구궁법으로 정한다.
② 이장 연도에 대장군 방위라도 망자의 구궁이 그 곳으로 갈 수 있으면 이장해도 좋다. 또한 이장하는 달(月)의 구궁을 따져서 가능한 달(月)에 이장한다(구궁표를 참고).
③ 월두법으로 따져서 한다(월두법 빼는 방법은 시두법과 같다).
  ▸ 갑기년(甲己年)에는 병인월두(丙寅月頭)
  ▸ 을경년(乙庚年)에는 무인월두(戊寅月頭)
  ▸ 병신년(丙辛年)에는 경인월두(庚寅月頭)
  ▸ 정임년(丁壬年)에는 임인월두(壬寅月頭)
  ▸ 무계년(戊癸年)에는 갑인월두(甲寅月頭)
④ 이장의 하관시도 초상의 하관시 뽑는 것과 같이 뽑는다.

### ※ 이장(移葬)과 면례(緬禮)의 차이

이장은 묘를 현재의 자리에서 다른 곳으로 옮겨 가는 것을 말하며, 면례는 산소를 개장하여 유골이 깨끗하면 좋은 땅이라 간주하고 옷가지 등을 제거하고 백골만 그 자리에 다시 모시는 것을 말한다.

다음은 월 조견표이다.

▶ 월 조견표(음력)

| 갑기년(甲己年) | 병인월두 → 1월<br>기사 → 4월<br>임신 → 7월<br>을해 → 10월 | 정묘 → 2월<br>경오 → 5월<br>계유 → 8월<br>병자 → 11월 | 무진 → 3월<br>신미 → 6월<br>갑술 → 9월<br>정축 → 12월 |
|---|---|---|---|
| 망자 → 을축생<br>↓ | | | |
| 해중금 | 경오(庚午)월 → 5월 → 노방토 | | |

\* 토생금으로 오월토가 망자가 금을 생하므로 좋다.

## 2. 동총운(動塚運)

묘(卯)의 좌(坐)로 이장(移葬) 또는 수분(修墳) 운을 보는 것으로서, 대리(大利)와 소리(小利)는 가(可)하고 흉(凶)은 불가(不可)하다.

| 좌(坐)    연도 | 자오묘유<br>子午卯酉 | 진술축미<br>辰戌丑未 | 인신사해<br>寅申巳亥 |
|---|---|---|---|
| 임자계축병오정미 좌<br>壬子癸丑丙午丁未 坐 | 소리(小利) | 대리(大利) | 흉(凶) |
| 간인갑묘곤신경유 좌<br>艮寅甲卯坤申庚酉 坐 | 대리(大利) | 흉(凶) | 소리(小利) |
| 을진손사신술건해 좌<br>乙辰巽巳辛戌乾亥 坐 | 흉(凶) | 소리(小利) | 대리(大利)) |

## 3. 오산연운법(五山年運法)

① 오산(五山)의 좌산(坐山)에 속한 오행을 기준으로 삼아 산운(山雲)과 당해 연월일시의 생극(生剋) 관계로 길흉관계를 판별하는 방법이다.
② 좌산(坐山) 운(運)은 홍범오행(洪範五行)으로 한다.
③ 당해 연월일은 납음오행(納音五行)으로 한다.

④ 좌산(坐山) 운(運)과 장일(葬日)의 연원일시의 납음 오행과 생극을 살핀다.
⑤ 좌산(坐山) 운(運) 오행(五行)은 홍범오행(洪範五行) 변형도표로 찾는다.

〈예시〉 갑을(甲乙)년의 유정건해(酉丁乾亥) 좌산(坐山) 운(運)은 을축 운(乙丑運)이다. 이때 을축 운(運)이란 납음오행(納音五行) "갑자 을축 해중의"이다. 만약 갑자(甲子)년에 건(乾)좌로 쓰고자 할 때는 갑자(甲子)가 납음오행(納音五行)으로 해중금(海中金)이므로 산운(山運) 좌 생(生) 묘 좌(坐)가 된다. 이에 금생금(金生金)이므로 좋다.

## 4. 합장(合葬)·이장(移葬) 십이신총산법(十二神塚山法)

① 합장(이장) 시 구묘의 관중을 팔 때 모든 흉살이 공망(空亡)에 떨어져 해가 없고 길하다.
② 합장을 할 때 먼저 쓴 묘의 분봉을 모두 파헤치지 말고 한쪽만 파내어서 합장하면 개수가 되므로 무방하다.
③ 활용사례로서 신술건해(辛戌乾亥)의 4좌(坐)인 인신사해(寅申巳亥)의 년월일시를 쓰면 모든 흉살이 공망에 떨어져 길하다는 이론이다.

▶ 공망과 좌(坐) 조견표

| 구분 | 공망<br>空亡 | | 좌산<br>坐山 | 명당<br>明堂 | 옥당<br>玉堂 | 금궤<br>金櫃 | 대명<br>大明 |
|---|---|---|---|---|---|---|---|
| 갑자순총<br>甲子旬塚 | 술(戌)<br>해(亥) | 소공망(小空亡)<br>대공망(大空亡) | 신술건해 좌<br>辛戌乾亥 坐 | 인<br>寅 | 신<br>申 | 사<br>巳 | 해<br>亥 |
| 갑술순총<br>甲戌旬塚 | 신(申)<br>유(酉) | 소공망(小空亡)<br>대공망(大空亡) | 곤신경유 좌<br>坤申庚酉 坐 | 자<br>子 | 오<br>午 | 묘<br>卯 | 유<br>酉 |
| 갑신순총<br>甲申旬塚 | 오(午)<br>미(未) | 소공망(小空亡)<br>대공망(大空亡) | 병오정미 좌<br>丙午丁未 坐 | 술<br>戌 | 진<br>辰 | 축<br>丑 | 미<br>未 |
| 갑오순총<br>甲午旬塚 | 진(辰)<br>사(巳) | 소공망(小空亡)<br>대공망(大空亡) | 을진손사 좌<br>乙辰巽巳 坐 | 신<br>申 | 인<br>寅 | 해<br>亥 | 사<br>巳 |
| 갑진순총<br>甲辰旬塚 | 인(寅)<br>묘(卯) | 소공망(小空亡)<br>대공망(大空亡) | 간인갑묘 좌<br>艮寅甲卯 坐 | 오<br>午 | 자<br>子 | 유<br>酉 | 묘<br>卯 |
| 갑자순총<br>甲子旬塚 | 자(子)<br>축(丑) | 소공망(小空亡)<br>대공망(大空亡) | 임자계축 좌<br>壬子癸丑 坐 | 진<br>辰 | 술<br>戌 | 미<br>未 | 축<br>丑 |

## 5. 십이생개장흉월(十二生改藏凶月)

| 출생연도 | 자子 | 축丑 | 인寅 | 묘卯 | 진辰 | 사巳 | 오午 | 미未 | 신申 | 유酉 | 술戌 | 해亥 |
|---|---|---|---|---|---|---|---|---|---|---|---|---|
| 개장흉월(改藏凶月) | 1 | 3 | 2 | 7 | 6 | 12 | 10 | 7 | 4 | 5 | 8 | 9 |

## 6. 개총기일(開塚忌日)

① 신술건해좌(辛戌乾亥坐) : 갑을일(甲乙日) 불개(不開)
② 곤신경유좌(坤申庚酉坐) 간인갑묘좌(艮寅甲卯坐) : 병정일(丙丁日) 불개(不開)
③ 임자계축좌(壬子癸丑坐) : 무기일(戊己日) 불개(不開)
④ 병오정미좌(丙午丁未坐) : 경신일(庚申日) 불개(不開)
⑤ 을진손사좌(乙辰巽巳坐) : 임계일(壬癸日) 불개(不開)

## 7. 개총흉시(開塚凶時)

① 갑을일(甲乙日) : 신유시(辛酉時)
② 병정일(丙丁日) : 임오갑술시(壬午甲戌時)
③ 무기일(戊己日) : 진술유시(辰戌酉時)
④ 경신일(庚申日) : 진축사시(辰丑巳時)
⑤ 임계일(壬癸日) : 축묘사시(丑卯巳時)

## 8. 천우불수총길일(天偶不守塚吉日)

이날은 이장(移葬)하거나 산소를 수리하는 데 쓰는 좋은 날로서 경오(庚午), 신미(辛未), 임신(壬申), 계유(癸酉), 무인(戊寅), 기유(己酉), 임오(壬午), 계미(癸未), 갑신(甲申), 을유(乙酉), 경신(庚申), 갑오(甲午), 을미(乙未), 병신(丙申), 정유(丁酉), 임인(壬寅), 계묘(癸卯), 병오(丙午), 정미(丁未), 무신(戊申), 기유(己酉), 신유(辛酉)가 이에 해당된다.

## 9. 천상천하대공망일

　이장할 때 묘의 좌(坐)나 망자의 생년을 모르거나 시일이 촉박할 때 사용해도 좋은 날인데, 을축(乙丑), 갑술(甲戌), 을해(乙亥), 계미(癸未), 갑신(甲申), 을유(乙酉), 임진(壬辰), 계사(癸巳), 갑오(甲午), 임인(壬寅), 계유(癸酉), 임자(壬子)가 이에 해당된다.

## 10. 투수일(偸修日)

　대한 후 5일과 10일, 입춘 전후 1일은 년월일시의 상극을 보지 않아도 무방하며, 전후 1일도 가능하다. 또한 이날은 입석(立石)이나 사초(沙草)하는 데도 좋은 날짜이다.

## 11. 청명과 한식

　지상의 제신(諸神)이 상천(上天)하여 이장, 수묘(修卯), 입석(立石) 등 모두 좋은 날이다.

## 12. 이장 혹은 사초 하는 데 좋은 날짜

　갑오(甲午), 갑신(甲申), 을미(乙未), 을유(乙酉), 병오(丙午), 병신(丙申), 정미(丁未), 정유(丁酉), 무인(戊寅), 무신(戊申), 기묘(己卯), 기유(己酉), 경오(庚午), 경신(庚申), 신미(辛未), 신유(辛酉), 임인(壬寅), 임오(壬午), 임신(壬申), 계묘(癸卯), 계미(癸未), 계유(癸酉)

## 13. 묘혈의 좌향에 따라 파묘 하는 데 나쁜 날짜

| 구묘 혈좌 | 나쁜 날 |
| --- | --- |
| 임(壬), 자(子), 계(癸), 축(丑) | 무(戊), 기(己) |
| 간(艮), 인(寅), 갑(甲), 묘(卯) | 경(庚), 신(辛) |
| 을(乙), 진(辰), 손(巽), 사(巳) | 임(壬), 계(癸) |
| 병(丙), 오(午), 정(丁), 미(未) | 경(庚), 신(辛), 임(壬), 계(癸) |
| 곤(坤), 신(申), 경(庚), 유(酉) | 병(丙), 정(丁) |
| 신(辛), 술(戌), 건(乾), 해(亥) | 갑(甲), 을(乙) |

## 14. 이장에 즈음하여 파묘 하는 데 나쁜 시간

| 날 짜 | 나쁜 시간 |
|---|---|
| 갑(甲), 을(乙) | 신(申), 유(酉) |
| 병(丙), 정(丁) | 축(丑), 오(午), 신(申), 술(戌) |
| 무(戊), 기(己) | 진(辰), 유(酉), 술(戌) |
| 경(庚), 신(辛) | 축(丑), 진(辰), 사(巳) |
| 임(壬), 계(癸) | 축(丑), 미(未) |

이장을 하기 위해 구묘를 파묘하는 경우
좋은 시간을 택하여 파묘하여야 한다.

### ※ 이장 절차

　이장(移葬)을 하기 위해서는 현재 묘지 좌향(坐向)으로 개장(改葬) 가능 년도를 확인하고, 새로 옮기는 자리를 좌향(坐向)으로 만년도를 적용하여, 그 산소 후손들의 생년월일로 이장의 길일을 택하여 일자를 잡고 파묘(破墓) 시간을 택하여 새로 옮기는 산소에도 좋은 시간을 택하여 하관하여 이장한다. 개장을 하여 화장 안치하는 경우는 묘지를 개장 가능 년도를 확인하고, 위와 같은 방법으로 화장하는 좋은 시간을 택일한다.

# 제IV편

## 부록

부록 1 사주(四柱) 정하는 방법

부록 2 나에게 맞는 주택구조

부록 3 김기범 교수 현장답사 취재 보도 사례

부록 4 김기범 교수 언론에 보도된 자료

부록 5 민간자격 풍수상담사 부동산풍수상담사 안내

부록 1

# 사주(四柱) 정하는 방법

## 1. 사주(四柱)의 의미

사주란?
생년(生年), 생월(生月), 생일(生日), 생시(生時), 다시 말해서 자신이 출생한 년(年), 월(月), 일(日), 시(時)를 말한다.

## 2. 연주(年柱)를 정하는 법

만세력에서 생년(生年)의 태세(太歲)를 찾아서 연주로 정한다. 단, 동양(東洋)에서는 음력(陰曆)을 기준으로 많이 한다. 또한 입춘(立春)을 기준으로 삼아서 신년(新年)과 구년(舊年)을 구별한다.
이와 관련하여 주의해야 할 사항은 다음과 같다.
① 입춘(立春) 전에 출생한 사람은 그 전년의 간지(干支)를 기준으로 하여 신년(新年)과 구년(舊年)으로 구분한다.
② 입춘(立春) 후에 출생한 사람은 당년(當年)의 간지(干支)를 기준으로 하여 신년과 구년(舊年)으로 구분한다.
③ 입춘(立春) 당일에 출생한 사람은 입춘절(立春節)이 든 시간을 기준으로 하여 신년(新年)과 구년(舊年)으로 구분한다.

## 3. 월주(月柱)를 정하는 법

다음의 표, 즉 월간지(月干支) 조견표를 통하여 만세력에서 태어난 달의 월건(月建)을 찾는다. 이때 달의 간지는 달마다 절기(節氣)가 드는 절입 시기를 기준으로 한다. 예를 들어, 3월의 절기는 청명(淸明)이며, 2024년은 갑진년(甲辰年)이므로, 갑(甲) 기(己)) 년(年)란을 보면 무진(戊辰)이 된다.

▶ 월 간지 조견표

| 월 \ 년간 | 절기 | 월건 | 갑·기년<br>甲·己年 | 을·경년<br>乙·庚年 | 병·신년<br>丙·辛年 | 정·임년<br>丁·壬年 | 무·계년<br>戊·癸年 |
|---|---|---|---|---|---|---|---|
| 정월 | 입춘<br>立春 | 인월<br>寅月 | 병인<br>丙寅 | 무인<br>戊寅 | 경인<br>庚寅 | 임인<br>壬寅 | 갑인<br>甲寅 |
| 2월 | 경칩<br>驚蟄 | 묘월<br>卯月 | 정묘<br>丁卯 | 기묘<br>己卯 | 신묘<br>辛卯 | 계묘<br>癸卯 | 을묘<br>乙卯 |
| 3월 | 청명<br>淸明 | 진월<br>辰月 | 무진<br>戊辰 | 경진<br>庚辰 | 임진<br>壬辰 | 갑진<br>甲辰 | 병진<br>丙辰 |
| 4월 | 입하<br>立夏 | 사월<br>巳月 | 기사<br>己巳 | 신사<br>辛巳 | 계사<br>癸巳 | 을사<br>乙巳 | 정사<br>丁巳 |
| 5월 | 망종<br>芒種 | 오월<br>午月 | 경오<br>庚午 | 임오<br>壬午 | 갑오<br>甲午 | 병오<br>丙午 | 무오<br>戊午 |
| 6월 | 소서<br>小暑 | 미월<br>未月 | 신미<br>辛未 | 계미<br>癸未 | 을미<br>乙未 | 정미<br>丁未 | 기미<br>己未 |
| 7월 | 입추<br>立秋 | 신월<br>申月 | 임신<br>壬申 | 갑신<br>甲申 | 병신<br>丙申 | 무신<br>戊申 | 경신<br>庚申 |
| 8월 | 백로<br>白露 | 유월<br>酉月 | 계유<br>癸酉 | 을유<br>乙酉 | 정유<br>丁酉 | 기유<br>己酉 | 신유<br>辛酉 |
| 9월 | 한로<br>寒露 | 술월<br>戌月 | 갑술<br>甲戌 | 병술<br>丙戌 | 무술<br>戊戌 | 경술<br>庚戌 | 임술<br>壬戌 |
| 10월 | 입동<br>立冬 | 해월<br>亥月 | 을해<br>乙亥 | 정해<br>丁亥 | 기해<br>己亥 | 신해<br>辛亥 | 계해<br>癸亥 |
| 11월 | 대설<br>大雪 | 자월<br>子月 | 병자<br>丙子 | 무자<br>戊子 | 경자<br>庚子 | 임자<br>壬子 | 갑자<br>甲子 |
| 12월 | 소한<br>小寒 | 축월<br>丑月 | 정축<br>丁丑 | 기축<br>己丑 | 신축<br>辛丑 | 계축<br>癸丑 | 을축<br>乙丑 |

## 4. 일주(日柱)를 정하는 법

일주(日柱)란 각 개인의 생일에 해당하는 간지(干支)다. 당년도 출생한 어린이는 당년도 달력을 보면 날짜에 작은 글씨(없는 달력도 있음)로 간지(干支)가 기록되어 있다.

출생 날에 해당하는 간지가 바로 일주(日柱)다. 당년도 출생자 이외는 과거력(過去曆)이 기록된 만세력(萬歲曆)을 참고하면 된다.

## 5. 시주(時柱)를 정하는 법

일간(즉, 생일)을 기준으로 하여, 다음의 시간지(時干支) 조견표를 보고 찾아 쓰면 편리하다.

이와 관련하여 보는 방법을 설명한다면, 예를 들어 자신이 태어난 시가 오전 8시일 경우에 출생한 생일의 천간이 갑일 경우에는 갑(甲)란에서 보면 무진(戊辰)시가 된다.

| 월 \ 일간 | 갑·기일<br>甲·己日 | 을·경일<br>乙·庚日 | 병·신일<br>丙·辛日 | 정·임일<br>丁·壬日 | 무·계일<br>戊·癸日 |
|---|---|---|---|---|---|
| 11 ~ 1시 | 갑자<br>甲子 | 병자<br>丙子 | 무자<br>戊子 | 경자<br>庚子 | 임자<br>壬子 |
| 1 ~ 3시 | 을축<br>乙丑 | 정축<br>丁丑 | 기축<br>己丑 | 신축<br>辛丑 | 계축<br>癸丑 |
| 3 ~ 5시 | 병인<br>丙寅 | 무인<br>戊寅 | 경인<br>庚寅 | 임인<br>壬寅 | 갑인<br>甲寅 |
| 5 ~ 7시 | 정묘<br>丁卯 | 기묘<br>己卯 | 신묘<br>辛卯 | 계묘<br>癸卯 | 을묘<br>乙卯 |
| 7 ~ 9시 | 무진<br>戊辰 | 경진<br>庚辰 | 임진<br>壬辰 | 갑진<br>甲辰 | 병진<br>丙辰 |
| 9 ~ 11시 | 기사<br>己巳 | 신사<br>辛巳 | 계사<br>癸巳 | 을사<br>乙巳 | 정사<br>丁巳 |
| 11 ~ 1시 | 경오<br>庚午 | 임오<br>壬午 | 갑오<br>甲午 | 병오<br>丙午 | 무오<br>戊午 |
| 1 ~ 3시 | 신미<br>辛未 | 계미<br>癸未 | 을미<br>乙未 | 정미<br>丁未 | 기미<br>己未 |
| 3 ~ 5시 | 임신<br>壬申 | 갑신<br>甲申 | 병신<br>丙申 | 무신<br>戊申 | 경신<br>庚申 |
| 5 ~ 7시 | 계유<br>癸酉 | 을유<br>乙酉 | 정유<br>丁酉 | 기유<br>己酉 | 신유<br>辛酉 |
| 7 ~ 9시 | 갑술<br>甲戌 | 병술<br>丙戌 | 무술<br>戊戌 | 경술<br>庚戌 | 임술<br>壬戌 |
| 9 ~ 11시 | 을해<br>乙亥 | 정해<br>丁亥 | 기해<br>己亥 | 신해<br>辛亥 | 계해<br>癸亥 |

## 부록 2

# 나에게 맞는 주택구조

나에게 맞는 주택구조는 1935년부터 2020년 출생까지 설명 분류 하였다. 2020년 출생자의 경우 현재 나이가 어리므로 이 방법의 주택구조를 맞추기에 매우 어렵거나 부부가 함께 생활하는 공간인 까닭에 다를 수도 있다. 이럴 때 어린아이는 장래를 위해 주택을 마련해 둔다면 가급적 이 방법을 활용하여 준비하고, 부부나 여러 가족이 함께 생활하는 가정이라면 돈을 벌어서 가족을 부양하는 사람을 위주로 하면 된다. 그래도 맞지 않으면 앞으로 집을 다시 장만할 때 이에 맞게 구입하고, 그렇지 못하면 적절한 풍수 인테리어 기법을 활용하면 좋은 결과를 얻을것이다.

한편, 대문은 출입문을 포함하는 개념임을 덧붙여 두고, 아파트는 앞 발코니를 대문으로 본다.

부록 2 나에게 맞는 주택구조 · 231

## ··· 2000년대 출생 세대 ···

▸ 2020년 출생자
  남자 : 대문, 안방, 주방의 위치가 서, 서남, 서북, 동북쪽에 위치해야 좋다.
  여자 : 대문, 안방, 주방의 위치가 서, 서남, 서북, 동북쪽에 위치해야 좋다.

▸ 2019년 출생자
  남자 : 대문, 안방, 주방의 위치가 서, 서남, 서북, 동북쪽에 위치해야 좋다.
  여자 : 대문, 안방, 주방의 위치가 서, 서남, 서북, 동북쪽에 위치해야 좋다.

▸ 2018년 출생자
  남자 : 대문, 안방, 주방의 위치가 동, 동남, 남, 북쪽에 위치해야 좋다.
  여자 : 대문, 안방, 주방의 위치가 서, 서남, 서북, 동북쪽에 위치해야 좋다.

▸ 2017년 출생자
  남자 : 대문, 안방, 주방의 위치가 동, 동남, 남, 북쪽에 위치해야 좋다.
  여자 : 대문, 안방, 주방의 위치가 서, 서남, 서북, 동북쪽에 위치해야 좋다.

▸ 2016년 출생자
  남자 : 대문, 안방, 주방의 위치가 서, 서남, 서북, 동북쪽에 위치해야 좋다.
  여자 : 대문, 안방, 주방의 위치가 동, 동남, 남, 북쪽에 위치해야 좋다.

▸ 2015년 출생자
  남자 : 대문, 안방, 주방의 위치가 동, 동남, 남, 북쪽에 위치해야 좋다.
  여자 : 대문, 안방, 주방의 위치가 동, 동남, 남, 북쪽에 위치해야 좋다.

▸ 2014년 출생자
  남자 : 대문, 안방, 주방의 위치가 동, 동남, 남, 북쪽에 위치해야 좋다.
  여자 : 대문, 안방, 주방의 위치가 서, 서남, 서북, 동북쪽에 위치해야 좋다.

▶ 2013년 출생자
　남자 : 대문, 안방, 주방의 위치가 서, 서남, 서북, 동북쪽에 위치해야 좋다.
　여자 : 대문, 안방, 주방의 위치가 동, 동남, 남, 북쪽에 위치해야 좋다.

▶ 2012년 출생자
　남자 : 대문, 안방, 주방의 위치가 서, 서남, 서북, 동북쪽에 위치해야 좋다.
　여자 : 대문, 안방, 주방의 위치가 동, 동남, 남, 북쪽에 위치해야 좋다.

▶ 2011년 출생자
　남자 : 대문, 안방, 주방의 위치가 서, 서남, 서북, 동북쪽에 위치해야 좋다.
　여자 : 대문, 안방, 주방의 위치가 서, 서남, 서북, 동북쪽에 위치해야 좋다.

▶ 2010년 출생자
　남자 : 대문, 안방, 주방의 위치가 서, 서남, 서북, 동북쪽에 위치해야 좋다.
　여자 : 대문, 안방, 주방의 위치가 서, 서남, 서북, 동북쪽에 위치해야 좋다.

▶ 2009년 출생자
　남자 : 대문, 안방, 주방의 위치가 동, 동남, 남, 북쪽에 위치해야 좋다.
　여자 : 대문, 안방, 주방의 위치가 서, 서남, 서북, 동북쪽에 위치해야 좋다.

▶ 2008년 출생자
　남자 : 대문, 안방, 주방의 위치가 동, 동남, 남, 북쪽에 위치해야 좋다.
　여자 : 대문, 안방, 주방의 위치가 서, 서남, 서북, 동북쪽에 위치해야 좋다.

▶ 2007년 출생자
　남자 : 대문, 안방, 주방의 위치가 서, 서남, 서북, 동북쪽에 위치해야 좋다.
　여자 : 대문, 안방, 주방의 위치가 동, 동남, 남, 북쪽에 위치해야 좋다.

▶ 2006년 출생자
　남자 : 대문, 안방, 주방의 위치가 동, 동남, 남, 북쪽에 위치해야 좋다.
　여자 : 대문, 안방, 주방의 위치가 동, 동남, 남, 북쪽에 위치해야 좋다.

▶ 2005년 출생자
  남자 : 대문, 안방, 주방의 위치가 동, 동남, 남, 북쪽에 위치해야 좋다.
  여자 : 대문, 안방, 주방의 위치가 서, 서남, 서북, 동북쪽에 위치해야 좋다.

▶ 2004년 출생자
  남자 : 대문, 안방, 주방의 위치가 서, 서남, 서북, 동북쪽에 위치해야 좋다.
  여자 : 대문, 안방, 주방의 위치가 동, 동남, 남, 북쪽에 위치해야 좋다.

▶ 2003년 출생자
  남자 : 대문, 안방, 주방의 위치가 서, 서남, 서북, 동북쪽에 위치해야 좋다.
  여자 : 대문, 안방, 주방의 위치가 동, 동남, 남, 북쪽에 위치해야 좋다.

▶ 2002년 출생자
  남자 : 대문, 안방, 주방의 위치가 서, 서남, 서북, 동북쪽에 위치해야 좋다.
  여자 : 대문, 안방, 주방의 위치가 동, 동남, 남, 북쪽에 위치해야 좋다.

▶ 2001년 출생자
  남자 : 대문, 안방, 주방의 위치가 서, 서남, 서북, 동북쪽에 위치해야 좋다.
  여자 : 대문, 안방, 주방의 위치가 서, 서남, 서북, 동북쪽에 위치해야 좋다.

▶ 2000년 출생자
  남자 : 대문, 안방, 주방의 위치가 동, 동남, 남, 북쪽에 위치해야 좋다.
  여자 : 대문, 안방, 주방의 위치가 서, 서남, 서북, 동북쪽에 위치해야 좋다.

## ··· 1990년대 출생 세대 ···

▶ 1999년 출생자
  남자 : 대문, 안방, 주방의 위치가 동, 동남, 남, 북쪽에 위치해야 좋다.
  여자 : 대문, 안방, 주방의 위치가 서, 서남, 서북, 동북쪽에 위치해야 좋다.

▸ 1998년 출생자
　남자 : 대문, 안방, 주방의 위치가 서, 서남, 서북, 동북쪽에 위치해야 좋다.
　여자 : 대문, 안방, 주방의 위치가 동, 동남, 남, 북쪽에 위치해야 좋다.

▸ 1997년 출생자
　남자 : 대문, 안방, 주방의 위치가 동, 동남, 남, 북쪽에 위치해야 좋다.
　여자 : 대문, 안방, 주방의 위치가 동, 동남, 남, 북쪽에 위치해야 좋다.

▸ 1996년 출생자
　남자 : 대문, 안방, 주방의 위치가 동, 동남, 남, 북쪽에 위치해야 좋다.
　여자 : 대문, 안방, 주방의 위치가 서, 서남, 서북, 동북쪽에 위치해야 좋다.

▸ 1995년 출생자
　남자 : 대문, 안방, 주방의 위치가 서, 서남, 서북, 동북쪽에 위치해야 좋다.
　여자 : 대문, 안방, 주방의 위치가 동, 동남, 남, 북쪽에 위치해야 좋다.

▸ 1994년 출생자
　남자 : 대문, 안방, 주방의 위치가 서, 서남, 서북, 동북쪽에 위치해야 좋다.
　여자 : 대문, 안방, 주방의 위치가 동, 동남, 남, 북쪽에 위치해야 좋다.

▸ 1993년 출생자
　남자 : 대문, 안방, 주방의 위치가 서, 서남, 서북, 동북쪽에 위치해야 좋다.
　여자 : 대문, 안방, 주방의 위치가 서, 서남, 서북, 동북쪽에 위치해야 좋다.

▸ 1992년 출생자
　남자 : 대문, 안방, 주방의 위치가 서, 서남, 서북, 동북쪽에 위치해야 좋다.
　여자 : 대문, 안방, 주방의 위치가 서, 서남, 서북, 동북쪽에 위치해야 좋다.

▸ 1991년 출생자
　남자 : 대문, 안방, 주방의 위치가 동, 동남, 남, 북쪽에 위치해야 좋다.
　여자 : 대문, 안방, 주방의 위치가 서, 서남, 서북, 동북쪽에 위치해야 좋다.

▶ 1990년 출생자
 남자 : 대문, 안방, 주방의 위치가 동, 동남, 남, 북쪽에 위치해야 좋다.
 여자 : 대문, 안방, 주방의 위치가 서, 서남, 서북, 동북쪽에 위치해야 좋다.

## … 1980년대 출생 세대 …

▶ 1989년 출생자
 남자 : 대문, 안방, 주방의 위치가 서, 서남, 서북, 동북쪽에 위치해야 좋다.
 여자 : 대문, 안방, 주방의 위치가 동, 동남, 남, 북쪽에 위치해야 좋다.

▶ 1988년 출생자
 남자 : 대문, 안방, 주방의 위치가 동, 동남, 남, 북쪽에 위치해야 좋다.
 여자 : 대문, 안방, 주방의 위치가 동, 동남, 남, 북쪽에 위치해야 좋다.

▶ 1987년 출생자
 남자 : 대문, 안방, 주방의 위치가 동, 동남, 남, 북쪽에 위치해야 좋다.
 여자 : 대문, 안방, 주방의 위치가 서, 서남, 서북, 동북쪽에 위치해야 좋다.

▶ 1986년 출생자
 남자 : 대문, 안방, 주방의 위치가 서, 서남, 서북, 동북쪽에 위치해야 좋다.
 여자 : 대문, 안방, 주방의 위치가 동, 동남, 남, 북쪽에 위치해야 좋다.

▶ 1985년 출생자
 남자 : 대문, 안방, 주방의 위치가 서, 서남, 서북, 동북쪽에 위치해야 좋다.
 여자 : 대문, 안방, 주방의 위치가 동, 동남, 남, 북쪽에 위치해야 좋다.

▶ 1984년 출생자
 남자 : 대문, 안방, 주방의 위치가 서, 서남, 서북, 동북쪽에 위치해야 좋다.
 여자 : 대문, 안방, 주방의 위치가 서, 서남, 서북, 동북쪽에 위치해야 좋다.

▶ 1983년 출생자
  남자 : 대문, 안방, 주방의 위치가 서, 서남, 서북, 동북쪽에 위치해야 좋다.
  여자 : 대문, 안방, 주방의 위치가 서, 서남, 서북, 동북쪽에 위치해야 좋다.

▶ 1982년 출생자
  남자 : 대문, 안방, 주방의 위치가 동, 동남, 남, 북쪽에 위치해야 좋다.
  여자 : 대문, 안방, 주방의 위치가 서, 서남, 서북, 동북쪽에 위치해야 좋다.

▶ 1981년 출생자
  남자 : 대문, 안방, 주방의 위치가 동, 동남, 남, 북쪽에 위치해야 좋다.
  여자 : 대문, 안방, 주방의 위치가 서, 서남, 서북, 동북쪽에 위치해야 좋다.

▶ 1980년 출생자
  남자 : 대문, 안방, 주방의 위치가 서, 서남, 서북, 동북쪽에 위치해야 좋다.
  여자 : 대문, 안방, 주방의 위치가 동, 동남, 남, 북쪽에 위치해야 좋다.

## ··· 1970년대 출생세대 ···

▶ 1979년 출생자
  남자 : 대문, 안방, 주방의 위치가 동, 동남, 남, 북쪽에 위치해야 좋다.
  여자 : 대문, 안방, 주방의 위치가 동, 동남, 남, 북쪽에 위치해야 좋다.

▶ 1978년 출생자
  남자 : 대문, 안방, 주방의 위치가 동, 동남, 남, 북쪽에 위치해야 좋다.
  여자 : 대문, 안방, 주방의 위치가 서, 서남, 서북, 동북쪽에 위치해야 좋다.

▶ 1977년 출생자
  남자 : 대문, 안방, 주방의 위치가 서, 서남, 서북, 동북쪽에 위치해야 좋다.
  여자 : 대문, 안방, 주방의 위치가 동, 동남, 남, 북쪽에 위치해야 좋다.

▶ 1976년 출생자
  남자 : 대문, 안방, 주방의 위치가 서, 서남, 서북, 동북쪽에 위치해야 좋다.
  여자 : 대문, 안방, 주방의 위치가 동, 동남, 남, 북쪽에 위치해야 좋다.

▶ 1975년 출생자
  남자 : 대문, 안방, 주방의 위치가 서, 서남, 서북, 동북쪽에 위치해야 좋다.
  여자 : 대문, 안방, 주방의 위치가 서, 서남, 서북, 동북쪽에 위치해야 좋다.

▶ 1974년 출생자
  남자 : 대문, 안방, 주방의 위치가 서, 서남, 서북, 동북쪽에 위치해야 좋다.
  여자 : 대문, 안방, 주방의 위치가 서, 서남, 서북, 동북쪽에 위치해야 좋다.

▶ 1973년 출생자
  남자 : 대문, 안방, 주방의 위치가 동, 동남, 남, 북쪽에 위치해야 좋다.
  여자 : 대문, 안방, 주방의 위치가 서, 서남, 서북, 동북쪽에 위치해야 좋다.

▶ 1972년 출생자
  남자 : 대문, 안방, 주방의 위치가 동, 동남, 남, 북쪽에 위치해야 좋다.
  여자 : 대문, 안방, 주방의 위치가 서, 서남, 서북, 동북쪽에 위치해야 좋다.

▶ 1971년 출생자
  남자 : 대문, 안방, 주방의 위치가 서, 서남, 서북, 동북쪽에 위치해야 좋다.
  여자 : 대문, 안방, 주방의 위치가 서, 서남, 서북, 동북쪽에 위치해야 좋다.

▶ 1970년 출생자
  남자 : 대문, 안방, 주방의 위치가 동, 동남, 남, 북쪽에 위치해야 좋다.
  여자 : 대문, 안방, 주방의 위치가 동, 동남, 남, 북쪽에 위치해야 좋다.

## ··· 1960년대 출생 세대 ···

▶ 1969년 출생자
  남자 : 대문, 안방, 주방의 위치가 동, 동남, 남, 북쪽에 위치해야 좋다.
  여자 : 대문, 안방, 주방의 위치가 서, 서남, 서북, 동북쪽에 위치해야 좋다.

▶ 1968년 출생자
  남자 : 대문, 안방, 주방의 위치가 서, 서남, 서북, 동북쪽에 위치해야 좋다.
  여자 : 대문, 안방, 주방의 위치가 동, 동남, 남, 북쪽에 위치해야 좋다.

▶ 1967년 출생자
  남자 : 대문, 안방, 주방의 위치가 서, 서남, 서북, 동북쪽에 위치해야 좋다.
  여자 : 대문, 안방, 주방의 위치가 동, 동남, 남, 북쪽에 위치해야 좋다.

▶ 1966년 출생자
  남자 : 대문, 안방, 주방의 위치가 서, 서남, 서북, 동북쪽에 위치해야 좋다.
  여자 : 대문, 안방, 주방의 위치가 서, 서남, 서북, 동북쪽에 위치해야 좋다.

▶ 1965년 출생자
  남자 : 대문, 안방, 주방의 위치가 서, 서남, 서북, 동북쪽에 위치해야 좋다.
  여자 : 대문, 안방, 주방의 위치가 서, 서남, 서북, 동북쪽에 위치해야 좋다.

▶ 1964년 출생자
  남자 : 대문, 안방, 주방의 위치가 동, 동남, 남, 북쪽에 위치해야 좋다.
  여자 : 대문, 안방, 주방의 위치가 서, 서남, 서북, 동북쪽에 위치해야 좋다.

▶ 1963년 출생자
  남자 : 대문, 안방, 주방의 위치가 동, 동남, 남, 북쪽에 위치해야 좋다.
  여자 : 대문, 안방, 주방의 위치가 서, 서남, 서북, 동북쪽에 위치해야 좋다.

▶ 1962년 출생자
  남자 : 대문, 안방, 주방의 위치가 서, 서남, 서북, 동북쪽에 위치해야 좋다.
  여자 : 대문, 안방, 주방의 위치가 동, 동남, 남, 북쪽에 위치해야 좋다.

▶ 1961년 출생자
  남자 : 대문, 안방, 주방의 위치가 동, 동남, 남, 북쪽에 위치해야 좋다.
  여자 : 대문, 안방, 주방의 위치가 동, 동남, 남, 북쪽에 위치해야 좋다.

▶ 1960년 출생자
  남자 : 대문, 안방, 주방의 위치가 동, 동남, 남, 북쪽에 위치해야 좋다.
  여자 : 대문, 안방, 주방의 위치가 서, 서남, 서북, 동북쪽에 위치해야 좋다.

··· **1950년대 출생 세대** ···

▶ 1959년 출생자
  남자 : 대문, 안방, 주방의 위치가 서, 서남, 서북, 동북쪽에 위치해야 좋다.
  여자 : 대문, 안방, 주방의 위치가 동, 동남, 남, 북쪽에 위치해야 좋다.

▶ 1958년 출생자
  남자 : 대문, 안방, 주방의 위치가 서, 서남, 서북, 동북쪽에 위치해야 좋다.
  여자 : 대문, 안방, 주방의 위치가 동, 동남, 남, 북쪽에 위치해야 좋다.

▶ 1957년 출생자
  남자 : 대문, 안방, 주방의 위치가 서, 서남, 서북, 동북쪽에 위치해야 좋다.
  여자 : 대문, 안방, 주방의 위치가 서, 서남, 서북, 동북쪽에 위치해야 좋다.

▶ 1956년 출생자
  남자 : 대문, 안방, 주방의 위치가 서, 서남, 서북, 동북쪽에 위치해야 좋다.
  여자 : 대문, 안방, 주방의 위치가 서, 서남, 서북, 동북쪽에 위치해야 좋다.

▶ 1955년 출생자
　남자 : 대문, 안방, 주방의 위치가 동, 동남, 남, 북쪽에 위치해야 좋다.
　여자 : 대문, 안방, 주방의 위치가 서, 서남, 서북, 동북쪽에 위치해야 좋다.

▶ 1954년 출생자
　남자 : 대문, 안방, 주방의 위치가 동, 동남, 남, 북쪽에 위치해야 좋다.
　여자 : 대문, 안방, 주방의 위치가 서, 서남, 서북, 동북쪽에 위치해야 좋다.

▶ 1953년 출생자
　남자 : 대문, 안방, 주방의 위치가 서, 서남, 서북, 동북쪽에 위치해야 좋다.
　여자 : 대문, 안방, 주방의 위치가 동, 동남, 남, 북쪽에 위치해야 좋다.

▶ 1952년 출생자
　남자 : 대문, 안방, 주방의 위치가 동, 동남, 남, 북쪽에 위치해야 좋다.
　여자 : 대문, 안방, 주방의 위치가 동, 동남, 남, 북쪽에 위치해야 좋다.

▶ 1951년 출생자
　남자 : 대문, 안방, 주방의 위치가 동, 동남, 남, 북쪽에 위치해야 좋다.
　여자 : 대문, 안방, 주방의 위치가 서, 서남, 서북, 동북쪽에 위치해야 좋다.

▶ 1950년 출생자
　남자 : 대문, 안방, 주방의 위치가 서, 서남, 서북, 동북쪽에 위치해야 좋다.
　여자 : 대문, 안방, 주방의 위치가 동, 동남, 남, 북쪽에 위치해야 좋다.

## ··· 1940년대 출생 세대 ···

▶ 1949년 출생자
　남자 : 대문, 안방, 주방의 위치가 서, 서남, 서북, 동북쪽에 위치해야 좋다.
　여자 : 대문, 안방, 주방의 위치가 동, 동남, 남, 북쪽에 위치해야 좋다.

부록 2 나에게 맞는 주택구조 · 241

▸ 1948년 출생자
  남자 : 대문, 안방, 주방의 위치가 서, 서남, 서북, 동북쪽에 위치해야 좋다.
  여자 : 대문, 안방, 주방의 위치가 서, 서남, 서북, 동북쪽에 위치해야 좋다.

▸ 1947년 출생자
  남자 : 대문, 안방, 주방의 위치가 서, 서남, 서북, 동북쪽에 위치해야 좋다.
  여자 : 대문, 안방, 주방의 위치가 서, 서남, 서북, 동북쪽에 위치해야 좋다.

▸ 1946년 출생자
  남자 : 대문, 안방, 주방의 위치가 동, 동남, 남, 북쪽에 위치해야 좋다.
  여자 : 대문, 안방, 주방의 위치가 서, 서남, 서북, 동북쪽에 위치해야 좋다.

▸ 1945년 출생자
  남자 : 대문, 안방, 주방의 위치가 동, 동남, 남, 북쪽에 위치해야 좋다.
  여자 : 대문, 안방, 주방의 위치가 서, 서남, 서북, 동북쪽에 위치해야 좋다.

▸ 1944년 출생자
  남자 : 대문, 안방, 주방의 위치가 서, 서남, 서북, 동북쪽에 위치해야 좋다.
  여자 : 대문, 안방, 주방의 위치가 동, 동남, 남, 북쪽에 위치해야 좋다.

▸ 1943년 출생자
  남자 : 대문, 안방, 주방의 위치가 동, 동남, 남, 북쪽에 위치해야 좋다.
  여자 : 대문, 안방, 주방의 위치가 동, 동남, 남, 북쪽에 위치해야 좋다.

▸ 1942년 출생자
  남자 : 대문, 안방, 주방의 위치가 동, 동남, 남, 북쪽에 위치해야 좋다.
  여자 : 대문, 안방, 주방의 위치가 서, 서남, 서북, 동북쪽에 위치해야 좋다.

▸ 1941년 출생자
  남자 : 대문, 안방, 주방의 위치가 서, 서남, 서북, 동북쪽에 위치해야 좋다.
  여자 : 대문, 안방, 주방의 위치가 동, 동남, 남, 북쪽에 위치해야 좋다.

▶ 1940년 출생자
　남자 : 대문, 안방, 주방의 위치가 서, 서남, 서북, 동북쪽에 위치해야 좋다.
　여자 : 대문, 안방, 주방의 위치가 동, 동남, 남, 북쪽에 위치해야 좋다.

## ··· 1930년대 출생 세대 ···

▶ 1939년 출생자
　남자 : 대문, 안방, 주방의 위치가 서, 서남, 서북, 동북쪽에 위치해야 좋다.
　여자 : 대문, 안방, 주방의 위치가 서, 서남, 서북, 동북쪽에 위치해야 좋다.

▶ 1938년 출생자
　남자 : 대문, 안방, 주방의 위치가 서, 서남, 서북, 동북쪽에 위치해야 좋다.
　여자 : 대문, 안방, 주방의 위치가 서, 서남, 서북, 동북쪽에 위치해야 좋다.

▶ 1937년 출생자
　남자 : 대문, 안방, 주방의 위치가 동, 동남, 남, 북쪽에 위치해야 좋다.
　여자 : 대문, 안방, 주방의 위치가 서, 서남, 서북, 동북쪽에 위치해야 좋다.

▶ 1936년 출생자
　남자 : 대문, 안방, 주방의 위치가 동, 동남, 남, 북쪽에 위치해야 좋다.
　여자 : 대문, 안방, 주방의 위치가 서, 서남, 서북, 동북쪽에 위치해야 좋다.

▶ 1935년 출생자
　남자 : 대문, 안방, 주방의 위치가 서, 서남, 서북, 동북쪽에 위치해야 좋다.
　여자 : 대문, 안방, 주방의 위치가 동, 동남, 남, 북쪽에 위치해야 좋다.

부록 3

# 김기범 교수 현장답사 취재 보도 사례

- 김기범 교수의 '風水 부산' -
## 가덕도와 하야리아

### 금 거북이 바다 위로 떠오르고... 활짝 핀 연꽃이 솟아나고...

- 국제신문 디지털콘텐츠팀 inews@kookje.co.kr
- | 입력 : 2012-12-31 18:47:18
- | 본지 35면

풍수지리학자 김기범 교수가 가덕도 내 마을인 부산 강서구 천가동 새바지 부근에서 섬의 지세를 살펴보고 있다. 사진촬영 : 강덕철 기자

'가마솥 釜'와 '메 山'을 쓰는 釜山(부산)이라는 명칭은 1470년(성종 1년) 12월 15일 자 '성종실록'에 처음 나타난다. 이후 문헌에 釜山과 富山이 혼용되다가

1481년 성종 12년 '동국여지승람'이 편찬되면서 釜山이라는 지명이 일반화된 것으로 추정된다. '동국여지승람' 산천조에 보면 당시 부산포를 둘러본 풍수·지리학자들이 '釜山은 동평현(현재 부산진구 당감동 지역)에 있으며 산이 가마꼴과 같으므로 (釜山이라고) 이름 하였다'고 적고 있다. 솥단지를 품고 있는 부산. 그 땅의 기운은 과연 어떨까. 부산을 풍수지리로 풀어본다.

가덕도 신공항 예상 조감도

# 가덕도 '부해금구형'
- 서쪽은 거북의 발 나와 헤엄
- 서북쪽 신항의 미래 밝아
- 동쪽은 발이 물속에 잠겨
- 신공항 들어서면 균형 맞아

# 하야리아 '연화출수형'
- 금정산 좋은 기운(氣運) 받는 명당
- 물이 있어야 꽃 피우듯이
- 물의 공간 활용한 조경 필요
- 시민 안식처로 자리 잡을 것

### ◆ 가덕도와 하야리아

미래 부산을 밝힐 희망과 약속의 땅을 꼽자면 가덕도와 하야리아 미군 부지를 우선 들 수 있겠다. 가덕도는 신공항의 입지로 부상한 상태이고, 하야리아 부지는 자손만대 부산의 도심 허파와 휴식처를 제공할 매머드 공원으로 탈바꿈하기 때문이다.

### ■ 가덕도

가덕도(부산시 강서구 천가동)는 낙동강 하구의 서쪽 해상에 있는 부산 최대의 섬이다. 면적이 20.75㎢이고 해안선 둘레는 36㎞로 영도의 1.6배 크기. 최고봉인 연대산(높이 459.4m)을 위시해 곳곳에 준봉이 펼쳐져 있다. 지형은 남북으로 길게 뻗어 동쪽은 가파른 해식애(바닷물의 침식과 풍화작용으로 해안에 생긴 낭떠러지)를 이루고 서쪽은 완만하다. 섬 전역이 산지 지형이나 일부 평지에 마을이 형성돼 있다.

가덕도는 역사의 섬이다. 선사시대부터 사람이 살기 시작했던 것으로 전해온다. 국토의 최남단에 있어 일본의 침략이 잦았던 곳이기도 하다. 조선 시대에는 군사기지로 곳곳에 성을 축조했으며 병기를 만들던 집도 있었다 한다. 또한 가덕도는 보개산(寶蓋山·보물을 덮어 놓은 산)이 바다에 침몰했다가 다시 솟아서 이뤄졌다는 전설도 간직하고 있다.

그러면 가덕도는 어떤 풍수지리의 특징을 갖고 있을까. 산의 형세를 사물이나 동물 등에 비유한 물형론(物形論)으로 가덕도를 풀어보면 부해금구형(浮海金龜形)에 속한다. 금 거북이가 바다 위로 떠오르는 듯한 형국을 말하는데, 이런 형은 국내에서 거의 유일하다. 부해금구형으로 봤을 때 가덕도의 완만한 서쪽은 거북의 발이 나와 헤엄을 치고 있으나, 가파른 동쪽은 거북의 발이 물속에 잠겨 있는 형상이다. 균형이 맞지 않은 형태라 할 수 있다.

이런 원리에서 거북이가 발로 헤엄을 치는 듯한 생동감 있고 활기찬 서북쪽에 신항이 건설된 것은 부산의 미래를 내다볼 때 전망이 밝다고 해석할 수 있겠다. 아쉬운 점은 동쪽과 균형이 맞지 않아 보개산이란 전설의 빛이 발현되기에는 아직 미흡하다는 것이다. 그나마 가덕도를 관통해 거제도로 빠져나가는 거가대교가 놓인 것은 좋아지는 경우이다. 하지만 보다 근본적인 비방은 동쪽에 인공섬을 건설해 거북이가 양발로 힘차게 헤엄을 치는 부해금구형을 완성하는 것이다.

바다를 매립해 건설하려는 신공항의 입지가 바로 가덕도 동쪽이다. 동쪽에 공항이 들어서면 서쪽과 균형과 조화를 이루게 된다. 이러면 거북이가 가덕도를 출발점으로 대양으로 힘차게 나아가듯 부산도 전 세계로 뻗어 나가는 '부해금구형 가덕도'가 될 수 있으리라 본다. 풍수지리학으로만 풀어도 신공항의 입지로 가덕도가 적격인 것이다.

## ■ 하야리아

부산시민 공원으로 탈바꿈하기 위해 한창 공사 중인 부산진구
연지, 범전동 하야리아 미군 부지

부산시민공원으로 조성 중인 하야리아 부지는 부산시 부산진구 범전,연지동 일원에 걸쳐 있다. 면적은 53만㎡ 기록에 의하면 일제강점기 때 일본의 경마장으로 사용되다가 2차 세계대전 기간에는 일본군 훈련장과 야영지로 활용됐다.

1945년 해방이 되면서 미국영사관과 유엔 산하 기구가 잠시 사용했다. 1950년 6·25전쟁이 발발하면서 주한 미군 부산기지사령부가 설치됐다. 이후 2006년 8월 기지 폐쇄 때까지 주한미군의 물자 및 무기보급 등 역할을 수행했고, 2010년 1월 부산시에 반환됐다.

이 땅을 풍수로 풀려면 먼저 금정산(金井山, 801.5m)을 봐야 한다. 행정구역상 금정산은 북쪽으로 경남 양산시 동면에 속하고, 동쪽으로는 부산 금정구, 남쪽으로는 부산 동래구·부산진구·연제구, 서쪽으로는 북구에 접하며 낙동강에 이르고 있다. 금정산은 한반도의 뼈대를 이루는 백두대간(白頭大幹)에서 이어진 낙동정맥(洛東正脈)의 말단에 자리한다. 백두산(白頭山)에서 시작된 백두대간은 우리나라 국토를 동서로 나누며, 이것이 태백산(太白山, 1567m)에서 갈라져 낙동강 동쪽으로 내려온 산줄기가 낙동정맥이다.

금정산의 태조산(太祖山)은 백두산이며, 중조산(中祖山)은 태백산이고, 소조산(小祖山)은 취서산이 된다. 민족의 영산 백두의 장엄한 정기가 대간(大幹)과 낙동정맥을 타고 몰운대에서 바다로 이어진다. 풍수지리 물형론(物形論)으로 본 금정산은 황룡도강형(黃龍渡江形)이다. 황금빛을 발하며 용이 강을 건너는 듯한 형국이라는 것이다. 이런 금정산의 발복(發福)과 음덕(蔭德)이 있었기에 부산이 국내 제일의 항구도시로 발전할 수 있었다고 필자는 본다.

하야리아 부지는 금정산의 기운을 받는 부산의 몇 안 되는 명당이라 할 수 있겠다. 이 땅을 사물에 비유하면 연화출수형(蓮花出水形)에 속한다. 활짝 핀 연꽃이 수면 위로 떠오르는 듯한 형국이라는 말이다. 연꽃이 반쯤 핀 형태인 연화반개형(蓮花半開形)보다 훨씬 좋다. 한 해 2500만 명이 찾는 미국 뉴욕 맨해튼의 센트럴파크처럼 이곳에 대규모 도심 공원이 들어서면 시민의 안식처로, 또 관광지로 유용하게 활용될 것이 틀림없다.

풍수적으로 해석해도 연꽃이 물 위에서 꽃을 피우듯 보는 이로 하여금 정서적으로 많은 안정감을 주고 부산 발전에도 도움이 될 것이다. 아파트 등 단지로 개발하지 않은 것은 매우 잘한 선택이었다. 만약 콘크리트 건물이 우후죽순처럼 들어섰으면 연꽃에 벌이나 나비가 아니라 해충이 날아드는 것과 마찬가지여서 땅의 기운을 제대로 발산하지 못했을 것이다.

풍수로 들여다볼 때 공원을 조성하면서 신경을 써야 할 부분이 있겠다. 용은 물이 있어야 승천할 수 있고 연꽃 또한 물이 있어야 꽃을 피울 수 있다. 시민공원 조성계획안에 물의 공간을 겸한 조경이 포함돼 있기는 하나 연화출수형에 더욱 부합하도록 했으면 하는 바람이다. 부산은 시민 휴식 공간이 부족하다. 빠르면 올 연말, 늦어도 내년 상반기쯤 부산시민공원이 완성되면 발길이 끊이지 않으리라. 직접 와서 보는 사람이나 보지 않은 시민이라 할지라도 발복과 음덕의 기운을 받을 수 있는 터다.

시민공원 예상 조감도

# 풍수지리란
- **바람·물·땅 이치로 인간 생활공간 속 길흉화복 알아내**
- **음양오행·주역팔괘·자연환경 근거**
- **장풍득수론·취길피흉론 등 풀어내**
- **주택·아파트 등에도 활용 가능**

풍수지리는 바람(風), 물(水), 땅(地)과 인간이 생활공간에서 어울리는 이치를 조명하는 학문이다. 음양오행(陰陽五行)과 주역팔괘, 자연환경을 근거로 해 ▷장풍득수론(藏風得水論) ▷취길피흉론(取吉避凶論) ▷좌향론(坐向論) ▷물형론(物形論) ▷이기론(理氣論) 등으로 풀어낸다.

장풍득수론은 바람, 물, 땅이 조화를 이루고 있느냐를 보는 이론이다. 음택(묘지)의 좋고 나쁨뿐만 아니라 양택(주택) 풍수에도 활용된다.

취길피흉론은 길과 흉을 알아내 길한 것은 받아들이고 흉한 것은 버리거나 피하는 것을 말한다. 풍수지리에서는 길흉이 분류된다. 풍성하고 둥글둥글하며 아름답고 윤택이 나면 길하고, 또한 변화가 있고 다소곳하며 자기를 향하여 보호하려는 듯하면 길하다. 반대로 메마르고 빈약하며 직선적이고 습하거나 음침하면 흉하다. 배반하는 형태이거나 위압적이면 역시 흉하다고 본다.

좌향론은 방위와 관계된 술법으로 가장 어려운 풍수지리학 기술이다. 음택이나 양택에서 좌향은 매우 중요한 역할을 하며 길흉에 영향을 미친다. 예로 음택에서는 관 속 망자의 머리 부분이 좌이고 다리 부분이 향이며, 주택에선 현관이 향이며. 아파트에서는 앞 발코니가 향이다.

물형론은 형국론 이라고도 하는데 산의 형세를 사물이나 동물 등에 비유하는 것이다. 땅의 형세로 길흉화복을 논하게 된다. 예로 용이나 거북 형상의 산에 묘를 쓴다면 앞이나 주위에 물이 있어야 길하며, 물이 없다면 용이 승천할 수 있도록 인공 연못 등을 조성하는 식이다.

이기론은 풍수의 필수 도구인 나경(나침반)으로 땅속 기(氣)의 흐름이나 돌, 물, 흙 등 눈에 보이지 않는 자연 현상을 관찰하는 학문으로 좌향론과도 밀접한 관계가 있다.

- 김기범 풍수지리학자 동의대학교 외래교수 -

※ 이 기사는 지역신문발전기금을 지원받아 취재했습니다.
ⓒ국제신문(www.kookje.co.kr), 무단 전재 및 재배포 금지

## - 김기범 교수의 '風水 부산' -
## 광안리와 광안대교

**황령산 호랑이 광안리 해변으로… 광안대교와 만나 완벽한 명당**

- 디지털콘텐츠팀 inews@kookje.co.kr
- | 입력 : 2013-08-01 18:49:50
- | 본지 30면

광안대교 위에서 바라본 광안리 해수욕장 일대 전경. 사진의 뒤로 보이는 산이 황령산이다.

# 맹호하산형
- 목마른 호랑이 물 찾아 하산
- 나들이 가족에 기 불어넣어

# 입지 조건
- 신체와 정신 건강에 좋은 터
- 사람 북적여 상권 크는 명당

매년 가을 국내 최대 규모의 불꽃 축제가 열리는 광안대교. 부산시 수영구 남천동 49호 광장에서 해운대구 센텀시티를 잇는 우리나라 최초의 해상 복층 교량이다. 광안대교 때문에 가장 덕을 보는 곳은 뭐니뭐니해도 광안리 해수욕장과 주변 상권.

그러면 광안리와 광안대교는 풍수지리학적으로 어떤 상관관계를 갖고 있을까. 풀이에 앞서 현대 양택 풍수에서는 움직이지 않는 큰 건물이나 다리와 같은 구조물 또는 물체를 일종의 '산(山)'으로 보고 주변 형세에 영향을 미치는 것으로 해석한다는 점을 알아둘 필요가 있겠다.

### ■ 풍수로 본 황령산 줄기와 광안리

광안리 해수욕장에서 본 광안대교 사진촬영 : 전민철 프리랜서

광안리 해수욕장과 그 주변은 인근 황령산의 기운을 받는 곳이다. 황령산은 전형적인 부산의 도심지 산으로 남구, 수영구, 연제구, 부산진구에 걸쳐있다. 울산 단층을 뿌리로 해서 부산 해운대 장산(634m)-금련산(413m)-황령산(426m)-영도 봉래산(395m)으로 이어지는 금련산맥에서 장산 다음으로 높은 산이 황령산이다. 황령산 꼭대기는 비교적 평탄하며, 천연기념물 제267호로 지정된 구상반려암(마그마가 지하 깊은 곳에서 식어 만들어진 암석)이 있다.

광안리는 황령산 기운 중에서도 KBS방송국 옆으로 내려온 산줄기의 기(氣) 영향을 많이 받는다. 광안리에서 보면 이 산줄기는 우백호(右白虎)에 해당한다. 풍수에서 백호(白虎)는 주산(主山; 집터와 묏자리, 도읍지 기운이 서린 산)의 오른쪽에 있는 산줄기로, 여자를 뜻하며 어머니 같이 부드럽고 아늑하게 안아주는 형태이다.

일례로 부산 부산진구 초읍동에 위치한 삼광사의 경우 사찰 뒤 산줄기가 백양산(642m)의 우백호에 해당한다. 정확한 신도 수는 알 수 없으나 불자들이 많은 것은 사찰이 풍수 원리로 우백호 아래 좋은 곳에 세워진 것과 관련이 있다고 봐도 무방하다. 또 학생 수가 1만 명 이상 되는 부산지역 대학으로 부산대는 금정산(802m), 동아대는 승학산(496m), 동의대는 엄광산(504m)의 우백호 기운을 받는 대표적인 사례라 할 수 있다.

광안리에 기운을 미치는 이 황령산 산줄기를 풍수 방법론의 하나인 물형론(物形論; 산의 형세를 사람이나 동물 등에 비유해 그 모습을 구분함)으로 보면 호랑이가 산에서 내려오는 듯한 형국인 '맹호하산형(猛虎下山形)'에 속한다. 물형론은 보는 장소와 사람에 따라 약간의 차이가 날 수 있는데, 목마른 호랑이가 물을 마시는 형국인 '갈호음수형(渴虎飮水形)'으로도 읽을 수 있겠다.

호랑이는 다른 맹수와 달리 물을 좋아하며 헤엄을 즐기는 동물이다. 광안리는 바다를 접하고 있어 호랑이가 산에서 내려와 물을 찾아가는 맹호하산형 또는 갈호음수형에 부합한다. 또 호랑이는 단독으로 생활하는 경우가 일반적이지만 새끼를 키울 때는 암컷과 새끼들로 가족 단위의 무리를 이룬다. 광안리 해수욕장을 찾는 사람들은 가족단위 나들이객이 많은데, 맹호하산형은 이들에게 풍수적으로 좋은 기(氣)를 불어넣는다고 봐야 한다.

■ 광안리와 광안대교의 상관관계

광안리 해수욕장과 주변 터는 풍수적으로 집터·묏자리·도읍지 등의 기운이 서린 주산(主山)과 좌청룡, 우백호, 안산(安山; 집터나 묏자리의 맞은편에 있는 산)이 조화를 이루는 혈 자리에 위치한다.

풍수지리적으로 가장 이상적인 지형은 산을 등지고 물을
바라보는 배산임수(背山臨水)이다. 이런 땅은 예부터 명당으로
각광 받아왔다. 자연과 가까이 있어 정서적인 안정은 물론
건강에도 이로워 만사형통할 수 있는 기반을 갖춘 형세로 본다.

광안리 해수욕장에서 봤을 때 주산은 황령산이고, 좌청룡은 광안리 회센터 쪽 건물들, 우백호는 삼익비치아파트와 수영구청 등이 된다. 여기서 광안리 앞바다를 가로지르는 광안대교가 바로 명당의 마지막 조건인 안산의 역할을 한다. 광안리는 이처럼 광안대교가 들어섬으로써 주산, 좌청룡, 우백호, 안산 등 네 가지를 모두 갖춘 명당이 됐다고 보면 되겠다. 따라서 광안리 해수욕장은 물론 주변 상권과 인근 아파트 및 주택가는 풍수원리에 입각해 더욱 각광받고 발전할 것이라는 게 필자의 견해다.

# 광안대교는
- 오륙도 등 경관 좋아 조명 10만 가지 연출, 다채로운 행사 진행

광안리 앞바다를 지나가는 광안대교는 항만도시 부산의 해안 순환도로망 구축 차원에서 건설됐다. 사업비 7,899억 원을 들여 8년여의 공사 기간을 거쳐 2003년 1월 개통했다.

광안대교의 총연장은 7,420m. 이중 현수교가 900m, 트러스교가 720m, 접속교가 5,800m이다. 다리 위 도로 폭은 18~25m이며, 해수면에서 상판까지의 높이는 30m.

광안대교는 자동차 전용 교량의 기능뿐만 아니라 상층부에서 바라보는 주변 경관 또한 일품이다. 끝없이 펼쳐진 바다, 손을 뻗으면 잡힐듯한 오륙도, 해운대 동백섬과 달맞이 언덕 등이 한눈에 들어온다. 이런 풍광을 만끽하려 부산을 찾는 많은 관광객이 차를 타고 광안대교 위를 달린다.

순수 국내 기술진에 의해 설계, 감리, 시공되면서 국내 교량 건설의 새로운 장을 연 광안대교는 부산을 상징하는 랜드마크이자 관광자원으로도 유명세를 타고 있다.

갈매기의 힘찬 날갯짓을 형상화한 현수교의 화려한 야간 경관 조명은 10만 가지 이상의 다양한 색상을 연출한다. 또 매년 10월 광안대교를 배경으로 환상적인 불꽃 쇼가 열리며, 새해 첫날엔 다리 위에서 해맞이 행사도 개최된다.

광안대교의 다른 이름은 '다이아몬드 브릿지(Diamond Bridge)'. 바다 위의 빼어난 건축미학을 표현하기 위해 시민 공모를 통해 붙여졌다. 2013년 6월 말 현재 1일 평균 차량 통행량은 9만 2,186대에 이른다.

김기범 풍수지리학자·동의대학교 외래교수

※ 이 기사는 지역신문발전기금을 지원받아 취재했습니다.
ⓒ국제신문(www.kookje.co.kr), 무단 전재 및 재배포 금지

- 김기범 교수의 '風水 부산' -
# 부산법조타운

## 깨끗함 뜻하는 연꽃 피는 자리… 공정한 업무 수행에 좋은 영향

- 국제신문 디지털콘텐츠팀 inews@kookje.co.kr
- | 입력 : 2013-12-19 18:47:51
- | 본지 30면

법조타운은 백양산과 쇠미산 등 사방에서 산의 기운을 받는 곳이다. 풍수 원리에 따르면 법조타운은 공정한 업무를 수행하는 데 좋은 명당이다.   사진촬영 : 김동하 기자

# 연화출수형
- 동서남북 산으로 둘러싸인 곳
- 부조리에 현혹되지 않는 자리

# 명당 요건 충족
- 주변 건물도 풍수상 좋은 영향
- 민원인 창구 등 내부 인테리어
- 용맹하고 포근한 기운(氣運) 같이 품어

지금의 부산 연제구 거제동 법조타운은 2001년 가을 그 골격이 갖춰졌다. 옛 군기지창 자리에 법조 건물이 들어서면서 부산지방법원과 고등법원, 지방검찰청과 고등검찰청이 부민동 시대를 마감하고 이곳으로 이전했다. 새롭게 조성된 부산법조타운은 풍수학적으로 어떤 특징을 갖고 있을까.

## ■ 물형론으로 본 부산법조타운

부산지검 입구에서 바라본 법조타운. 김기범 교수는 경비실 위치는 왼쪽이 더 적합하다고 설명한다.

부산지방법원과 검찰청은 위치상 북쪽으로 금정산(801.5m), 남쪽으로 황령산(427.9m), 동쪽으로 장산(634m), 서쪽으로는 백양산(642m)과 금정봉(쇠미산, 408m) 및 금용산(148m)의 산지로 둘러싸여 있다. 또 지금은 복개됐지만 거제동과 연산동을 경계 짓는 거제천이 흐르고 있다. 이 일대를 풍수 방법론의 하나인 물형론(物形論; 산의 형세를 사람이나 동물 등에 비유해 그 모습을 구분함)으로 보면 연꽃이 수면으로 떠오르는 듯한 '연화출수형(蓮花出水形)'이다. 연꽃이 물 위에 떠 있는 '연화부수형(蓮花浮水形)'으로 봐도 무방하다.

연꽃은 고대 인도에서 가장 귀하게 여긴 꽃으로 청정, 신성, 순결, 행운 등의 뜻이 있다. 진흙탕에서 자라지만 물들지 않고 꽃잎 위에는 한 방울의 오물도 머무르지 않는다. 꽃이 피면 물속의 냄새는 사라지고 어떤 곳에 있어도 푸르고 맑은 잎을 유지한다. 줄기는 부드럽고 유연하다.

이처럼 부산법원과 검찰청은 풍수학적으로 연화출수형이나 연화부수형에 걸맞게 연꽃의 본래 의미를 잘 살려 부조리와 청탁에 현혹되지 않는 자리에 있다.

## ■ 양택풍수로 풀어보니

양택 풍수에서 보는 명당자리는 건물을 기준으로 뒤에 산이 있는 곳이다. 또 양옆으로 산이 감싸며 앞으로도 전망 좋은 산이 있어야 한다. 더불어 물이 터를 휘감고 흐르면 더욱 좋다. 현대 양택 풍수에서는 뒤에 산은 있으나, 양옆 또는 앞에 산이 없어도 큰 물체나 건물이 있으면 산으로 간주한다.

부산지검 입구에서 바라본 법조타운. 김기범 교수는
경비실 위치는 왼쪽이 더 적합하다고 설명한다.

부산지방법원과 검찰청은 앞에서 보았을 때 뒤로 금정산의 지맥이 이어지는 금용산의 기운과 우측에 부산교육대학교, 좌측에 아파트 단지가 형성돼 있다. 앞으로는 연산교차로 방향으로 건물이 들어서 있고 멀리는 황령산과 조화를 이루는데다 거제천까지 흘러 길지라 하겠다. 범죄자들로 북적거리는 곳이 어떻게 명당이 될 수 있느냐는 일부 지적도 있으나 필자는 오히려 법조타운 터가 공정한 업무를 수행하는데 좋은 자리라고 판단한다.

법원과 검찰청 두 건물 자체도 양택 풍수 원리에 입각해 조화를 이루고 있다. 특히 건물과 건물 사이에 담장을 만들지 않아 두 건물의 기(氣) 흐름을 원활히 한 것도 풍수원리에 부합한다 하겠다.

양택은 본 건물이 주위 환경과 조화를 이루고, 내부 구조도 풍수인테리어 원리에 맞으면 더욱 좋다. 부산지방법원은 사람들이 가장 많이 이용하는 1층에 민원인 창구, 등기과, 민사집행과 등이 있다. 입구에서 봤을 때 민원인 창구는 우측, 민사집행과는 좌측에 위치한다. 이를 인테리어 풍수로 풀어보면 우측 민원인 창구와 등기과는 어머니 품과 같이 안정감을 주는 위치이며, 좌측 민사집행과는 남성의 용맹한 기가 상승하는 곳이다.

전체적으로는 풍수 원리 동사택(건물의 중앙에서 주 출입구와 중요 장소가 북·동·동남·남쪽)과 서사택(건물의 중앙에서 주 출입구와 중요 장소가 동북·남서·서·서북쪽)중 서사택에 해당한다. 풍수에서 서사택은 음의 기운이 강한 것으로 보는데, 음(陰)은 드러나지 않음을 말한다.

부산검찰청은 외부 사람이 가장 많이 이용하는 종합민원실과 주 출입구가 동사택에 해당한다. 동사택은 양의 기운이 강한데, 양(陽)은 드러남을 뜻한다. 이처럼 법원과 검찰청은 풍수인테리어 원리에 준하는 건물을 설계했고, 주요 장소도 인테리어 원리에 맞춰 기(氣) 상승에 좋다.

## ■ 옥에 티

법조타운은 전반적으로 풍수원리에 부합하는 좋은 터지만 옥에 티가 있다. 검찰청 1층 화장실이 남자용은 오른쪽, 여자용은 왼쪽에 설치돼 있다. 남·녀 화장실이 나란히 있을 경우엔 남자용이 좌측, 여자용이 우측에 있는 것이 화장실 풍수원리에 맞다.

예로 영업이 잘되는 고속도로 휴게소가 이 같은 인테리어 원리에 맞게 화장실을 배치한 것이다. 또 현재 우측의 검찰청 입구 경비실이 좌측에 설치됐으면 좋았겠다는 생각이다. 법원 1층의 남,녀 화장실 두 곳도 위치가 조화롭지 못하다.

**# 왼쪽 검찰청 남성 상징, 오른쪽 법원 여성 상징… 양택 풍수 원리 충족**

## ■ 좌청룡(左靑龍)과 우백호(右白虎)

풍수지리는 바람, 물, 땅과 인간이 생활공간에서 어울리는 이치(理致)를 과학적으로 조명하는 학문으로 크게는 음택과 양택으로 분류한다. 양택은 사람이 생활하는 공간을, 음택은 묘지를 말한다.

보는 방법은 음택의 경우 산을 등지고 혈장(산소가 들어설 장소)을 감싸고 있는 좌측 산을 좌청룡, 우측 산을 우백호라고 한다. 반대로 양택은 건물 앞쪽에서 봐 좌측은 좌청룡, 우측은 우백호가 된다. 좌청룡은 남자의 기상과 용맹을, 우백호는 여자 즉 어머니 품과 같이 포근하게 감싸 안아주는 의미를 가진다.

부산법조타운에서 검찰청은 좌측, 법원은 우측에 위치하고 있어 양택 풍수원리에 맞다. 우리나라 대부분의 검찰청과 법원은 이와 같은 원리에 따라 건축돼 있음을 볼 수 있다. 부산시청과 경찰청 역시 좌청룡, 우백호의 원리로 이루어져 있으며 대부분 구청도 구청은 왼쪽에 구의회는 우측에 위치한다.

김기범 풍수지리학자·동의대학교 외래교수

※ 이 기사는 지역신문발전기금을 지원받아 취재했습니다.
ⓒ국제신문(www.kookje.co.kr), 무단 전재 및 재배포 금지

---

# 한국부동산풍수지리총연합회
# 【사단】한국장례문화총연합회
## 한국부동산풍수학회. 한국부동산풍수협회
IFSA. International Feng Shui Association. 대한민국
IFSA. International Feng Shui Convention. 대한민국
본 부 : 부산시 동래구 충렬대로 296(낙민동) 석천빌딩 503호
TEL : 051) 525-0380  /  H.P : 010-2471-0380

## - 김기범 교수가 취재 보도한 -
## 풍수로 본 부산의 '정중앙'

이야기 공작소 <20-6> 부산진 '野史野談'
- 풍수로 본 부산의 '정중앙'

**한 소년의 호기심이 찾아낸 '부산의 중심'…재물운 가득한 명당**

- 국제신문 디지털콘텐츠팀 inews@kookje.co.kr
- | 입력 : 2015-10-05 18:45:15
- | 본지 12면

'숨쉬는 동천' 회원들이 지난 3일 부산진구 정중앙 공원을 답사하고 있다. 시민들은 정중앙 풍수에 대해 큰 관심을 보였으며 기도를 하기도 했다.

- "부산의 정중앙을 알고 싶어요"
- 2001년 동평초등생 요청으로
- TV '호기심 천국'이 밝혀내
- 당감로 화승삼성아파트 20동

- 북쪽 찻길 건너편에 돌로 표지석
- 닭이 알을 품은 형상 지형 가져
- 백양산서 내려오는 청룡 기운과
- 금정산 정기가 만나는 곳에 위치
- 자손 번창·경제적 부·권력 운 간직

■ 2001년 처음으로 확인

'이곳이 우리 부산의 정중앙입니다.'

부산진구 당감로 79 화승삼성아파트 20동 북쪽 찻길 건너편에는 높이 1m,

너비 2m의 돌비가 세워져 있다. 부산의 정중앙을 표지한 것이다.

정중앙 표지석을 향해 소원을 빌고 있는 사람.

부산의 정중앙을 찾으려는 시도는 2001년 동평초 4학년이던 부산의 손진화 군이 SBS 방송국에 엽서를 보내면서 시작되었다. SBS 교양 프로그램인 '호기심 천국'에서 서울의 정중앙을 찾았다는 방송을 보고, 손 군은 부산의 정중앙이 어디인지 물어보는 엽서를 보냈다.

호기심 천국 제작진과 부산대 도시문제연구소는 각종 장비를 동원하여 5000여 개의 좌표를 설정하고 이를 지리정보시스템(GIS)에 입력하여 조사하는 방식으로 2001년 7월에 부산의 정중앙을 찾아냈다. 부산의 동쪽 끝은 기장군 효암리, 서쪽 끝은 강서구 천성동, 남쪽 끝은 사하구 남형제섬, 북쪽 끝은 기장군 장안리이며, 정중앙의 좌표는 북위 35도 10분 4초, 동경 129도 2분 17초였다. 동서남북 끝자락에서 정중앙까지의 거리는 최단 28㎞, 최장 32㎞이고, 이 지점은 서면교차로와 직선거리로 2㎞ 정도 떨어져 있다.

## ■ 정중앙 지형과 풍수 원리

부산의 정중앙에 숨겨진 풍수 지리적 특성을 살펴보기 전에 먼저, 부산의 지형을 살펴보자. 부산의 가장 큰 산줄기는 낙동정맥의 줄기로, 태백산(1,567m)에서 시작하여 양산의 취서산(1,092m) 원적산(564m)을 거쳐 금정산(801.5m)

백양산(642m) 엄광산(504m) 구덕산(565m) 승학산(497m)으로 이어지는 산줄기이다. 부산의 진산(鎭山)인 금정산을 풍수지리 물형론(物形論·산이나 지형의 형세를 사물이나 짐승 등에 비유하여 길흉화복을 논하는 것)으로 보면 금정산은 황룡도강형(黃龍渡江形)이다. 황금빛을 발하며 용이 강을 건너는 듯한 형국이라는 것이다.

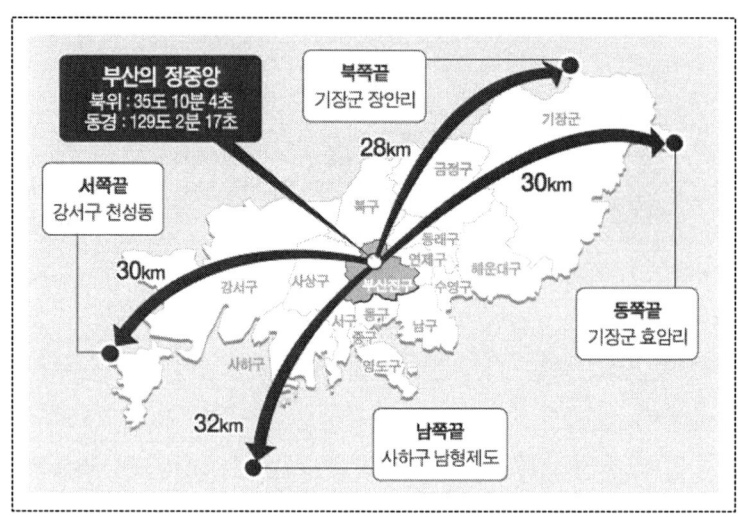

주역과 음양오행을 토대로 하는 풍수지리학에 입각하면 산의 모양 즉, 산형(山形)은 그 변화에 따라 다섯 가지인 오행(五行, 목(木)·화(火)·토(土)·금(金)·수(水))산형으로 나뉜다.

금형산(金形山)은 부산의 백양산처럼 산봉우리가 종(鐘)이나 모자를 엎어 놓은 것 같이 크고 둥글게 일어선 산이다. '金(쇠)'은 서쪽을 의미하며 계절적으로는 가을에 속한다. 색으로는 백색으로서 밝고 귀하며 굴절하거나 흔들림이 없고 맑아 청백리 같은 인물이 태어나며 덕이 있는 사람, 부자 사업가 문장가들이 많이 나오는 것으로 본다.

수형산(水形山)은 부산 금정산처럼 용세의 흐름이 잔잔한 파도처럼 높지도 얕지도 않으면서 부드럽게 연이어 중첩한 접산 형태로, 물이 흐르듯 부드럽게 끊어지지 않고 구불구불하게 단순하다 싶으면서도 복잡한 형상이 특징이다. '水(물)'는 북쪽이며 겨울로서 태양을 따라 움직이는 계절이므로 부자와 귀인이 나는 형세지만 재물 쪽의 운이 좀더 강하다. 수형산 아래에는 목형 건물 즉, 고층 아파트와 같은 입방형 건물을 짓는 것이 바람직한 원리로, 부산에 고층 아파트 건물이 대한민국에서 제일 많은 것도 풍수지리적 원리를 적용한 것이다. 사무실 건물로 서울의 63빌딩 보다 40m나 높은 건물이 있는가 하면, 현재에는 100층 이상의 건물을 신축하고 있는 것도 이러한 풍수 원리와 무관하지 않다는 것을 알 수 있다.

## ■ 관공서의 입지 분석

김기범(오른쪽 두번째) 교수가 정중앙 풍수에 대해
설명하자 나성린(왼쪽 세 번째) 국회의원이 유심히 듣고 있다.

백양산에서 부산 정중앙 표지석 옆으로 내려오는 산줄기를 용(龍)이라 한다. 용은 세력에 따라 생룡(生龍) 사룡(死龍) 강룡(强龍) 약룡(弱龍) 순룡(順龍) 역룡(逆龍) 진룡(眞龍) 퇴룡(退龍) 복룡(福龍) 병룡(病龍) 겁룡(劫龍) 살룡(殺龍) 등 12종류로 나뉘는데, 이 중에서 생룡 강룡 순룡 복룡 진룡 5개는 길하다고 보며 나머지 7개는 흉하다고 본다. 정중앙석 위로 내려오는 산줄기는 수려 단정하면서 생기발랄한 생룡(生龍)으로서, 부귀(富貴)하고 효자 자손(子孫)이 많이 난다는 지리적 기운을 가진다.

또한 부산 정중앙은 금정산의 기운(氣運)과 백양산의 좌청룡 기운을 받는 자리에 위치하고 있다. 청룡은 장손(長孫) 또는 남자를 뜻하고 청룡에서 발생하는 생기는 자손의 번창과 권력, 지도자의 기운, 재산의 기운을 가지고 있는 것이라 할 수 있다. 청룡이 제대로 역할을 한다면 자손 가운데 특히 남자가 벼슬길에 오르거나 경제적인 번창을 이루는 것으로 판단한다.

관공서의 경우에도 좌청룡 우백호의 원리를 활용한 경우가 많다. 부산 검찰청과 법원을 보면 검찰청은 왼쪽에 법원은 오른쪽에 위치하고 있으며, 부산경찰청은 왼쪽에 시청은 우측에 시의회는 시청에서 오른쪽에 위치하고 대부분 구청의 경우 구청은 왼쪽에 구의회는 오른쪽에 위치하고 있다. 화장실의 경우도 남자 화장실은 입구에 가까운 쪽이나 왼쪽에 여자 화장실은 안쪽이나 오른쪽에 위치한 경우가 좌청룡 우백호의 원리이다.

정중앙 표지석 앞에 흐르는 맑은 물길은 부암동의 주산인 백양산 중턱의 선암사 뒷쪽 임도 아래에서 발원하여 동천(東川)의 발원지가 되는 당감천으로 골짜기를 타고 흘러내려 주택 사이를 맴돌아 이곳 정중앙 석 앞으로 흐르는데 물길이 마치 뱀이 지나가듯 곡곡 굽어서 지나가는 모양새로 구곡수(九曲水) 일명 수성수(水星水)이다. 풍수 원리로 구곡수는 돈이 풍족하고 의식이 풍요로워진다고 본다.

다만 하천의 바닥을 시멘트로 덧씌운 것이 구곡수의 운(運) 작용을 저하 시키는 면이 있으나, 내천 위에 놓인 좁은 시멘트 다리가 백양산에서 내려오는 우백호의 기운을 받는 역할을 한다는 점은 다행스럽다고 할 수 있다.

또한 정중앙 표지석이 위치한 장소는 음의 기운이 약간 서려 있다. 음의 기운이 강하면 양의 기운으로 전환하여야 발복을 이룰 수 있다. 그 방법으로 가정에서는 조명을 밝히고, 대지에서는 돌을 세우거나 놓아두면 되는데, 다행히 정중앙 표지석을 돌로 만들었다는 점은 기운을 중화하는 좋은 선택이었다고 볼 수 있다.

음의 기운을 중화시키는 일례로, 남해군 남면 홍현리(다랭이 마을) 849번지에는 남성 성기 모양으로 돌을 깎아놓고 다산과 농사의 풍요의 기원 대상으로 삼았는데, 이후 이 비석이 마을 전체의 수호신으로 바뀌고, 다시 불교의 미륵불로 이어진 민간신앙으로 이어지면서 경상남도 민속문화제 제13호로 지정 된 바 있다.

## ■ 정중앙의 발복 기원 사실

부산 정중앙의 정확한 지점은 돌비 바로 옆 파란지붕 주택이 자리한 곳이며, 현재 표지석이 세워진 곳은 금계포란형(金鷄抱卵形)지형 중 닭이 알을 놓는 자리로, 알의 자리에 표지석이 설치된 셈이니, 기(氣)의 작용은 표지석이 설치된 이후부터로 볼 수 있을 것이다. 또한 지구는 자전과 공전으로 인한 거대한 에너지를 가지고 있다. 부산의 정중앙에도 볼텍스(Vortex·지자기가 방출되는 장소)의 원리가 적용되어, 눈에 보이지는 않지만 다른 곳에는 없는 에너지가 소용돌이치고 있어 기의 힘을 받을 수 있을 것이다.

음양오행(陰陽五行) 원리로 볼 때, 이곳 표지석은 금계포란형 자리에 알의 자리에 설치된 것이니, 기를 받을 수 있는 방법으로 소띠 뱀띠 용띠생의 남자는 표지석 정면에서 표지석을 만지면서 좌측에서 우측으로 돌면서 간절히 소망을 바라는 마음으로 돌고, 같은 띠의 여자는 우측에서 좌측으로 돌면서 소망을 바라는 마음으로 표지석을 만지면서 돌면 소원을 빌면 효험을 볼 수 있다.

쥐띠 토끼띠생은 표지석을 손으로 만지면서 약간 두드리고 위와 같은 방법으로 하면 바라는 소원을 이룰 수 있다. 범띠 닭띠 개띠생은 표지석을 앞에서 표지석을 만지지 말고 기도하는 마음으로 소원을 빌면 효험이 있다. 말띠 양띠 원숭이띠 돼지띠생은 표지석 앞에서 남자는 왼손으로 만지고, 여자는 오른손으로 만지면 효험을 볼 수 있다.

정중앙 표지석 방문 시 관광이나 교육 및 관찰 목적으로 간다면, 별다른 예약 없이 원하는 날짜에 방문하면 된다. 한 가지 소원을 이루고자 하는 목적이라면 일진(日辰·음양오행설에 따라 인간의 일상생활에서 흉한 것을 피하고 길한 것을 택하기 위한 수단)이 축일(丑日) 사일(巳日) 진일(辰日)이 좋다고 본다.

부산진구가 정중앙 표지석을 관광자원으로 삼기 위해 스토리텔링 작업을 진행한 끝에 실제 찾아낸 사연으로 주인공인 우체국 6급 하모 씨는 본인 업무에 관해 열심히 노력하였으나 사무관 승진이 되지 않아 영험 있다고 알려진 곳을 꽤나 찾아다녔다고 한다. 팔공산 갓바위에 예불도 드리고, 영천 돌할매도 들어봤지만 별 효험이 없었던 차에 정중앙 표지석 이야기를 들었다. 하 씨는 큰 기대를 하지 않았지만, 물에 빠진 사람이 지푸라기라도 잡는 심정으로 정중앙석을 꾸준히 찾아갔다. 그리고 나서 다음 인사에서 고위 공무원의 진입을 의미하는 사무관으로 승진이 된 사례도 있다.

지난 3일 개천절을 맞아 '숨쉬는 동천' 이용희 회장 등 100여 명과 나성린 국회의원은 정중앙 공원의 의미를 짚어보는 답사를 진행했으며, 한국부동산풍수학회 안원찬 회장 등 임원 10여명도 이곳을 방문해 정중앙 풍수 원리에 대해 깊은 관심을 보였다.

사람마다 선천운의 차이가 있어 기(氣) 작용에 차이는 있겠으나 정중앙 표지석은 닭의 알이어서 기도하는 마음으로 간절히 소망을 바라면서 표지석을 만지면 좌청룡의 기운과 금계포란형 알의 힘과 볼텍스의 지기(地氣)의 영향으로 가정에 건강과 행복, 재물이 늘어나게 되고, 직장인은 진급하고, 학생은 성적 향상으로 이어져 원하는 상급학교와 원하는 목표를 이룰 수 있는 명당의 자리라고 할 수 있다.

좋은 명당 터에 들어가려면 3대가 덕을 쌓아야 들어갈 수 있다. 도시의 풍수에서는 1대를 약 30년으로 본다. 올해가 광복 70주년으로 3대에 접어드니 앞으로 시간이 지날수록 이곳은 더 많은 이야기와 사연이 쏟아지는 자리가 되리라 본다.

김기범 풍수지리학자·동의대 외래교수

※ 공동기획 : 부산진구, 국제신문, (사)부산스토리텔링협의회
ⓒ국제신문(www.kookje.co.kr), 무단 전재 및 재배포 금지

## - 송동선이 만난 사람 -
## 학생들 마음 뺏는 풍수·역술가 김기범

- 국제신문 글·사진=송동선 편집위원 songsun@kookje.co.kr
- | 입력 : 2006-09-10 20:10:10
- | 본지 19면

'윤달 집착은 지나친 상업화 현상'
'풍수는 바람과 물 활용한 과학적 원리
금정산 용의 형상… 다대포는 용머리
요즘 명당은 대부분 교통이 편리한 곳'

김기범 교수가 금정산 의상봉에서 낙동강
쪽을 가리키며 풍수적 견해를 밝히고 있다.

'금정산은 용의 형상입니다. 고당봉에서 이어진 산줄기는 다대포에 이르러 용의 머리가 됩니다. 그리고 낙동강 건너 명지 일대는 여의주 기운이 서린 곳이지요. 그래서 이 일대에는 불을 상징하는 산업이 활기를 띠게 되고, 그래야만 부산이 살아납니다.'

실생활 풍수와 인테리어 풍수, 연애 운이 따르는 풍수 강좌로 대학가는 물론 각종 문화강좌에서 인기를 끌고 있는 김기범(52·동의대학교 외래교수)씨. 그와 함께 금정산에 올라 부산의 풍수적 미래와 윤달에 대한 얘기를 들어봤다.

김기범 교수와 함께 금정산에 오른 것은 지난 9일. 아침까지 비가 내렸으나 오후엔 그칠 것이라는 일기예보를 믿고 범어사를 거쳐 북문으로 가는 코스를 택했다. 산을 오르면서 취재가 이루어졌다.

Q. '윤달에 대한 일반인들의 관심이 의외로 높은 것 같지요?'

A. '윤달은 일반인들이 세시 풍습으로 믿고 있는 것처럼 그렇게 큰 의미가 있는 것은 아닙니다. 윤달은 단지 태음력에서 역일(曆日)과 계절이 서로 어긋나는 것을 막기 위해 만들어진 것이니까요.'

Q. '그런데도 윤달에는 결혼을 않고, 출산까지도 회피하는 일이 많다던데….'

A. '태양력이 기준이 돼있는 상황에서 지나치게 윤달에 대한 속설에 집착할 필요가 없다고 봐요. 하기야 저도 윤달과 인연이 깊습니다만.'

그는 생일이 음력으로 윤 3월이란다. 그래서 50평생 음력으로는 단 한 번 생일을 맞이한 적이 있다고.

Q. '윤달을 맞아 장의업계와 여행업계가 호황이라면서요.'

A. '윤달엔 송장을 거꾸로 세워놔도 탈이 없다는 속설 때문에 이장을 하고, 수의를 장만하는 사례가 부쩍 많은 것이 사실입니다. 하지만 근거 없는 속설에 불과합니다. 일종의 상업화 현상이라 할까요. 종교적인 색채도 짙고요. 4000만 원 대의 수의와 수백만 원 대의 관을 준비하는 것이 과연 진정한 효의 실천인지 생각해 볼 문제입니다.'

김 교수는 어쨌거나 이달 들어 못자리 잡아주는 일이 평소보다 4, 5배 늘어 매우 바쁘다고 했다. 그러면서 윤달에 이장과 묘 단장을 하고, 이른바 명당을 찾는 일은 종교를 초월한다고 귀띔했다. 서양사상의 종교인들도 적잖이 '윤달 신앙'에

젖어 있다는 것이다. 그 이유 대부분이 '그저 좋은 게 좋은 것 아니냐'라는 것.

이야기를 나누다보니 어느새 북문에 와 있었다. 고당봉에서 부산 시내를 조망하려 했으나 운무가 짙게 드리워 있어 포기했다. 금정산장에서 잠시 숨을 고른 뒤 동문 쪽으로 향했다. 금정산 줄기를 타고 내리며 부산의 풍수를 살펴볼 요량이었던 것.

**Q.** '현대에 있어 풍수를 어떻게 이해해야 할까요.'

**A.** '풍수는 과학입니다. 말 그대로 바람과 물을 잘 이용하고 활용하는 과학적 원리이지요. 주택 등 건물이 들어앉은 위치와 방향도 중요하지만 내부의 가구 배치 등에도 풍수원리는 똑같이 적용되지요. 바로 기(氣)와 연관되기 때문입니다. 풍수 기법을 잘 활용하면 건강과 부가 따른다고 보면 됩니다.'

김 교수는 현재 동의대학교 교양학부에서 교양과목으로 '실생활 풍수지리와 전통문화(관혼상제)' '현대건축환경과 풍수인테리어 기법' 두 강좌를 맡고 있다. 한 반 인원이 80명인데 주·야간에 각각 2개 반씩 모두 4개 반이 있단다.

또 신라대에서는 역시 교양학부 교양과목으로 '연애운이 따르는 풍수'를 강의하고 있다. 두 학교 모두 수강 신청 경쟁률이 2대 1을 넘겨 학생들이 수강인원을 늘려주기를 바라지만 다른 학문과의 균형을 위해 '제한'은 어쩔 수 없다고. 그는 이 밖에도 동의대 등 평생교육원과 각종 문화강좌 등에서 풍수와 역술을 강의하고 있다. 오는 10월 19일 영광도서(부산 서면) 4층에서 '생활 속의 풍수' 주제로 강연을 하므로 관심 있는 사람들은 참여하면 된다.

**Q.** '묘지를 정해주다 보면 명당이 있던가요?'

**A.** 요즘의 명당은 '자동차가 들어갈 수 있는 곳'입니다. 자동차를 세워두고 멀어야 40~50m 반경 안이지요. 그리고 예전엔 지관(풍수)을 데려다 이 산 저 산을 살펴 산소를 정했지만 요즘은 안 그래요. 대부분 교통이 편리한 곳에 묫자리를 정해두고는 어떤 방위를 선택할 것인지 등 기초적인 것만 참조하는 형식이지요.

그러면서 그는 경험담을 털어놨다. 대개는 후손보다는 망자의 선행이 명당을 갖게 하더라는 것이다. 주위로부터 '그 사람 착하다. 법 없이도 사는 사람이다'는 등의 평을 듣는 사람의 경우 반드시 좋은 자리를 차지하고 눕더라는 것. 세상의 이치가 적선지가(積善之家)에 필유여경(必有餘慶)인 것이다.

김 교수는 또 장묘문화에 대해서도 꼬집었다. 근래 통계상으로 화장률이 늘어난 건 사실이지만 속을 들여다보면 빈부의 격차에서 오는 현상일 뿐이라고. 화장을 하는 사람들은 대개 사고사를 했거나 서민이 대부분이라는 것이다.

돈과 권세가 있는 사람들은 여전히 호화분묘를 조성하고, 화장을 하더라도 호화스런 개인 납골묘를 만들어 유해를 안치하는 것이 현실이란다.

의상봉에 앉아 금정산 줄기를 가운데로 하고 터 잡은 부산시가를 내려다 봤다. 오른 쪽으론 낙동강이 굽이쳐 흐르고, 왼 쪽엔 역시 장산 자락을 병풍삼아 회동수원지가 감싸고 있었다. 그리고 저 멀리 앞에는 광활한 바다가 펼쳐져 있었다.

김 교수는 오행(水金火木土)상으로 금정산을 수형산(水形山)이라 했다. 그리고 외형으로는 용의 형상이라 했다.

다대포가 용머리이고, 명지 녹산 지사 일대는 여의주로 용이 여의주를 물고 광활한 태평양 상공을 날아오르는 형국. 그래서 여의주의 기가 서려 있는 명지 녹산 일대는 불을 상징하는 산업이 들어차야 하고, 그것이 부산 발전의 원동력이라고 설명했다. 결국 그 쪽의 IT나 영상산업이 빛을 발하게 되고, 기장 등 동부보다는 김해·진해를 비롯한 서부로의 진출이 부산 발전의 근간이라는 것이다.

Q. '부산 시내에서 어느 동네가 가장 많은 풍수적 이점을 갖고 있는가요.'

A. '저기를 보세요. 낙동강 물길이 빠져나가고 있지 않습니까. 풍수에서는 물길이 감싸 돌아야 하고 나가는 곳이 보이지 않아야 재물이 모인다고 봅니다. 그리고 이쪽을 보세요. 아마도 학교터 같은데 의외로 좋은 곳 같군요.'

김 교수는 여기저기를 가리키며 풍수적으로 길지와 그렇지 못한 곳들을 일러주었지만, 일일이 밝히는 것은 무리일 것 같다. 그러나 공공기관 가운데 인재를 길러내는 대학들에 대해서는 살짝 천기를 전해줘도 되지 않을까.

의상봉을 뒷줄기(주작)로 좌청룡 우백호가 뚜렷한 길지는 남산동 부산외국어대학 신축 터. 다만 건물을 지을 때 몇 가지 유념할 일이 있다고. 부산대와 동의대 터도 좋은데, 몇 개의 잘못된 건물배치가 길함을 줄이고 있고, 승학산 자락의 동아대도 비교적 길지. 아무튼 묘가 혈(穴)을 제대로 찾아 앉아야 하듯 모든 건물 역시 풍수원리에 맞게 올바로 자리를 잡고 앉아야 그 기를 상승시킬 수 있다고 김 교수는 강조했다.

Q. '역술에 대해서는 얼마만큼 신뢰를 해야 할까요.'

A. '역학에서는 타고난 운세를 60~70%, 노력을 30~40%로 보고 있습니다. 상황에 따라서는 그 반대일 수도 있겠죠. 어떻든 환경이 좋은 여건에서 태어난 사람은 그만큼 노력을 덜 해도 잘 된다는 점을 생각하면 이해할 수 있을 겁니다.'

경남 밀양시 산내면 출신으로 30년째 이 분야에서 일가를 이룬 그는 2000년 7월 대통령 자문기구로부터 신지식인 칭호를 받았다. 그리고 2001년부터 동의대학교 등에서 강의를 맡아 인기를 끌고 있다. 한국역리학회 부지부장·대한풍수지리학회 부회장(이상 부산지부) 등을 역임한 그는 '풍수지리와 전통문화' '인테리어 풍수 기법' '실생활 풍수지리' 등 4권의 책을 냈다. 가족은 아내(박소영·52)와 딸, 두 아들이 있다.

## ■ 윤달 만들어지는 원리

### - 태음력서 절기 어긋남 막기 위한 달

윤달(閏月)은 순 태음력에서 역일(曆日)과 계절이 서로 어긋나는 것을 막기 위해 만들어진 달이다. 지구가 태양을 한 바퀴 도는데 걸리는 1태양년은 365.2422일이며, 달이 지구를 한 바퀴 도는데 걸리는 1삭망월(朔望月)은 29.5309일. 음력 1년은 354.3708일로 양력보다 약 11일 짧다.

이를 그대로 두면 대략 17년 후에는 5, 6월에 겨울이 될 수 있고 12월에 여름이 될 수가 있다. 이에 따라 중간중간에 윤달을 두어 절후를 맞추는 것이다. 윤달을 두는 방법이 여러 가지로 고안되었는데, 그 가운데 19태양년에 7번의 윤달을 두는 방법을 '19년 7윤법(十九年七閏法)'이라 하여 일반적으로 쓰이고 있다.

19태양년(365.2422일×19)은 6939.6018일로, 235삭망월이 된다. 235삭망월(29.53059일×235)은 6939.6887일이 되어 0.0869일, 즉 2.09시간의 차이가 난다. 이 시간이 200여 년간 모이면 하루가 되기 때문에 그 때에는 하루가 적은 윤달을 두게 된다.

동양에서는 6939일을 장(章)이라고 하여 BC 600년께인 중국 춘추시대에 발견되었고, 서양에서는 BC 433년 그리스의 메톤에 발견되어 메톤주기라고 한다.

윤달을 넣는 것에는 특별한 간격이 있는 것은 아니나 24절기와 관련이 깊다. 절기는 양력으로 매달 초와 하순에 두 개씩 있다. 초순에 있는 것을 절기(節氣)라 하고 그 뒤에 있는 것을 중기(中氣)라 부른다. 그리고 24절기 가운데 매달 뒤에 있는 우수·춘분·곡우·소만·하지·대서·처서·추분·상강·소설·동지·대한이 들어있지 않은 달을 선택한다. 다시 말하면 지난 8월 25일이 윤 7월 1일로 윤달이 끼인 것은 8월 23일이 처서이고, 9월 23일이 추분인데 윤 7월이 9월 21일에 끝나 그 기간에 처서와 추분이 들어가 있지 않기 때문이다.

☞ 출처: 국제신문 2006년 9월 11일자 19면
글·사진: 송동선 편집위원
ⓒ국제신문(www.kookje.co.kr), 무단 전재 및 재배포 금지

※ 위 글을 윤달에 대한 궁금증 해소를 위에서 실었다.

참고로 윤년이 드는 해 : 2023년 계묘년 2월. 2025년 을사년 6월. 2028년 무신년 5월. 2031년 신해년 3월. 2033년 계축년 11월. 2036년 병진년 6월. 2039년 기미년 5월 등으로 이루어진다.

## 부산 남구 메트로시티 W(더블유) 아파트의 풍수
- 김기범 교수가 직접 둘러본 -

김기범 교수는 지난 9월 ㈜삼화플로트 장흥의 사장님으로 부터 남구 메트로시티 W(더블유) 아파트 분양을 받고자 하오니 조언을 바란다는 요청을 받고, 지난 10월10일 한국부동산풍수인테리어연구소(소장 김기범 교수), 연구원들과 메트로시티 W(더블유) 아파트 홍보관을 찾아 정성주 총괄팀장 안내로 아파트 공사 현장을 둘러보고 풍수적 견해에 관해 서술하여 의뢰인에게 조언하였다.

해운대에서 본 W(더블유) 아파트 조감도

메트로시티 W(더블유) 아파트 단지의 주변 풍수로는 황령산(426m)과 용호동 장자산(225.3m)의 기운(氣運)을 받는 자리이다.

황령산 산줄기를 풍수 방법론의 하나인 물형론(物形論; 산의 형세를 사람이나 동물 등에 비유해 그 모습을 구분함)으로 보면 호랑이가 산에서 내려오는 듯한 형국인 '맹호하산형(猛虎下山形)'에 속한다. 물형론은 보는 장소와 사람에 따라 약간의 차이가 날 수 있는데, '황룡하산형(黃龍下山形)'으로 봐도 무방하다. 호랑이는 다른 맹수와 달리 물을 좋아하며 헤엄을 즐기는 동물이다. 광안리는 바다를 접하고 있어 호랑이가 산에서 내려와 물을 찾아가는 맹호하산형에 부합한다. 또 호랑이는 단독으로 생활하는 경우가 일반적이지만 새끼를 키울 때는 암컷과 새끼들로 가족 단위의 무리를 이룬다. 광안리 해수욕장이나 이기대 갈매길을 찾는 사람들은 가족 단위 나들이객이 많은데, 맹호하산형은 이들에게 풍수지리적으로 좋은 기(氣)를 불어넣는다고 봐야 한다.

또한 황령산 산줄기를 황금빛을 발하며 용이 산에서 내려오는 듯한 형국인 '황룡하산형(黃龍下山形)'으로도 본다.

용은 상상의 동물로 용이 승천하기 위해서는 물 천둥 번개가 있어야 한다. 광안리와 광안대교는 바람과 물이 있고 또한 야간에는 수많은 조명과 불꽃이 발하여 번개 역할을 하며 용이 승천하는데 최상의 조건을 갖춘 지역이기에 풍수적으로 명당으로 봐도 무방하다.

또한 메트로시티 W(더블유) 아파트 단지의 주변 일대를 연꽃이 수면으로 떠오르는 듯한 '연화출수형(蓮花出水形)'이다.

연꽃은 고대 인도에서 가장 귀하게 여긴 꽃으로 청정, 신성, 순결, 행운 등의 뜻이 있다.

진흙탕에서 자라지만 물들지 않고 꽃잎 위에는 한 방울의 오물도 머무르지 않는다. 꽃이 피면 물속의 냄새는 사라지고 어떤 곳에 있어도 푸르고 맑은 잎을 유지한다. 줄기는 부드럽고 유연하다.

이 처럼 '연화출수형'에 걸맞게 연꽃의 본래 의미로 아파트 입주 후에는 W(더블유) 아파트는 물론 주변 상권과 인근 아파트도 세대별 약간의 차이는 나겠지만 거주자의 선천 운과 부합한다면 우수한 인재가 태어나고, 사업이 번창할 것이라는 게 필자의 분석이다.

또한, 양택 풍수 본 메트로시티 W(더블유) 아파트는 자연 환경적인 요소로 도시에서 갖추어야 할 조건 중에 평탄한 곳에 위치하고 있으며, 교통망으로 광안대교, 황령터널, 지하철 2호선을 접하고 있어 교통망이 매우 편리하다. 학군 역시 부경대학교 경성대학교 동명대학교 등이 인접하고, 용문초, 분포초·중·고, 대연고, 예문여고 등이 있다.

해수욕장에서 본 W(더블유) 아파트 조감도

또한 한국 정서에 부합하는 사각형 평면구조이며, 집안의 기운을 가로막는 기둥을 최소화 하여 인테리어와 가구 배치 시 공간 활용도가 뛰어나다.

그리고 기존 주상복합의 단점이었던 채광과 통풍의 불편함을 해소하였으며, 건물 외벽에 태양광 집광판을 설치하여 관리비 절감을 실현한다는 것이 좋은 부분이라 하겠다.

메트로시티 W(더블유) 아파트는 아파트와 상업시설을 적재적소에 배치하여 사업, 재물, 건강과 행복한 가정을 이룰 곳이라 하겠다.

▣ **김기범 교수 참고자료** ▣

부산과학기술대학교 장례풍수명리복지과 교수.(2020. 03. 04~현재)
동부산대학교 풍수명리복지과 교수.(2019. 03. 04~2020. 02. 28)
동의대학교 문학인문교양학부 외래교수.(2005. 03. 02~2017. 08. 31)

▣ **김기범 교수 인문.지리 연구소. 한국부동산풍수지리총연합회** ▣

중앙 본부 : 부산광역시 동래구 충렬대로 296(낙민동) 석천빌딩 5층
TEL : 051) 525-0380.    02) 544-0380.    H.P : 010-2471-0380

# 운을 부르고 살기 좋은 아파트 온천동 '디아트 50'

## 부산과학기술대학교 김기범 교수가 추천하는 온천동 '디아트 50'

▲ 김기범(풍수지리학자) 교수/부산과학기술대학교

### 풍수지리와 자연환경으로 본 살기 좋은 아파트 온천동 '디아트 50'

▲ 부산시 동래구 온천동 '디아트 50' 아파트 조감도

## ■ 풍수지리로 본 부산시 동래구 온천동 '디아트 50' 아파트

부산시 동래구 온천동 300-5번지 온천동 '디아트 50' 아파트를 풍수지리로 풀려면 먼저 금정산(801.5m)을 봐야 한다. 행정구역상 금정산 동쪽으로는 부산 금정구, 서쪽으로는 북구에 접하며, 낙동강에 이르고 있다. 남쪽으로는 부산 동래구·부산진구·연제구, 북쪽으로 경남 양산시 동면에 속하고 있다. 금정산은 한반도의 뼈대를 이루는 백두대간에서 이어진 낙동정맥의 말단에 자리한다. 백두산에서 시작된 백두대간은 우리나라 국토를 동서로 나누며, 이것이 태백산(1567m)에서 갈라져 낙동강 동쪽으로 내려온 산줄기가 낙동정맥이다. 금정산은 오행 산형으로 보면 수형산이다.

온천동 '디아트 50' 아파트는 금정산 동쪽 용맥(龍脈 : 산의 정기가 흐르는 산줄기)으로 앞으로는 온천천이 흐르며, 풍수지리적으로 명당으로 꼽히는 배산임수 조건을 갖추고 있는 아파트 단지다.

온천동 '디아트 50' 아파트는 아파트 위치를 위에서 논한 봐와 같이 행정구역상으로 보면 부산시 동래구 온천동 300-5번지의 '디아트 50' 아파트 위치는 금정산(801.5m)에서 백양산(641m)으로 이어지는 산맥의 남쪽 편으로 봉재봉(545m) 남동쪽 구릉 말단부 해발고도 18-21 지점에 위치한다. 건물은 수형산 원리에 맞게 건물이 들어서 있으며, 금정산의 좋은 기운의 용맥이 내려오는 위치에 아파트가 자리 잡고 있다.

또한 온천동 '디아트 50' 아파트 건물 구조가 아파트 앞에서 보아 좌측이 높고 우측이 낮다. 이와 같은 원리는 좌청룡 기운을 많이 받으며, 이곳에 생활하는 사람은 특히 재물 운과 건강 운에 길하다.

풍수적으로 좋은 아파트에 거주하면 가정에 화목(和睦)과 건강 재물 및 전반적인 운을 높이는 데 많은 도움을 준다. 즉, 학업 중인 학생은 성적이 향상되고 직장인은 같은 레벨의 동료보다 승진 및 월급이나 연봉이 높으며, 사업(상업)하는 자는 매출이 증가한다. 또한 풍수적으로 좋은 아파트에 생활하면 가장이 체통을 지키고 집안에서 화합과 위신을 세우니 이는 곧 가장으로서 역할을 충분히 수행한다는 것이다.(단 사람의 선천 운에 따라 약간의 차이는 날 수 있다)

## ▣ 양택 풍수 원리로 본 온천동 '디아트 50' 아파트

좋은 아파트 단지의 요건은 주거 여건이나 교육 여건도 빼놓을 수 없다. 이에 더해 풍수적으로 좋다면 금상첨화가 아닐까?. 아파트를 중심으로 앞에서 봤을 때 뒤에 산(주산)을 중심축으로 양지바른 장소에 있어야 한다.

또 왼쪽(우백호)과 오른쪽(좌청룡)에 산이나 큰 건물이 있고 아파트 건너편에 아늑하고 전망 좋은 산(안산)이 위치한다면 좋은 아파트 단지라 할 수 있다.(양택 풍수는 보는 장소는 건축물 앞 및 건축물 정중앙 또는 대지의 정중앙에서 본다).

아파트 동의 배치는 길이나 도로가 아파트 동을 마주 보고 있지 말아야 하며 아파트를 중심으로 길이 아파트를 휘감고 돌아야 한다. 온천동 '디아트 50' 아파트는 위와 같이 좋은 아파트 조건을 갖추고 있다.

## ▣ 내부 구조로 본 온천동 '디아트 50' 아파트

가상법=풍수지리에서는 산 사람은 '양(陽)', 죽은 사람을 '음(陰)'이라 하고, 이에 따라 양택과 음택으로 구분하였다. 양택은 주거 풍수의 개인 양기를 말하므로 주택을 건축할 때 좌향과 방위가 무엇보다 중요하게 논의된다.

양택의 길흉을 보는 방법은 8괘의 방위를 기본으로 하는 방법과 택향을 기본으로 하는 좌향법, 명궁법, 양택의 3요결 등의 많은 가상법이 있다. 양택 3요결이란 중국의 전통적인 고전 가상으로서 조구봉이 저술한 가상학이다. 3요결이란 대문, 안방, 부엌을 가상의 기본요소로 하고 서로 상생이면 길하고 서로 상극이면 흉하다고 보는 이론이다.

대한민국의 경우 주택에 거주하는 사람보다 아파트에 거주하는 사람이 68%가 넘은 지 오래된 일이다. 아파트에서는 앞 발코니, 안방, 주방을 보아야 한다. 또한 가족이 공동으로 생활하는 거실도 매우 중요하다.(앞 발코니가 없는 경우는 현관을 주 출입구로 본다)

## ▣ 내부 구조를 동·서사택론(東西四宅論)이론으로 본 '디아트 50' 아파트

▶ 아파트=아파트에서는 앞 발코니, 안방, 주방을 3요소로 본다.(앞 발코니가 없는 경우는 현관을 주 출입구로 본다)

  ▶ 동·사택이란 동, 동남, 남, 북의 4방위를 말한다.
  ▶ 서·사택이란 서, 서남, 서북, 동북의 4방위를 말한다.

위와 같이 아파트에서는 앞 발코니, 안방, 주방의 위치가 동·사택이나 서·사택 구조로 되어 있어야 한다.(앞 발코니기가 없는 경우는 현관을 주 출입구로 본다)

◉ 온천동 '디아트 50' 아파트는 상기와 같이 대부분 세대가 동·사택이나 서·사택 구조로 되어 있어 양택풍수에서 내부 구조도 맞게 되어 있다.

## ▣ 온천동 '디아트 50' 아파트의 현관, 화장실, 거실, 안방, 주방의 위치 및 구조

현관에 들어서면 화장실이 정면에 위치하고 있지 않으며, 화장실 내부에 좌변기가 출입문에서 뜰어져 있어 길하다.

거실과 안방은 양택풍수 원리에 맞게 위치하고 있으며, 천장이 타 아파트에 비해 높아서 가정에 운이 상승한다.

화장실이나 욕실이 풍수 인테리어 원리에 맞게 설치하면, 가정에 건강 운이 좋으며, 주방을 풍수 인테리어 원리에 맞게 위치나 설치하면 재물 운이 상승한다.

온천동 300-5번지의 아파트 주방의 위치는 동·서사택의 원리에 맞게 위치하고 있으며, 불(火)을 사용하는 전기 렌지와 냉장고 위치가 풍수 인테리어 원리에 맞게 분리되어 있어 재물 운에 길하다.

## ■ 명당 지기 탐지기로 측정하여 본 온천동 '디아트 50' 아파트

풍수학에 의하여 지리의 토지 형상을 보고 길흉을 점치는 것과, 반드시 산 좋고, 물 맑은 곳과 바람을 막고 기(氣)가 모이는 곳, 토질이 견고하고 윤택한 곳에 터를 만들어 이용하고 있으나 과연 이 터에 정말 기(氣=에너지)가 있는지 없는가에 대해서는 감각적으로 확정키 어렵다.

과학적 방법으로 검증하여 또 전문가 및 학자와의 다년간 연구를 거쳐 그 에너지를 측정하는 기기가 바로 천연 지기 탐지기이다.

모든 기(氣)가 있는 곳에는 이 기기의 회전해(회전수=에너지 량과 방향)가 그 곳에 지기(地氣)가 있음을 나타내고, 그렇지 않으면 움직이지 않는다.

명당 지기 탐지기는 신기하고 정묘한 지기(地氣) 탐지기이다.

천연 지기 탐지기는 지기(地氣) 파(波)와 지전자기파(地電磁氣波=수맥운동파)의 혼동을 막기 위한 과학적으로 증명하는 기기이다.

즉, 땅의 기운(氣運)을 측정하는데 있어 길지인지 아닌지 추측하기 어려울 경우 천연 지기 탐지기를 사용하여 과학적으로 증명하는 기구이다.

명당 지기 탐지기로 온천동 300-5번지의 아파트 자리의 탐지 결과는 매우 지기가 충만한 곳으로 측정되었다.

## ■ 부산시 동래구 온천동 '디아트 50' 아파트의 결론

부산시 동래구 온천동 300-5번지의는 위와 같이 풍수지리 및 자연환경 원리에서 물형론(物形論 : 산이나 땅의 형세를 사람이나 동물 등에 비유하여 그 모습을 구분하는 것))으로 보면 봉소포란형(鳳巢 抱卵形 : 봉황이 둥지에서 알을 품는 듯한 형세)으로 아파트가 완공되어 그곳에 사람이 거주하면 따뜻한 기운을 받아 알이 부화 되어 가정에 화목과 재물(財物) 운(運)이 늘어나는 곳이다.

글 / 김기범(부산풍수전문가)
▶ 부산과학기술대학교 장례행정복지과 풍수·명리 전공 교수.

## - 김기범 교수가 직접 둘러본 -
## 김해 부원역세권지구 ICITY 복합단지의 풍수

김해시 부원동에 위치한 김해 부원역세권지구 ICITY 복합단지는 무척산을 중심으로 본다면 신어산의 좌청룡과 경운산의 우백호로 김해 천문대 쪽의 기운을 받아 풍수적으로 손색이 없는 전형적인 양택(陽宅)의 입지를 갖추고 있다.

아울러 무척산은 풍수에서 물형론으로 볼 때 '영구하산형(靈龜下山形)'에 속한다. 즉, 신령스런 왕 거북이 산에서 내려오는 듯한 지세를 말한다. 거북이 산은 물이 있어야 발복한다. 천문대에서 부원역세권지구 ICITY 복합단지 방향으로 바라보면 넓은 평야가 마치 바다를 연상하게 하며 벼를 재배하기 위해서는 물이 없으면 안되는 것이다.

부원역세권지구 ICITY 복합단지 조감도

부원역세권지구 ICITY 복합단지는 아파트와 상업시설의 조화가 현대 건축 환경에 접목하여 설계되어 사업, 재물, 건강과 행복한 가정을 이룰 곳이라 하겠다.

풍수와 자연 환경적인 요소로 ICITY 복합단지는 도시에서 갖추어야 할 조건 중에 평탄한 장소에 위치하고 있으며, 교통망으로 남해고속도로 와 인접한 곳에 거가대교가 있으며 부원역과 연계한 경전철 및 국도를 접하고 있어 주거지와 직장이 분리되면서 교통망이 매우 중요하다.

즉, 부원역세권지구 ICITY 복합단지는 입지, 조망, 편리함이 조화를 이룬 곳이라 하겠다.

아파트와 상업시설의 전체적인 조경과 내부 인테리어도 풍수 과학적으로 잘 정비된 것으로 보인다. 우선 인테리어 면에서도 주택에서 대문에 해당하는 앞 발코니가 제 위치로 설계되어 있고 거실과 안방, 침실, 주방 등의 배치가 사람의 동선을 가장 효율적으로 하는 즉, 일체위인(一體爲人)의 과학 원리를 따르는 인테리어가 돋보인다.

복합단지와 아파트에 조성한 조경은 재물의 기운(氣運)을 한가운데로 끌어 들렸으니 길지의 마지막 장을 장식한 것으로 풀이해도 좋을 듯하다.

입지, 조망, 편리한 구조를 갖추고 있다

한마디로 부원역세권지구 ICITY 복합단지는 가히 '천장지비(天藏地祕; 하늘이 감추고 땅이 비밀스럽게 숨겨둔 땅으로 큰 명당을 말한다)'의 택지 입지를 갖춘 것으로 보아도 무리는 아닐 것 같다.

부산과학기술대학교 김기범 교수 추천 살기 좋은 구서 롯데캐슬 골드

김지량　anteajun@naver.com　승인 2023.07.07. 12:58:46

## 살기 좋은 아파트 구서 롯데캐슬 골드

**부산과학기술대학교 김기범 교수가 추천하는 살기 좋은 아파트 구서 롯데캐슬 골드**

▲ 김기범(풍수지리학자)
교수/부산과학기술대학교

### 풍수지리와 자연환경으로 본 살기 좋은 아파트 구서 롯데캐슬 골드

#### ▣ 풍수지리로 본 구서 롯데캐슬 골드

구서 롯데캐슬 골드는 부산시 금정구 금강로 502(1단지), 503(2단지) 위치에 있다. 구서 롯데캐슬 골드를 풍수지리로 풀려면 먼저 금정산(金井山·801.5m)을 봐야 한다.

행정구역상 금정산 동쪽으로는 부산 금정구, 서쪽으로는 북구에 접하며, 낙동강에 이르고 있다. 남쪽으로는 부산 동래구·부산진구·연제구, 북쪽으로 경남 양산시 동면에 속하고 있다. 금정산은 한반도의 뼈대를 이루는 백두대간(白頭大幹)에서 이어진 낙동정맥(洛東正脈)의 말단에 자리한다.

백두산(白頭山)에서 시작된 백두대간은 우리나라 국토를 동서(東西)로 나누며, 이것이 태백산(太白山·1567m)에서 갈라져 낙동강 동쪽으로 내려온 산줄기가 낙동정맥이다. 금정산의 태조산(太祖山)은 백두산이며, 중조산(中祖山)은 태백산이고, 소조산(小祖山)은 취서산이 된다.

민족의 영산 백두의 장엄한 정기가 대간(大幹)과 낙동정맥을 타고 몰운대에서 바다로 이어진다. 풍수지리 물형론(物形論)으로 본 금정산은 황룡도강형(黃龍渡江形)이다. 황금빛을 발하며 용이 강을 건너는 듯한 형국이라는 것이다. 이런 금정산의 발복(發福)과 음덕(蔭德)이 있었기에 부산이 국내 제일의 항구도시로 발전할 수 있었다고 본다.

구서 롯데캐슬 골드는 금정산 동쪽 용맥(龍脈 : 산의 정기가 흐르는 산줄기)으로 앞으로는 온천천이 흐르며, 풍수지리 적으로 명당으로 꼽히는 배산임수 조건을 갖추고 있는 아파트 단지다.

금정산을 오행(五行) 산형(山形)으로 보면 수형산(水形山)에 속한다. 산형(山形)이란 오행(五行) 산형을 말하는 데, 풍수지리학에서는 산형을 용(龍)이라 한다. 따라서 오행 산형이란 먼 곳으로부터 시작한 원용(元龍)에서 출발한 용의 세력-용의 힘, 즉 다른 말로 용의 기(氣)가 먼 거리에서 행용(行龍)하는 과정에 변화무상의 형상이 나타나는 형태를 말하는 것으로서 그 변화에 따라 목·화·토·금·수, 즉 오행산으로 분류한 것이다.

수형산(水形山)은 용세(龍勢)의 흐름이 알맞게 시원한 바닷가의 파도처럼 높지도 얕지도 않으면서 물이 흐르듯이 부드럽게 끊어지지 않고 구불구불하게 생긴 산세를 말한다. 수(水)는 북쪽이며 겨울로서 항상 태양을 따라 움직이므로 수재와 귀인이 많이 난다고 하며, 재물 쪽도 길하다.

건축물에서 산형(山形)은 매우 중요하다. 그러나 오늘날 도시가 가진 특성 때문에 우리는 그 중요성을 잊고 산다. 따라서 주역과 음양오행에 입각하여 산형이 집터에 미치는 영향을 관찰한 뒤, 이론에 맞게 건축물을 신축해야 좋은 삶터로서 기능을 다 할 수 있게 된다.

수형산 아래에는 목형 건물 즉, 구서 롯데캐슬 골드 같은 고층 아파트와 같은 입방형 건물을 짓는 것이 바람직하다.

풍수적으로 좋은 아파트에 거주하면 가정에 화목(和睦)과 건강 재물 및 전반적인 운을 높이는 데 많은 도움을 준다. 즉, 학업 중인 학생은 성적이 향상되고 직장인은 같은 레벨의 동료보다 승진 및 월급이나 연봉이 높으며, 사업(상업)하는 자는 매출이 증가한다.

또한 풍수적으로 좋은 아파트에 생활하면 가장이 체통을 지키고 집안에서 화합과 위신을 세우니 이는 곧 가장으로서 역할을 충분히 수행한다는 것이다.(단 사람의 선천 운에 따라 약간의 차이는 날 수 있다)

### ■ 양택 풍수로 본 구서 롯데캐슬 골드

▲ 구서 롯데캐슬 골드. 좋은 아파트는 양택 풍수 원리에 부합해야 좋은 아파트이다.

### ▣ 좋은 아파트의 기본 조건으로 본 구서 롯데캐슬 골드

구서 롯데캐슬 골드는 3,654세대로 대단지 아파트이다. 요즘 좋은 아파트 단지의 요건은 주거 여건이나 교육 여건도 빼놓을 수 없다.

이에 더해 풍수적으로 좋다면 금상첨화가 아닐까. 아파트를 중심으로 앞에서 봤을 때 뒤에 산(주산)을 중심축으로 양지바른 장소에 있어야 한다.
또 왼쪽(우백호)과 오른쪽(좌청룡)에 산이나 큰 건물이 있고 아파트 건너편에 아늑하고 전망 좋은 산(안산)이 위치한다면 좋은 아파트 단지라 할 수 있다.(양택 풍수 보는 장소는 건축물 앞 및 건축물 정중앙 또는 대지의 정중앙에서 본다).

아파트 동의 배치는 길이나 도로가 아파트 동을 마주 보고 있지 말아야 하며 아파트를 중심으로 길이 아파트를 휘감고 돌아야 한다. 즉, 동과 동사이의 교차로나 다이아몬드 형식의 교차로가 좋다. 또한, 공원이나 분수대 등이 아파트를 둘러싸고 있는 형태도 좋다. 구서 롯데캐슬 골드는 위와 같이 좋은 아파트 조건을 갖추고 있다.

▲ 구서 롯데캐슬 골드(부산 금정구 구서동)

## ■ 내부 구조로 본 구서 롯데캐슬 골드

가상법(家相法)=풍수지리에서는 산 사람은 '양(陽)', 죽은 사람을 '음(陰)'이라 하고, 이에 따라 양택(陽宅)과 음택(陰宅)으로 구분하였다. 양택은 주거 풍수의 개인 양기를 말하므로 주택을 건축할 때 좌향(坐向)과 방위(方位)가 무엇보다 중요하게 논의된다.

양택의 길흉을 보는 방법은 8괘의 방위를 기본으로 하는 방법과 택향을 기본으로 하는 좌향법, 명궁법(命宮法), 양택의 3요결 등의 많은 가상법이 있다. 양택 3요결이란 중국의 전통적인 고전 가상으로서 조구봉(趙九峰)이 저술한 가상학이다. 3요결이란? 대문, 안방, 부엌을 가상(家相)의 기본요소로 하고 서로 상생(相生)이면 길(吉)하고 서로 상극(相剋)이면 흉(凶)하다고 보는 이론이다.

대한민국의 경우 주택에 거주하는 사람보다 아파트에 거주하는 사람이 60%가 넘은 지 오래된 일이다. 아파트에서는 앞 발코니, 안방, 주방을 보아야 한다. 또한 가족이 공동으로 생활하는 거실도 매우 중요하다.

## ■ 내부 구조를 동·서사택론(東西四宅論) 이론으로 본 구서 롯데캐슬 골드

▶ 주택=주택 중심에서 나경의 24방위를 8괘 방위인 8방위(동, 동남, 남, 남서, 서, 서북, 북, 북동)로 나누어 대문, 안방, 부엌이 동·서사택으로 구분한다.

▶ 아파트=아파트에서는 앞 발코니, 안방, 주방을 3요소로 본다.
  ▸ 동·사택이란 동, 동남, 남, 북의 4방위를 말한다.
  ▸ 서·사택이란 서, 서남, 서북, 동북의 4방위를 말한다.

위와 같이 아파트에서는 앞 발코니, 안방, 주방의 위치가 동·사택이나 서·사택 구조로 되어 있어야 한다.

◉ 구서 롯데캐슬 골드는 상기와 같이 대부분 세대가 동·사택이나 서·사택 구조로 되어 있어 양택 풍수에서 내부 구조도 맞게 되어 있다.

## ■ 명당 지기 탐지기로 측정하여 본 구서 롯데캐슬 골드

▲ 김기범 교수가 명당 지기 탐지기로
구서 롯데캐슬 골드 아파트를 측정하고 있다.

풍수학에 의하여 지리의 토지 형상을 보고 길흉을 점치는 것과, 반드시 산 좋고, 물 맑은 곳과 바람을 막고 기(氣)가 모이는 곳, 토질이 견고하고 윤택한 곳에 터를 만들어 이용하고 있으나 과연 이 터에 정말 기(氣=에너지)가 있는지 없는가에 대해서는 감각적으로 확정키 어렵다.

과학적 방법으로 검증하여 또 전문가 및 학자와의 다년간 연구를 거쳐 그 에너지를 측정하는 기기가 바로 천연 지기 탐지기이다.
모든 기(氣)가 있는 곳에는 이 기기의 회전해(회전수=에너지 량과 방향)가 그 곳에 지기(地氣)가 있음을 나타내고, 그렇지 않으면 움직이지 않는다.

명당 지기 탐지기는 신기하고 정묘한 지기(地氣) 탐지기이다.
천연 지기 탐지기는 지기(地氣) 파(波)와 지전자기파(地電磁氣波=수맥운동파)의 혼동을 막기 위한 과학적으로 증명하는 기기이다.

즉, 땅의 기운(氣運)을 측정하는 데 있어 길지인지 아닌지 추측하기 어려울 경우 천연 지기 탐지기를 사용하여 과학적으로 증명하는 기구이다.

명당 지기 탐지기로 구서 롯데캐슬 골드 탐지 결과는 매우 지기기 충만한 곳으로 측정되었다.

### ▣ 주변 환경으로 본 구서 롯데캐슬 골드

교통은 도시철도로는 부산 도시철도 1호선 구서역과 두실역을 이용할 수 있다. 도로 교통으로는 주변에 경부고속도로 구서 IC가 있어 편리하다.

교육은 단지 인근에는 구서초등학교와 구서여자중학교가 있으며, 구서 롯데캐슬 골드가 입주하면서 개교한 두실초등학교가 있다. 그 외에도 통학 가능한 중고등학교로 남산중학교, 남산고등학교, 장전중학교, 동래여자중학교, 동래여자고등학교, 브니엘고등학교, 지산고등학교, 부산사대부고, 부산과학고등학교등이 있으며, 대학교로는 부산대학교, 부산가톨릭대학교, 부산외국어대학교가 있다.

구서 롯데캐슬 골드는 금정구 최대 아파트 단지인 3,654세대 규모로 아파트가 완공되면서 금정구로 상당한 인구의 유입이 되었고, 구서동 학군(4학군)의 명성도 제법 알아줬기 때문에 이 아파트가 지어지고 있을 적에는 구서중학교나 구서고등학교 같은 공립 일반계 중고등학교도 구서 롯데캐슬 골드의 입주를 노리고 개교를 추진하기도 한 것으로 보인다.

상업시설로는 구서 롯데캐슬 골드 아래쪽에 이마트 금정점이 있으며, 부산 도시철도 1호선 구서역 주변의 상권이나 구서 시장을 이용할 수도 있다. 구서 롯데캐슬 골드 상가나 주변 상권은 주로 사설 입시 학원 위주로 구성된 상권을 자랑하고 있다.

인터뷰 / 김기범(부산풍수전문가)
▶ 부산과학기술대학교 장례행정복지과 풍수·명리 전공 교수
문의 TEL : 051-525-0380. H·P : 010-2471-0380.
〈저작권자 ⓒ 부울경뉴스 무단전재 및 재배포금지〉

- 김기범 교수 -
# 현장 풍수 이장 사례

## ■ 양(梁)의원 선대 묘 이장

2004년 2월 초순, 필자는 부산진구의회 양정석 전 의원으로부터 불쑥 걸려온 한통의 전화를 받았다. 내용인 즉, 선친의 묘소를 사정이 있어서 경남 진주시 미천면 안간리로 이장하겠으니 협력해 달라는 것이었다.

〈사진 1〉 이장할 산소

현장에 도착하여 확인해 보니 〈사진 1〉의 앞의 두 기는 양의원의 선친 묘소이고 뒤의 두 기는 조부모의 묘소(전 서울시장 양태식 씨의 친족이자 제 11대 국회의원 양재권씨의 선친)였다. 이들 두 묘소는 진주-생비량간 국도확장 공사로 말미암아 불가피하게 2004년 3월 28에 옮겨야만 하는 처지에 놓여 있었다.

〈사진 2〉는 구묘를 파묘하고 이장에 착수하였다.

새 묘터는 풍수지리학적으로 볼 때 조부모 묘소와 선친 묘소에서 좌청룡 우백호의 아늑함과 양지바른 한 필지의 길지에 조성된 건좌(乾坐)로서 후손들의 축복과 영광을 도모하고 가문이 번창과 발복을 불러오리라 여긴다.

〈사진 2〉 이장하기 위하여 파묘하고 있는 장면

이장을 의뢰한 분들의 가정은 명문이고 재물이 풍족함에도 불구하고 국도 확장 공사로 인하여 불가피하게 이장하게 되었으나 호화분묘를 조성하지 않고 조상을 섬기는 정성과 마음으로 검소하고 소박하게 봉분을 조성함은 우리 사회의 상류층에게 경종을 울리는 본보기가 될 것 같다. 이러한 자세로 조상을 모시고자 하는 마음이 있으니 길지가 선정되고 이장공사도 잘 마무리 되었던 것이다.

〈사진 3〉 이장한 후 새로 조성한 산소

위와 같이 이장을 위한 전 과정을 관장하고 조언한 필자는 여러 차례에 걸쳐 길터 선정을 위한 현장답사 과정에도 불구하고 더한층 보람을 느끼게 되었고, 풍수지리학자로 자부심을 느낄 수 있었다.

### 부록 4

# 김기범 교수 언론에 보도된 자료

## 부산 최고 풍수·역학·성명학 전문가, 부산과학기술대학교 장례행정복지과 김기범 교수

김지량 anteajun@naver.com      승인2023.04.19. 08:45:25

부산 최고의 풍수·역학·성명학 전문가, 부산과학기술대학교
장례행정복지과 풍수·명리·성명학 전공 김기범 교수

▲ 김기범(풍수지리학자) 교수/부산과학기술대학교

부산과학기술대학교 장례행정복지과 풍수·명리·성명학 전공 김기범 교수는 부산 최고의 풍수(양택, 음택), 역학(명리), 성명학(작명, 개명, 아호, 상호), 택일(이사, 결혼, 산소 관련, 장례 관련) 등 관련분야, 여러 기관과 단체로부터 부산

최고의 풍수전문가, 역학 전문가, 성명학 전문가로 인정받은 김기범 교수와 지난 17일 부·울·경 뉴스 단독으로 인터뷰하여 보도한다.

부산과학기술대학교 장례행정복지과 풍수·역학(명리)·성명학 전공 김기범 교수는 1980년 5월 풍수(風水), 역학(易學) 분야에 입문(入門)하여 많은 고객을 대상으로 강의와 길흉화복(吉凶禍福)을 상담하여, 고객을 대상으로 희망을 심어 주려고 노력하고 있는 김기범 교수는 풍수(양택, 음택), 풍수인테리어, 역학(명리), 성명학(작명, 개명, 아호, 상호), 택일(이사, 결혼, 산소 관련, 장례 관련) 등 관련분야 부산, 울산, 경남 최고의 '풍수전문가', '역학전문가', '성명학전문가'이다.

부산과학기술대학교 장례행정복지과 풍수·역학(명리)·성명학 전공 김기범 교수는 1986년 3월부터『풍수 인테리어』라는 학문을 음양오행(陰陽五行), 주역(周易) 8괘(卦), 자연환경(自然環境)을 근거(根據)로 하여, 새로운『풍수 인테리어 기법』을 적용하여 동의대학교, 신라대학교, 서라벌대학교, 동부산대학교, 등에서 풍수 인테리어 관련 과목을 강의하였다.

김기범 교수는 풍수 인테리어는 좋고 값비싼 것을 요구하는 것이 아니라, 최대한 주어진 환경에서 본인에게 좋은 물건이나 소품 등을 적절한 장소에 비치하거나, 소지하여 운(運)을 상승시키는 것을 주된 목적으로 2023년 4월 현재까지 대학과 각종 문화센터 등에서 43년 이란 경력으로 강의와 상담을 하고 있는 부산, 울산, 경남은 물론 대한민국 최고의 '풍수 관련' 및 '풍수 인테리어' 상담전문가이다.

부산과학기술대학교 장례행정복지과 풍수·역학(명리)·성명학 전공 김기범 교수는 이미 오래전부터 유럽에 있는 국가들도 풍수 원리를 접목하여, 건축물 신축이나 생활환경에 활용하고 있다는 정보를 싱가포르에 있는 KRFF. Korea Real Estate Feng Shui Federation. 싱가포르 지부로부터 싱가포르에서 풍수 관련 교육과 자문을 하는 세계적인 풍수전문가 IFSA. International Feng Shui Association. Vincent Koh(빈센트 고) 부회장과 교류로 대한민국의 풍수지리 관련분야 및 풍수 인테리어 관련분야를 2016년 7월부터 김기범 교수는 세계 풍수 관련 전문가에게 알리고자 노력하여, 2023년 4월 현재 세계 33개국 풍수 관련 전문가를 대상으로 김기범 교수는 풍수 및 풍수 인테리어 관련분야 강의 및 고객을 대상으로 풍수 관련 상담 또는 자문하고 있는 부분을 홍보하였다.

## ■ 부산과학기술대학교 장례행정복지과 풍수·역학(명리)·성명학 전공 김기범 교수가 대한민국의 풍수지리 분야를 세계 33개국에 홍보한 발자취

IFSA. International Feng Shui Association. 는 세계 33개국 회원국 및 가맹단체 국으로 미국·중국·일본·독일·영국·프랑스·인도·이탈리아·대한민국·캐나다·싱가포르·오스트레일리아·루마니아·폴란드·인도네시아·말레이시아·터키 등으로 풍수 및 음양오행 주역 전문가들로 구성되어 있다.

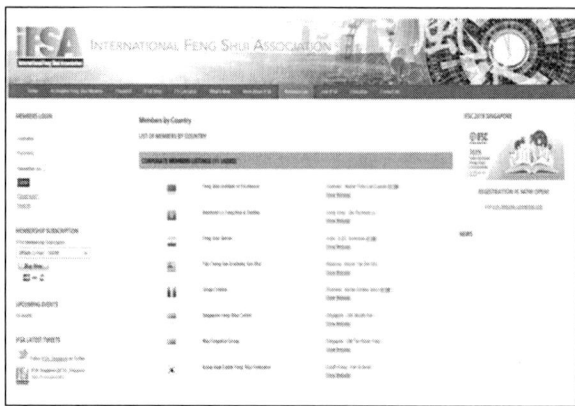

◀ IFSA. International Feng Shui Association. 홈페이지 위에서 8번째 대한민국 김기범 교수가 회장으로 있는 KRFF. Korea Real Estate Feng Shui Federation. Corporate Member. 로 IFSA. 승인을 받아 세계 33개국 IFSA. 회원국 및 가맹단체 국가 및 전 세계 풍수 관련 전문가 및 풍수에 관심 있는 국민은 검색하여 볼 수 있다.

① 2016년 7월 1일~4일까지 대만 현장 답사(타이페이, 화롄, 기륭) 및 대만 풍수학회와 문화 교류, 부산과학기술대학교 장례행정복지과 풍수·역학(명리)·성명학 전공 김기범 교수 외 12명 참가

② 2017년 6월 1일~5일까지 싱가포르, 인도네시아 현장 답사 및 싱가포르 풍수협회와 교류 진행. 부산과학기술대학교 장례행정복지과 풍수·역학(명리)·성명학 전공 김기범 교수 외 11명 참가

③ 2018년 4월 22일~23일 IFSA. International Feng Shui Association. Vincent Koh 부회장 및 싱가포르 풍수협회와 부산과학기술대학교 장례행

정복지과 풍수·역학(명리)·성명학 전공 김기범 교수 및 한국부동산풍수학회 한국부동산풍수협회 교육학박사 이기태 중앙회장 및 임원진과 한국부동산풍수학회 연수원 및 농심 호텔에서 세미나 개최

④ 2018년 5월 21일~22일 IFSA. International Feng Shui Association. Darren Ng(다렌 응) 회장단과 부산과학기술대학교 장례행정복지과 풍수·역학(명리)·성명학 전공 김기범 교수 및 한국부동산풍수협회 및 한국부동산풍수학회 교육학박사 이기태 중앙회장 및 임원진과 서울 서머셋 팰리스 호텔에서 세미나 개최

⑤ 2018년 12월 1일~2일 IFSC. International Feng Shui Convention. 일본 오카야마 컨벤션센터, 한국 대표단으로 한국부동산풍수학회 한국부동산풍수협회 교육학박사 이기태 중앙회장 및 임원진과 부산과학기술대학교 장례행정복지과 풍수·역학(명리)·성명학 전공 김기범 교수 외 7명 참가

◀ IFSC. International Feng Shui Convention 2018.(2018 국제풍수학술대회) 대한민국 최초로 일본 오카야마 컨벤션센터에서 부산과학기술대학교 장례행정복지과 풍수·역학(명리)·성명학 전공 김기범 교수 논문발표 인정서.

⑥ IFSA. International Feng Shui Association. 주최/주관으로 IFSC. International Feng Shui Convention, 2018년 12월 1일 일본 오카야마 컨벤션센터에서 대한민국 최초로 부산과학기술대학교 장례행정복지과 풍수·역학(명리)·성명학 전공 김기범 교수는 세계 풍수 관련 전문가 500여 명을 대상으로 논문발표.

◀ IFSC. International Feng Shui Convention(국제풍수학술대회 2018년 12월 2일). 일본 오카야마 컨벤션센터에서 IFSC. 국제풍수학술대회에서 IFSA. 국제풍수협회가 선정한 세계 최고의 풍수 음양오행 관련 전문가, 대한민국 최고의 풍수전문가 및 풍수인테리어 전문가로 IFSA.로부터 선정된 부산과학기술대학교 장례행정복지과 풍수·역학(명리)·성명학 전공 김기범 교수 사진 뒷줄 우측에서부터 4번째.

⑦ IFSA. International Feng Shui Association.에 승인받은 KRFF. Korea Real Estate Feng Shui Federation Corporate Member. 2019년 6월 24일 회장 : 김기범.(부산과학기술대학교 장례행정복지과 풍수·역학(명리)·성명학 전공 교수)

◀ FSA. International Feng Shui Association.에 승인받은 KRFF. Korea Real Estate Feng Shui Federation Corporate Member. IFSA. 갱신한 승인증서.(최초 IFSA. 승인 : 2019년 6월 24일) 부산과학기술대학교 장례행정복지과 풍수·역학(명리)·성명학 전공 김기범 교수는 KRFF. Korea Real Estate Feng Shui Federation. Corporate Member. 대한민국 회장이다.

⑧ IFSA. International Feng Shui Association. 2019 싱가포르 총회 참석.(2019년 11월 8일 부산과학기술대학교 장례행정복지과 풍수·역학(명리)·성명학 전공 김기범(대한민국 회장) 교수

⑨ 2019년 11월 9일~10일 IFSC. International Feng Shui Convention. 싱가포르 야마다 호텔 대한민국 대표단 부산과학기술대학교 장례행정복지과 풍수·역학(명리)·성명학 전공 김기범 교수 외 20명 참가(대한민국 대표단 단장 : 김기범 교수)

⑩ IFSA. International Feng Shui Association. 코로나19 여파로 줌(Zoom)총회.(2020년 11월 6일 16:00~18:00. 부산과학기술대학교 백양관(대한민국 회장 : 부산과학기술대학교 장례행정복지과 풍수·역학(명리)·성명학 전공 김기범 교수가 참석하여 풍수 발전에 관한 내용으로 발언)

⑪ IFSA. International Feng Shui Association. 코로나19 여파로 줌(Zoom)총회(2021년 11월 5일 18:00~20:00, 부산과학기술대학교 청우관(대한민국 회장 : 부산과학기술대학교 장 장례행정복지과 풍수·역학(명리)·성명학 전공 김기범 교수 참석)

◀ IFSA. International Feng Shui Association. 줌(Zoom) 국제회의 장면 사진 위 왼쪽부터 첫 번째 대한민국 대표 부산과학기술대학교 장례행정복지과 풍수·역학(명리)·성명학 전공 김기범 교수, 두 번째 IFSA. 사무총장 Kong Yeean Leng, 세 번째 IFSA. 회장 Darren Ng.(부산과학기술대학교 백양관 2020년 11월 6일 16:00~18:00)

⑫ IFSA. International Feng Shui Association. 2022 싱가포르 요코 호텔 총회 참석(2022년 11월 4일 대한민국 회장, 부산과학기술대학교 장례행정복지과 풍수·역학(명리)·성명학 전공 김기범 교수가 참석하여 대한민국 풍수 활용에 관련하여 발표 및 홍보

⑬ IFSC. International Feng Shui Convention. 2022 싱가포르 요코 호텔 학술대회 참가.(2022년 11월 5일~6일 대한민국 대표단 단장, 부산과학기술대학교 장례행정복지과 풍수·역학(명리)·성명학 전공 김기범 교수가 참석하여 대한민국 풍수 활용에 관련하여 홍보)

■ IFSA. International Feng Shui Association. 인정한 부산과학기술대학교 장례행정복지과 풍수·역학(명리)·성명학 전공 김기범 교수

◀ IFSA. International Feng Shui Association. 홈페이지에 부산과학기술대학교 장례행정복지과 풍수·역학(명리)·성명학 전공 김기범 교수에 대하여 영문으로 경력과 이력이 등재되어 있어 세계 33개국 IFSA. 회원국 및 가맹단체 국가 및 전 세계 풍수 관련 전문가 및 풍수에 관심 있는 국민은 검색하여 볼 수 있다.

■ 부산과학기술대학교 장례행정복지과 김기범 교수. 풍수지리 및 역학(명리) 성명학 분야 국내에 실적

① 신지식인(제24-09호)선정.(2000년 7월 18일)

② 신지식인 대상(제18-0177호)수상.(2019년 2월 16일)

③ 우수 역술인(제14-17호)선정.(2014년 10월 16일)

④ 최우수 장례복지상담사(제23-01호)선정.(2023년 2월 9일)

⑤ 한국시사역리 기자 대상 수상.(2020년 5월 16일)

⑥ (사)한국역술인협회, (사)한국역리학회 선정 최우수 표장 수훈.(2021년 4월 25일)

⑦ (사단법인) 한국역리학회 중앙부총재

⑧ (사단법인) 한국역술인협회 중앙부총재

⑨ (사단법인) 한국역리학회 부산시지부 22대 회장 역임

⑩ (사단법인) 한국역술인협회 부산시지부 22대 회장 역임

⑪ 【관인】한국역학대학 철학학원 부산분원 22대 원장 역임

⑫ IFSA. International Feng Shui Association. 대한민국 회장

⑬ IFSC. International Feng Shui Convention. 대한민국 대표단 단장

⑭ 국제신문 당신이 최고야 선정.(국제신문 2006년 9월 11일 보도)

⑮ 한국부동산풍수학회 주최/주관 학술발표 대상 수상.(2016년 4월 7일)

⑯ 2022년도 케이티이전화번호부 작명 풍수상담 풍수인테리어상담 신뢰도 1위

⑰ (사)한국역리학회, (사)한국역술인협회 선정 공로장 수훈.(2023년 4월 16일)

⑱ 제13회 국제역학대회 한국 대표로 참가.(1996년 11월 5일~6일)

◀ 부산과학기술대학교 장례행정복지과 풍수·역학(명리)·성명학 전공, 김기범 교수, 제13회 국제역학대회 대한민국 대표단으로 참가.(1996년 11월 5일~6일)

◨ 부산과학기술대학교 장례행정복지과 풍수·명리·성명학 전공 김기범 교수 강의 경력

1. 부산과학기술대학교 사회복지계열 김기범 교수
   강의과목 : ① 양택 풍수와 인테리어. ② 풍수지리의 이해

2. 부산과학기술대학교 장례행정복지과 김기범 교수
   강의과목 : ① 풍수 인테리어. ② 직업윤리 ④ 대인관계능력

3. 부산과학기술대학교 장례풍수명리복지과 김기범 교수
   강의과목 : ① 장례상담. ② 양택 풍수지리. ③ 의사소통 능력

4. 부산과학기술대학교 부동산유통경영과 김기범 교수
   강의과목 : ① 고객관리. ② 인적자원관리. ③ 부동산풍수상담사 자격증 취득과정 및 성명학, 택일법 특강

5. 부산과학기술대학교 사회복지과
   강의과목 : ① 대인관계능력

6. 부산과학기술대학교 장례행정복지과 김기범 교수특강
   강의과목 : ① 양택 풍수. ② 음택 풍수. ③ 풍수 인테리어. ④ 부동산 풍수. ⑤.성명학

7. 부산과학기술대학교 사회복지과 심화과정(4년제 학사학위 과정). 김기범 교수
   강의과목 : ① 풍수의 이해. ② 노인상담 및 고독사. ③ 문제해결의 힘

※ 김기범 교수는 2022학년도 2학기까지 강의평가에서 5.0 만점에 평균 4.8점 (100점 기준으로 96점)을 받았다.

◨ 김기범 교수 대학교 및 대학원 강의 경력

1. 서라벌대학교 풍수명리과 김기범 교수 역임
   강의과목 :① 음택 풍수학. ② 양택 풍수학

2. 신라대학교 교양과 김기범 교수 역임
   강의과목 : ① 연애운이 따르는 풍수

3. 동부산대학교 풍수명리복지과 김기범 교수 역임
   강의과목 : ① 실내 인테리어 풍수. ② 생활 풍수와 인테리어

4. 동의대학교 문학인문교양학부 김기범 교수 역임
   강의과목 : ① 현대 건축 환경과 인테리어 기법. ② 현대 건축 환경과 풍수인테리어 기법 ③ 실생활 풍수지리와 가정의례. ④ 실생활 풍수지리와 관혼상제

5. 동의대학교 대학원. 풍수지리환경관리학과. 석사과정 김기범 교수 역임
   강의과목 : ① 양택 풍수 실습. ② 음택 풍수 실습

6. 동의대학교 행정대학원 부동산학과 석사과정 김기범 교수 역임
   강의과목 : ① 부동산 풍수론

■ 부산과학기술대학교 장례행정복지과 풍수·명리·성명학 전공 김기범 교수. 협회, 학회, 기타 경력

① 한국부동산풍수협회. 한국부동산풍수학회 총재
② 한국부동산풍수지리총연합회 회장
③ 대한산경협회. 대한풍수인테리어학회 이사장
④ 한국부동산풍수지리연구원 원장
⑤ 한국부동산풍수인테리어연구소 소장
⑥ 한국부동산풍수협회 우수부동산풍수지리상담사 선정 심사위원장
⑦ 한국직업능력연구원 등록 민간자격 풍수상담사 및 부동산풍수상담사 심사위원장
⑧ (사단)한국장례문화총연합회 총재
⑨ (사단)한국장례문화총연합회 민간자격 및 우수상담사 심사위원장
⑩ 전국장례관련학과 교수협의회 교수 정회원
⑪ (재단법인)한국장례문화진흥원 부산지역 장례식장 종사자 교육 교수요원
⑫ 부울경뉴스 주간 운세. 풍수인테리어 집필
⑬ 국제신문 프리랜스 기자(오늘의 운세. 운을 부르는 인테리어. 風水부산)

■ **부산과학기술대학교 장례행정복지과 풍수·명리·성명학 전공 김기범 교수 언론보도 사항**

1. KBS
① 2001. 5. 28. 윤달에 관한 내용으로
② 2014. 1. 1. 생생정보통 풍수지리학자로
③ 2016. 2. 19. VJ특공대 수상한 마을의 수상한 동거. 풍수 자문
④ 2016. 11. 21. 생방송 아침이 좋다. 풍수지리학자로
⑤ 2016. 12. 12. 생방송 아침이 좋다. 풍수지리학자로
⑥ 2017. 3. 8. 생방송 아침이 좋다. 풍수지리학자로

2. MBC
① 2003. 7. 19. 6mm 세상만사에 풍수지리학자로

3. SBS
① 2008. 6. 6. 생방송 투데이 풍수지리학자로
② 2019. 4. 10. 모닝와이드 고흥 무인도 섬 풍수지리학자로 방영
③ 2023. 1. 20. 모닝와이드 미스터리 Re 부트 풍수지리학자로
④ 2023. 10. 28. 궁금한이야기y 풍수지리학자로

4. KNN
① 2002. 1. 28. 신지식인 풍수지리학자로
② 2003. 1. 1. 신년 특집 생방송 대한민국 국운 내용으로
③ 2004. 1. 23. 신년 특집 생방송 대한민국 국운 내용으로

5. **CJ헬로TV** : ① 2013. 1. 1. 생방송 신년특집 대한민국 국운 내용으로

6. **TV조선** : ① 2012. 12. 5. 코리아헌터 5회 복권명당의 조건

7. **케이블 TV** : ① 2007. 9. 3일부터 케이블 TV 생활속의 풍수인테리어

8. **연합뉴스 TV** : ① 2018. 9. 30 트렌드 지금 여기 길지를 찾아서

9. **경남도민일보** : ① 2001. 2. 3. 가구 배치로 복을 불러요.

10. **부산일보** : ① 2003. 9. 30. 34면 인터뷰. 풍수지리학자로
② 2021. 12. 24 [맹탐정 코남] 명문대생 다수 배출한 아파트

11. **한국일보** :
① 2006. 11. 20. 우리 학교 오세요. ② 2017. 3. 25. 풍수지리학자로


■ **김기범 교수 국제신문 프리랜스 기자로써 주요 보도 내용**

① 운을 부르는 인테리어 집필(16회).(2012년 3월 9일부터)
② 풍수부산 취재 보도(19회).(2013년 1월 1일부터)
③ 부산 정중앙.(부산진구청 의뢰로 취재 보도).(2015년 10월 6일 12면)
④ 『오늘의 운세』집필.(2010년 10월 1일부터 현재)


■ **부산과학기술대학교 장례행정복지과 풍수·명리·성명학 전공 김기범 교수 저서 12권**

① 풍수지리와 전통문화(도서출판 신지서원. 2004).
② 웰빙의 풍수인테리어 기법(도서출판 신지서원.2004).
③ 실생활 풍수지리와 전통문화(도서출판 두양사.2006).
④ 운을 상승시키는 인테리어 풍수 기법(도서출판 두양사. 2006).
⑤ 김기범 교수 생활속의 풍수(도서출판 두양사. 2008).
⑥ 김기범 교수 생활 풍수와 인테리어(도서출판 두양사. 2011).
⑦ 인테리어 비법과 생활 풍수(도서출판 두양사. 2014).
⑧ 생활 풍수와 인테리어 기법(도서출판 두양사. 2017).
⑨ 인테리어 기법과 생활속의 풍수(도서출판 두양사. 2020).
⑩ 인테리어 기법과 비보 생태학 풍수(도서출판 두양사. 2020).
⑪ 풍수인테리어 관혼상제(도서출판 두양사. 2021).
⑫ 실전 생활 풍수와 풍수인테리어(도서출판 글로벌 필통. 2023).

■ **부산과학기술대학교 장례행정복지과 풍수·명리·성명학 전공 김기범 교수의 12번째 저서 『실전 생활 풍수와 풍수인테리어』**

▲ 책 표지 앞면

▲ 책 표지 뒷면

◀ 이 책에서 공개하는 『실전 생활 풍수와 풍수인테리어』 원리는 자연환경 음양오행 주역 8괘를 근거로 하여 새로운 풍수인테리어 활용법을 제시하였으며, 김기범 교수가 직접 취재하여 『국제신문』에 보도된 가덕도 신공항 및 광안대교 등 20편의 기사 내용을 수록하였다.

※ 부산과학기술대학교 장례행정복지과 풍수·명리·성명학 전공 김기범 교수의 12번째 저서 2023년 1월 27일 도서출판 글로벌 필통에서 발간한 『실전 생활 풍수와 풍수인테리어』가 2023년 3월 현재 인터넷 및 서점에서 절찬리에 판매되고 있다.

■ **부산과학기술대학교 장례행정복지과 풍수·명리·성명학 전공 김기범 교수. 특강으로 출강 및 단체**

부산시공무원교육원, 부산시교통문화연수원, 부산 경남 86개 고등학교 3학년 담임선생, 부산지역 장례식장 종사자 교육, 한의사단체 형상의학회, 대한주택건설협회 부산광역시회, 대우증원 경남 경북 우수고객, 대구시 및 경북 중소기업연합회 CEO CFO, 부산시 부품소재 중소기업 CEO, 농협부산경남유통, 전북여성단체협의회, 롯데백화점 선정 명사 특강을 하였다.

중소기업청주관 상인대학, 주택도시보증공사, (사단법인)한국역술인협회, (사단법인)한국역리학회 부산지부, 삼성생명, 경북 도민행복대학, 동아대학교, 부산경상대학교, 가톨릭관동대학교 등이며, 2023년 5월 17일 10:00~12:00에는 인천농협 주부대학에서 '인테리어와 생활풍수'란 주제로 특강을 하며, 2023년 12월 12일 오후 7시~9시에는 가톨릭상지대학교 안동캠퍼서 '김기범 교수의 생활속 풍수'란 주제로 특강을 한다.

또한 김기범 교수는 IFSA. International Feng Shui Association. 주최/주관하는 IFSC. International Feng Shui Convention, 일본 오카야마 컨벤션센터에서 세계 풍수 관련 전문가 500여 명을 대상으로 논문발표, 외 2023년 4월 현재까지 2,000여회 강의로 수강인원 15만여 명 등이다.

아울러 부산과학기술대학교 장례행정복지과 풍수·역학(명리)·성명학 전공 김기범 교수는 (재단법인)한국장례문화진흥원 주최로 의무교육인 장례식장 종사자 교육 교수요원으로써 코로나19 여파로 중단되었든 부산지역 장례식장 종사자 대상으로 『상·장례문화』에 대하여 2022년도 하반기에 3차례 강의를 하였다.

부산과학기술대학교 장례행정복지과 풍수·역학(명리)·성명학 전공 김기범 교수는 상기와 같이 IFSA. International Feng Shui Association. 대한민국 최고의 풍수전문가로 인정을 받았으며, IFSA. International Feng Shui Association. 대한민국 최초로 IFSA,가 유일하게 승인한 KRFF. Korea Real Estate Feng Shui Federation. Corporate Member.로 2019년 6월 24일

승인을 받은 김기범 교수는 부산, 울산, 경남지역에서는 물론 대한민국 전 지역에서 널리 알려진 부산풍수전문가, 부산작명전문가, 풍수인테리어전문가, 장례 관련 상담전문가로 명성을 떨치고 있다.

부산과학기술대학교 장례행정복지과 풍수·명리·성명학 전공 김기범 교수는 지난 4월 15일 17:00시 서울 강남구 역삼동 소재 '삼정호텔', '라벤더홀'에서 부산과학기술대학교 장례행정복지과 풍수·명리·성명학 전공 김기범 교수는 2022년도 역학 발전에 이바지한 공로로 대한민국 역학 관련분야 최고의 단체인 사단법인 한국역리학회 사단법인 한국역술인협회 중앙 임원 회의에서 김기범 교수는 중앙부총재로 선임되어 부총재 임명장을 받았다.

부산과학기술대학교 장례행정복지과 풍수·명리·성명학 전공 김기범 교수는 지난 4월 16일 11:00시 삼정호텔 아도니스홀에서 2022년도 대한민국 풍수, 풍수인테리어, 역학(명리) 분야에 노력한 공을 사단법인 한국역리학회 사단법인 한국역술인협회에서 인정받아 사단법인 한국역리학회 제56회, 사단법인 한국역술인협회 제50회 전국대의원총회를 즈음하여 김기범 교수는 사단법인 한국역리학회 사단법인 한국역술인협회에서 지난 2021년 4월 25일 최우수 표장 수훈에 이어 이번에 사단법인 한국역리학회 사단법인 한국역술인협회에서 최고로 인정하는 공로장을 수훈하는 영광을 누렸다.

또한 부산과학기술대학교 장례행정복지과 풍수·명리·성명학 전공 김기범 교수는 지난 4월 16일 11:00시 삼정호텔 아도니스홀에서 2022년도 대한민국 풍수, 풍수인테리어, 역학(명리) 분야에 노력한 공로로 역학 관련분야 대한민국을 대표하는 사단법인 한국역리학회 사단법인 한국역술인협회에서 주최/주관하는 전국대의원총회(사단법인 한국역리학회 제56회, 사단법인 한국역술인협회 제50회)에서 신지식인 대상에 선정되어 아래와 같이 증서를 받았다.

아울러 김기범 교수는 민족의 번영과 행복 추구에 헌신하는 한편 상수학을 통해 국태민안과 평화통일을 위하여 솔선수범한 공로로 '사단법인 한국역리학회 제56회', '사단법인 한국역술인협회 제50회' 전국대의원 총회에 즈음하여 대한민국 국회 문화체육관광위원회 소속 임종성 국회의원으로부터 표창장도 받았다.

부산과학기술대학교 장례행정복지과 풍수·역학(명리)·성명학 전공 김기범 교수는 국외에서는 IFSA. International Feng Shui Association. 세계 33개국(미국·중국·일본·독일·영국·프랑스·인도·이탈리아·대한민국·캐나다·싱가포르·오스트레일리아·루마니아·폴란드·인도네시아·말레이시아·터키 등) 회원국 및 가맹단체 풍수 전문가에게 IFSC. International Feng Shui Convention. 논문 발표를 통해 인정을 받은 대한민국 최고의 풍수지리학자, 대한민국 최고의 풍수전문가로 알려져 있다.

김기범 교수는 국내에서는 역학 관련분야 전통과 명성이 대한민국 최고의 단체인 사단법인 한국역리학회 사단법인 한국역술인협회에 상기와 같이 신지식인 대상 선정, 우수역술인 선정, 최우수 표장 수훈, 공로장 수훈 등으로 인정받은 부산 최고의 역학(명리)전문가 성명학(작명, 개명)전문가로 손색이 없다.

■ **김기범 교수가 재직 중인 부산과학기술대학교 장례행정복지과 특징은**

▲ 부산과학기술대학교. (사진=부산과학기술대학교 제공)

■ 부산지역 대학에서 유일하게 '장례지도사'를 배출하는 장례행정복지과부산과학기술대학교 장례행정복지과는 2020년 3월에 장례행정복지 전공을 개설하여 특히 부산, 울산, 경남 등 전국에서 좋은 반응을 보이고 있으며, 장례행정복

지과는 학교 교수 임용 규정에 따라 우수한 교수진을 초빙하여 최선을 다하여 사회복지 분야 전문가인 장례지도사와 사회복지사 2급 자격을 갖추도록 전문가를 양성하고 있다.

부산과학기술대학교 장례행정복지과는 부산 유일의 특색 학과이다.

부산과학기술대학교 장례행정복지과는 장례행정복지 관련분야는 2012년 8월 5일부터 장례지도사 국가자격증 제도 도입으로 유족의 요청에 따라 장례 절차를 주관하는 사람으로 장례상담, 시신관리, 의례지도 및 빈소 설치 등 종합적으로 장례 의식을 관리하는 우수인력을 말한다.

부산과학기술대학교 장례행정복지과 학과장 행정학박사 이남우 교수는 학과 교육목표를 복지국가 실현의 최후의 보루인 장례와 사회복지 전문 인력을 양성하고 예(禮)를 기본으로 실천하며, 현장에서 꼭 필요한 인재를 양성하고자 최선을 다하여 노력하는 부산과학기술대학교 장례행정복지과 임을 자신 있게 강조한다.

부산과학기술대학교 장례행정복지과에 입학하면, 국가자격증 2개인 장례지도사, 사회복지사 2급 등을 동시에 취득할 수 있다.

장례행정복지과 특색에 맞는 다양한 자격증으로 제례지도사, 시신메이컵, 퓨너럴플로리스트(장례꽃장식사), 웰다잉교육전문강사, 응급처치사, 반려동물장례지도사 등의 자격증도 취득할 수 있다.

### ■ 부산과학기술대학교 장례행정복지과 졸업 후 진로

부산과학기술대학교 장례행정복지과 졸업 후 진로 분야로 장례와 사회복지 전문 인력 양성으로 보건직 공무원, 장례와 관련된 업체와 시설에 취업(시립 시설공단, 장례식장, 상조회사 등), 국공립의료원, 현충원 및 호국원, 공설·사설묘원 및 장묘사업소, 농협장례식장, 다양한 사회복지기관 취업(종합사회복지관, 노인복지관 등), 사회복지직 공무원 및 편입학(4년제), 요양보호사 자격증 취득으로 병원, 요양원 등 취업 혹은 개설 운영, 간호조무사 등에 종사할 수 있는 최고의 전문 인력으로 양성한다.

## ▣ 부산과학기술대학교 장례행정복지과 선택 특강 과목

### ▶ 부산과학기술대학교 장례행정복지과 풍수 역학(명리) 전공 김기범 교수가 강의하는 특강 과목

① 음택 풍수(묘터, 봉안(납골)당) ② 양택 풍수(아파트, 주택, 사무실, 점포 등) ③ 풍수 인테리어 ④ 부동산 풍수 ⑤ 성명학(작명, 개명, 아호, 상호 등) ⑥. 택일법(이사, 결혼, 개업, 장례 관련 등)

선택 특강 수강과목은 부산과학기술대학교 장례행정복지과 풍수 역학(명리) 전공 김기범 교수가 강의한다.

김기범 교수는 풍수 관련 저서 12권 저술로 대학교 풍수 관련학과 주교재 또는 부교재로 활용하고 있으며, 대한민국 최고의 '풍수전문가' 김기범 교수는 대학교 풍수 관련 과목 강의 경력 21년으로 대한민국 최고의 풍수 전문가로 알려져 있는 베테랑 교수이다.

### ▶ 김기범 교수가 강의하는 선택 특강 수강과목

① 음택 풍수 ② 양택 풍수 ③ 풍수 인테리어 ④ 부동산 풍수 ⑤ 성명학 ⑥ 택일법
상기 과목을 수강 이수하면 검정을 거쳐서 한국직업능력연구원 등록 민간자격으로 풍수상담사 자격증. 부동산풍수상담사 자격증, 심사를 거쳐 우수 풍수 인테리어 상담사에 선정될 수 있다.

또한 선택 특강 수강과목(① 음택 풍수 ② 양택 풍수 ③ 풍수 인테리어 ④ 부동산 풍수 ⑤ 택일법) 이수 후 자격증 취득자는 IFSA. International Feng Shui Association. 회원 가입과 동시에 회원증을 취득할 수 있다.

부산과학기술대학교 장례행정복지과 졸업생 및 재학생에 한해서 IFSA. International Feng Shui Association, 가 주최/주관하는 IFSC. International Feng Shui Convention. 는 매년 국가별로 순회하면서 개최하고 있으며 추천을 받아야 참가할 수 있다.

2023년 11월 10일~11일 IFSC. International Feng Shui Convention. 는 말레이시아 쿠알라룸푸르에서 개최하며, 추천은 IFSA. International Feng

Shui Association. 대한민국 회장 부산과학기술대학교 장례행정복지과 풍수역학(명리) 전공 김기범 교수의 추천을 받으면 참가할 수 있다.

IFSC. International Feng Shui Convention. 부산과학기술대학교 장례행정복지과 재학생 및 졸업생 외 참가를 원하는 사람은 한국부동산풍수지리총연합회, 한국부동산풍수협회, 한국부동산풍수학회 교육학박사 이기태 중앙회장의 추천을 받으면 참가할 수 있다.

또한 부산과학기술대학교 장례행정복지과 풍수 역학(명리)전공 교수이면서, 한국부동산풍수지리총연합회, 한국부동산풍수협회, 한국부동산풍수학회 총재 직위를 겸하고 있는 김기범 교수의 추천을 받아도 참가할 수 있다.

### ■ 부산과학기술대학교 장례행정복지과 가족회사 및 협력업체

부산의료원 장례식장, 보훈병원 장례식장, 한중프라임 장례식장, 대동병원 장례식장, 동래·수영한서병원 장례식장, MXD 정원(봉안당 장사시설 시공업체), 참사랑 요양병원, 사단법인 한국역리학회, 사단법인 한국역술인협회 부산지부 등 이다.

### ■ 부산과학기술대학교 장례행정복지과 입시상담 교수

▶ **이남우 교수/학과장 연구실** :
  백양관 3109호. 연락처 : 051-330-7418. H·P : 010-2455-7892

▶ **김기범 교수 연구실** :
  백양관 3114호. 연락처 : 051-525-0380. H·P : 010-2471-0380

〈저작권자 © 부울경뉴스 무단전재 및 재배포금지〉

## 부록 5

# 민간자격 풍수상담사 안내

■ **풍수상담사 등록(비공인) 민간자격 시험 공고**

풍수상담사 1급, 2급 자격검정 및 자격증 발급에 대하여, 한국직업능력연구원 등록(비공인)민간자격 시험에 관하여 자격을 관리·운영하는 발급 기관은 '한국부동산풍수지리총연합회'이며, 2024년, 2025년, 2026년, 2027년, 2028년 자격시험 종류와 시험 일정을 아래와 같이 공고한다.

- 아 래 -

1. 자격의 종류
   ① 자격명 : 풍수상담사 1급, 2급
   ② 자격종류 : 등록(비공인) 민간자격

2. 등록 번호 : 제2017-006150호
   ※한국직업능력연구원 민간자격정보서비스(www.pqi.or.kr) 참조

3. 주무부처 : 문화체육관광부

4. 자격 관리 및 운영
   발급기관명 : 한국부동산풍수지리총연합회
   연락처 : 전화번호 (051) 525-0380.  H.P : 010-2471-0380(사무국)
   이메일 : gb1616@naver.com
   소재지 : 부산광역시 동래구 충렬대로 296. 석천빌딩 5층.

5. 풍수상담사 1급, 2급. 자격취득 및 자격검정 등에 드는 총비용과 그 세부내역별 비용 및 환불에 관한 사항
   - 자격취득을 위한 총비용 : 25만원.
   - 총비용의 세부내역 :
     ① 응시(검정)료 : 20만원
     ② 자격증 발급비 : 5만원
   - 환불정보 :
     ① 응시(검정)료 : 접수 마감 전까지 100% 환불
        검정 당일 취소 시 30%공제 후 환불
     ② 교재비 : 교재 반환 시 100% 환급
     ※ 교재가 훼손된 경우 공정거래위원회 고시 「소비자분쟁해결기준」에 따라 손해금 비율에 해당하는 금액을 제외하고 환급
     ③ 자격증 발급비 : 합격자에게 한하며, 자격증 제작 및 발송 이전 취소 시 100% 환불되나, 이후 취소 시 환급 불가

6. 풍수상담사 1급, 2급 등록(비공인)민간자격 시험 일정은 매년 3월 6월 9월 12월 셋째주 목요일에 실시하며 공휴일 경우 넷째주 목요일에 실시한다.(단, 학생 및 단체 접수 경우에는 시험 일시 및 장소 변경 가능함).

〈소비자 알림 사항〉
① 상기 "풍수상담사 1급, 2급" 자격은 자격기본법 규정에 따라 등록한 민간자격으로, 국가로부터 인정받은 공인자격이 아닙니다.
② 민간자격 등록 및 공인 제도에 대한 상세내용은 민간자격정보서비스 (www.pqi.or.kr)의 '민간자격 소개' 란을 참고하여 주십시오.

■ 한국부동산풍수지리총연합회 ■

중앙 본부 : 부산광역시 동래구 충렬대로 296(낙민동) 석천빌딩 5층
TEL : 051) 525-0380.    02) 544-0380.    H.P : 010-2471-0380

## ■ 부동산풍수상담사 등록(비공인) 민간자격 시험 공고

부동산풍수상담사 1급, 2급. 자격검정 및 자격증 발급에 대하여, 한국직업능력연구원 등록(비공인)민간자격 시험에 관하여 자격을 관리·운영하는 발급기관은 '한국부동산풍수지리총연합회'이며, 2024년, 2025년, 2026년, 2027년, 2028년 자격시험 종류와 시험 일정을 아래와 같이 공고한다.

- 아 래 -

1. 자격의 종류 :
   ①.자격명 : 부동산풍수상담사 1급, 2급
   ②.자격종류 : 등록(비공인) 민간자격

2. 등록 번호 : 제2017-005164호
   ※ 한국직업능력연구원 민간자격정보서비스(www.pqi.or.kr) 참조

3. 주무부처 : 문화체육관광부

4. 자격 관리 및 운영
   발급기관명 : 한국부동산풍수지리총연합회
   연락처 : 전화 번호 (051) 525-0380. H.P : 010-2471-0380(사무국)
   이메일 : gb1616@naver.com
   소재지 : 부산광역시 동래구 충렬대로 296. 석천빌딩 5층.

5. 부동산풍수상담사 1급, 2급 자격취득 및 자격검정 등에 드는 총비용과 그 세부 내역별 비용 및 환불에 관한 사항
   - 자격취득을 위한 총비용 : 25만원.
   - 총비용의 세부내역 :
      ① 응시(검정)료 : 20만원
      ② 자격증 발급비 : 5만원

- 환불정보 : 응시(검정)료 :
    ① 접수마감 전까지 100% 환불
        검정 당일 취소 시 30%공제 후 환불
    ② 교재비 : 교재 반환 시 100% 환급

    ※ 교재가 훼손된 경우 공정거래위원회 고시 「소비자분쟁해결기준」에 따라 손해금 비율에 해당하는 금액을 제외하고 환급

    ③자격증 발급비 : 합격자에게 한하며, 자격증 제작 및 발송 이전 취소 시 100% 환불되나, 이후 취소 시 환급 불가

6. 부동산풍수상담사 1급, 2급. 등록(비공인)민간자격 시험 일정은 매년 3월 6월 9월 12월 셋째주 목요일에 실시하며 공휴일 경우 넷째주 목요일에 실시한다.
(단, 학생 및 단체 접수 경우에는 시험 일시 및 장소 변경 가능함)

〈소비자 알림 사항〉
① 상기 "풍수상담사 1급, 2급. 부동산풍수상담사 1급, 2급" 자격은 자격기본법 규정에 따라 등록한 민간자격으로, 국가로부터 인정받은 공인자격이 아닙니다.
② 민간자격 등록 및 공인 제도에 대한 상세내용은 민간자격정보서비스 (www.pqi.or.kr)의 '민간자격 소개' 란을 참고하여 주십시오.

---

**한국부동산풍수지리총연합회**
**【사단】 한국장례문화총연합회**
한국부동산풍수학회. 한국부동산풍수협회
IFSA. International Feng Shui Association. 대한민국
IFSA. International Feng Shui Convention. 대한민국
본 부 : 부산시 동래구 충렬대로 296(낙민동) 석천빌딩 503호
TEL : 051) 525-0380  /  H.P : 010-2471-0380

## ■ KRFF 한국부동산풍수지리총연합회 우수상담사 선정

한국부동산풍수지리총연합회에서 한국부동산풍수협회. 한국부동산풍수학회. 대한산경협회. 대한풍수인테리어학회 후원으로 아래와 같이 우수 상담사를 선정하여 시상한다.

- 아 래 -

1. 선정부분 :
   우수 풍수상담사. 우수 부동산풍수상담사. 우수 풍수인테리어상담사.

2. 선정방법 :
   풍수 및 음양오행 관련분야 전문가로 대학교 강사 이상 자격 소유자 또는 부동산이나 풍수 및 음양오행 관련 전공 석사나 박사 학위 취득자로 3인 이상의 심사위원으로 구성하여 심사.

3. 심 사 비 : 종목당 20만원.

**특전 및 시상 :**
① 한국부동산풍수지리총연합회가 선정한 선정 증서.
② 선정자는 한국부동산풍수지리총연합회 및 대한산경협회. 대한풍수인테리어학회가 주최 주관하는 한국직업능력개발원 등록 민간자격 1급 시험 응시자격 부여.
③ 선정자는 한국부동산풍수지리총연합회 및 대한산경협회. 대한풍수인테리어학회. 한국부동산풍수협회. 한국부동산풍수학회 정회원 입회 자격 부여.

# KRFF 한국부동산풍수지리총연합회
## KRFA 한국부동산풍수협회 한국부동산풍수학회

▣ 한국부동산풍수지리총연합회 ▣
중앙 본부 : 부산광역시 동래구 충렬대로 296(낙민동) 석천빌딩 5층
TEL : 051) 525-0380.    02) 544-0380.   H.P : 010-2471-0380

## 맺는 말

　이 책이 나오기까지 많은 도움과 조언을 주신 분으로 지면을 통하여 고마움을 전합니다. 호칭은 전직이나 현직으로 표현하오니 관계되시는 분의 많은 양해를 바랍니다.

　부산과학기술대학교 기획처장 경영학박사 송영렬 교수님과 교학처장 경영학박사 강민구 교수님, 입학관리처장 경영학박사 김기명 교수님 고맙습니다.

　부산과학기술대학교 장례행정복지과 학과장 행정학박사 이남우 교수님, 강민선 교수님, 김석중 교수님, 손영애 교수님, 전명숙 교수님, 이윤희 교수님, 유정완 교수님, 허수봉 교수님 고맙습니다.

　부산과학기술대학교 기계과 진철호 교수님, 사회복지과 신선애 교수님, 김예경 교수님 고맙습니다.

　동의대학교 김인도 이사장님, 김정길 부총장님, 최삼길 학장님, 김태관 학장님, 강경구 학장님, 김규섭 관장님 고맙습니다.

　한국해양대학교 김동일 학장님, 경남정보대학교 전도영 교수님, 동명대학교 정홍섭 총장님, 신라대학교 허남식 총장님과 조동운 교수님, 이재웅 국회의원님, 이진복 국회의원님, 김정훈 국회의원님, 김영주 국회의원님, 이주환 국회의원님, 주석수 연제구 구청장님, 하계열 부산진구 구청장님, 천만호 동래구의회 의장님, 변태환 서구의회 의장님, 하성기 동래구의회 의장님 고맙습니다.

　동의대학교 거북총동문회 안광석 초대 회장님, 2001년도 거북회 창립회원으로 이탁희 부회장님, 박태석 부회장님, 박우정 부회장님, 배순자 부회장님 고맙습니다.

　부산해양고등학교 총동창회 21대 정석봉 회장님, 23대 정현수 회장님, 티에스마린(주) 이기태 사장님, 송치관 사장님과 동문 여러분 고맙습니다. 사단법인 한국역리학회. 사단법인 한국역술인협회 권윤오 부산지부 전, 회장님과 허영수 회장님을 비롯한 여러 이사님과 회원님께 감사의 말씀을 드립니다.

열린사회. 열린신문 언저리타임(주) 조송현 사장님과 "앱"『오늘의 고사성어』전상국 사장님 감사합니다. KBS 한국방송 김수태 국장님, 이기룡 국장님, 부산시농구협회 김영식 회장님과 부회장 겸 KNN 부산방송 박종윤 농구 해설위원님 고맙습니다.

국제로타리 3660지구 한기승 총재님, 동서로타리클럽 작고하신 이진호 회장님과 배석현 이사님, 농협부산경남유통 진영수 사장님, 농협하나로클럽 부산점 김정혜 전무님, 정상수 변호사님, 열린법률사무소 염정욱 변호사님, 선동인(더선 법률사무소)변호사님, 김윤천(변호사 김윤천 법률사무소)변호사님 고맙습니다.

이 책이 나오기까지 특히 많은 도움과 조언을 주신 한국부동산풍수협회 한국부동산풍수학회 교육학박사 이기태 회장님과 안원찬 전.회장님, 허인구 이사장님과 오종환 홍보부회장님, 김하림 재정부회장님, 중앙 임원진으로 양창우 임원님, 최태상 임원님, 김해문 싱가포르 지부장님, 조영기 서울특별시 지부장님, 정백균 대구 경북지부장님, 이승록 경상남도지부장님, 김일경 경기·강원 총괄지부장님, 최수창 충남·충북 총괄지부장님, 한기중 전남·전북 총괄지부장님 고맙습니다.

한국부동산풍수협회 한국부동산풍수학회 후원으로 시행하는 한국직업능력연구원 등록 민간자격 풍수상담사 1급, 2급. 및 부동산풍수상담사 1급, 2급 자격 취득을 위한 회원 연수 교육 교수진으로 김도윤 경영학박사님, 김윤천 변호사님, 성백준 법학박사 감정평가사님, 송유성 철학박사님, 이기태 교육학박사님, 이승록 철학박사님, 전도영 경영학박사님, 정백균 철학박사님, 최성수 변호사님 감사합니다.

【사단】한국장례문화총연합회 임원진으로 이남우 회장님, 이윤희 이사장님, 강민선 수석부회장님, 전명숙 재정부회장님, 유정완 행정부회장님, 허수봉 기획부회장님, 손영애 조직부회장님, 이승록 홍보부회장님, 김석중 이사님. 상임고문 김철재 전.대전보건대학교 교수님, 고문 안태준 법학박사 전.부경대학교 겸임교수님, 고문 정백균 철학박사 경북대학교 교수님, 자문위원장 김미혜 서라벌대학교 교수님, 자문위원 이철영 동국대학교 교수님 고맙습니다.

부울경뉴스 편집 발행인 시며, 부울경뉴스 협동조합 회장이신 법학박사 안태준 회장님 고맙습니다.

김기범 교수 저서 2006년 『실생활 풍수지리와 전통문화』부터 2022년 『풍수인테리어 관혼상제』까지 9권의 책을 출판하여 주신 도서출판 두양사 이윤형 사장님과 임직원님 고맙습니다. 또한, 화승그룹 현승훈 회장님과 ㈜화승네트웍스 박동호 대표이사님 도움을 주셔서 고맙습니다.

끝으로 저 부산과학기술대학교 장례행정복지과 풍수·역학(명리) 전공 김기범 교수에게 지속적으로 지원하여 주신 분은 『손화현 회장님』입니다.

『손화현 회장님』께서는 대한민국 풍수 분야를 저 김기범 교수에게 세계 33개국 IFSA. International Feng Shui Association. 회원국 및 가맹단체로 중국(홍콩). 미국. 독일. 일본. 영국. 프랑스. 오스트레일리아. 루마니아. 폴란드. 인도네시아. 필리핀. 인도. 말레이시아. 베트남. 캐나다. 우크라이나. 브루나이. 터키. 스위스. 크로아티아. 쿠웨이트. 태국. 캄보디아. 노르웨이. 이란. 모리셔스. 카자흐스탄. 이탈리아. 멕시코. 슬로바키아. 노르웨이. 싱가포르. 대한민국. 등 세계 최고의 풍수전문가 500여명을 대상으로 논문 발표 및 홍보할 수 있게끔 저 김기범 교수는 지원을 받아서 2018년 11월 30일 일본으로 출국하여 12월 1일~2일 일본 오카야마 컨벤션센터에서 '풍수인테리어 기법'이란 논문을 발표하여 IFSA. Darren Ng 회장으로부터 저 김기범 교수는 논문 발표 인정서를 받았다.

또한 2019년 11월 9일~10일 싱가포르 야마다 호텔 및 2022년 11월 5일~6일 싱가포르 요크 호텔에서 IFSA. International Feng Shui Association. 총회 및 IFSC. International Feng Shui Convention. 와 2023년 11월 9일~11일 말레이시아 원월드 호텔에서 IFSA. International Feng Shui Association. 총회 및 IFSC. International Feng Shui Convention.에 저 김기범 교수가 참가를 할 수 있도록 많은 지원에 감사드리며, 이 책이 나오기까지 또한 많은 도움을 주신 『손화현 회장님』께 다시 한번 더 지면을 통하여 감사의 말씀을 드립니다.

*2024년 2월 부산과학기술대학교에서*

*저자 김기범 배상*

## [참고문헌]

김기범, 실전 생활 풍수와 풍수 인테리어 글로벌, 2023.
김기범, 풍수인테리어 관혼상제, 두양사, 2021.
김기범, 인테리어 기법과 생활속의 풍수, 두양사, 2020.
김기범, 인테리어 기법과 비보생태학 풍수, 두양사, 2020.
김기범, 생활풍수와 인테리어 비법, 두양사, 2017.
김기범, 인테리어 비법과 생활풍수, 두양사, 2014.
김기범, 생활풍수와 인테리어, 두양사, 2011.
김기범, 생활속의 풍수, 두양사, 2008.
김기범, 실생활 풍수지리와 전통문화, 두양사, 2006.
김기범, 인테리어 풍수기법, 두양사, 2006.
김기범, 풍수지리와 전통문화, 신지서원, 2004.
김기범, 웰빙의 풍수인테리어 기법, 신지서원, 2004.
가정의례백과, 청암출판사, 1993.
강신웅, 대학상용한자, 두양사, 2002.
김종진, 가례백과, 은광사, 1998.
김혁제, 택일력, 명문당, 2013.
김혁제, 택일력, 명문당, 2005.
김현석, 대운만세력, 동양서관, 1991.
박형용, 소산풍수강의, 불교출판사, 2000.
신기주, 음양오행설, 문학 석사 학위 논문, 2005.
이대우, 환경과 건강, 대광출판사, 1994.
이병호, 도덕전서, 도서출판 한빛, 1996.
이병호, 자서전, 아태변호사협회 출판국, 1990.
이찬구, 한자사전, 명문당, 1996.
전채호, 관혼상제, 은원출판사, 1983.
정위철, 실전생활풍수지리, 다솔사, 1999.
조동운, 신명리학, 토금당, 2000.
통일원, 북한지지요람, 웃고문화사, 1993.
포여명, 행운을 부르는 풍수 대사전, 동도원, 2004.
홍세영, 사주학 연구와 만세력, 두양사, 2012
황백현, 생활과학 풍수지리, 도서출판 다솔, 1997.
황종찬, 현대주택풍수, 1997.
고바야시 사치아키, 풍수인테리어, 동도원, 2003.
리노이에유치쿠, 인테리어풍수, 열매출판사, 2004.
린윤, 사라로스바크, 생활풍수와 인테리어, 동도원, 2004.
사라로스바크, 풍수로 보는 인테리어, 동도원, 2004.
원본 천기대요, 대지문화사, 1981.

玄堂 金 起 範
신지식인 대상 수상(제18-0177호)

■ 김기범 교수 경력
- 부산과학기술대학교 장례행정복지과 교수 (2020년 03월 16일부터~현재 재직 중임)
- 동부산대학교 풍수명리복지과 교수 역임 (2019년 03월 02일~2020년 02월 28일)
- 동의대학교 문학인문교양학부 교수 역임 (2005년 03월 02일~2017년 08월 31일)
- IFSA. International Feng Shui Association (국제풍수협회)세계 33개국 대한민국 회장
  - (부산과학기술대학교 2020년 7월 24일 가족회사 협약체결)
- IFSA 승인. KRFF. Korea Real Estate Feng Shui Federation. Corporate Member
- 신지식인(제24-09호)선정 (2000. 07. 18), 우수역술인(제14-17호)선정 (2014. 10. 23)
- IFSC. International Feng Shui Convention (국제풍수학술대회) 대한민국 대표단 단장
  - 대한민국 최초로 일본 오카야마 컨벤션센터에서 논문 발표 (2018년 12월 1일~2일)
- (사단법인)한국역리학회, (사단법인)한국역술인협회 부총재. 부산시지부 22대 회장 역임
- 한국부동산풍수지리총연합회 회장(부산과학기술대학교 2020. 7. 24. 가족회사 협약체결)
- 제13회 국제역학대회 (중국.외 25개 단체. 1996. 11. 05~06) 대한민국 대표단으로 참가
- 대한풍수인테리어학회 이사장 (부산과학기술대학교 2020년 7월 24일 가족회사 협약체결)
- 한국직업능력연구원 등록 민간자격 풍수상담사 1급, 2급. 출제 위원장 및 심사 위원장
- 한국부동산풍수학회 총재 (부산과학기술대학교 2020년 7월 24일 가족회사 협약체결)
- (사)한국장례문화총연합회 총재. 전국장례관련학과 교수협의회 교수 회원 2024년 현재
- (재단법인)한국장례문화진흥원 부산지역 및 울산지역 장례식장 종사자 교육 교수요원
- 한국역리뉴스 취재부 기자. 부울경뉴스 프리랜스 기자 ① 주간 운세, ② 풍수 인테리어
- 국제신문 프리랜스 취재기자 ① 운을 부르는 인테리어.(16회) ② 風水 부산.(19회 취재)

■ 김기범 교수 방송보도 사항
- KBS. 2001. 5. 28. 〈윤달〉에 관한 내용으로. 2014. 1. 1. 생생정보통 풍수지리학자로
  - 2016. 11. 21. 생방송 아침이 좋다, 2016. 12. 12. 및 2017. 3. 8. 생방송 아침이 좋다
- MBC. 2003. 7. 19. 〈6mm 세상만사〉에 풍수지리학자로
- SBS. 2008. 6. 6. 생방송투데이 풍수지리학자로, 2019. 4. 10. 모닝와이드 풍수지리학자로
  2023. 1. 20. 모닝와이드 풍수지리학자로, 2023. 10. 28. 궁금한이야기y 풍수지리학자
- KNN. 2002. 1. 28. 〈신지식인〉 풍수지리학자로, 2003. 1. 1 및 2004. 1. 23. 신년 생방송
- TV조선. 2012. 12. 5. 코리아헌터 5회, 연합뉴스TV 2018. 09. 30. 트렌드 지금 여기

■ 김기범 교수 저서
- 실전 생활 풍수와 풍수 인테리어 (글로벌 2023) 외 2024년도 3월까지 12권 집필

■ 김기범 교수 특강 및 강의
- 부산시공무원교육원. 부산시교통문화연수원. 부산, 경남 86개 고교 3학년 담임선생. 등
- IFSC. 15th. International Feng Shui Convention.외 1500여회 강의 수강인원 13만여 명

■ 김기범 교수 인문·지리 연구소. 한국부동산풍수지리총연합회
  본    부 : 부산광역시 동래구 충렬대로 296(낙민동) 석천빌딩 503호
  T E L : 051-525-0380    H·P : 010-2471-0380

# 생활 풍수와 택일법

| | |
|---|---|
| **초판 인쇄** | 2024년 02월 16일 |
| **초판 발행** | 2024년 02월 20일 |
| **지 은 이** | 김기범 |
| **발 행 처** | 도서출판 글로벌 필통 |
| **발 행 인** | 신현훈 |
| **주　　소** | 서울시 중구 충무로 54-10 (을지로 3가) |
| **전　　화** | 02-2269-4913　　**팩 스** 02-2275-1882 |
| **출판등록** | 제2-2545호 |
| **홈페이지** | http://www.gbbook.com |
| **ISBN** | 978-89-5502-945-1 |
| **가　　격** | 20,000원 |

이 책은 저작권법에 따라 보호받는 저작물이므로 무단전제와 무단 복제를 금지하며, 이 책 내용의 전부 또는 일부를 이용하려면 저작권자의 동의를 받아야 합니다.

잘못 만들어진 책은 구입하신 서점에서 교환해 드립니다.